COLECCIÓN POPULAR

210

ANTOLOGÍA GENERAL DE LA LITERATURA PERUANA

Antología general de la literatura peruana

Introducción y selección de
Javier Sologuren

COLECCION

POPULAR

FONDO DE CULTURA ECONÓMICA
MÉXICO

Primera edición, 1981

ISBN   968-16-0754-6

Impreso en México

PRESENTACIÓN

SE HA dicho que la literatura del Perú nace con la célebre y quejosa copla que los soldados españoles dirigieron al gobernador de Panamá con la esperanza de escapar a su ya tan probada existencia en la isla del Gallo. Así, en efecto, amanece la literatura peruana, pero no la poesía de nuestro país, cuya preciosa vena fluye, remontando siglos, desde el viejo Imperio de los Incas (siglo XIII aproximadamente). Poesía reveladora de la honda raigambre telúrica del indígena, de su espíritu solidario y comunitario, de su intenso sentimiento panteísta. El quechua fue el dócil, eficaz instrumento del que se valió el *aravico*, el poeta incaico, para su tarea creadora. Careciendo de una escritura evolucionada (los *quipos* eran presumiblemente un procedimiento nemotécnico y estadístico), sus obras nacían y tomaban curso dentro de la tradición oral. Mitos y leyendas, fábulas y cuentos, cantos de amor y de guerra, máximas de conducta y poemas corales que exaltaban la faena colectiva circulaban con profundo sentido musical por la fabulosa memoria de la raza, nocturno cielo que resplandecía con el doble sistema enigmático del universo y el hombre.

El poema quechua integraba un todo rítmico, plástico y musical. Era un ingrediente, la letra de una canción (y, a su vez, la canción lo era de una danza) que adaptaba naturalmente a las exigencias del canto la medida de sus versos. Los *aravicos* poetizaban en formas que responden a los nombres de *haylli, haraui, huayno,* y otras más, de las que en esta antología incluimos algunas muestras.

Producida la conquista del Imperio, se impuso la laboriosa empresa de colonizarlo, uno de cuyos principales objetivos fue la conversión del nativo al cristianismo. Con este fin, el misionero católico compuso en quechua poesía catequista. Operada la conversión, el quechua, durante la Colonia, quedó relegado por una parte a la servidumbre y por otra a la expresión de una poesía erudita y de muy escaso horizonte, sin la íntima y necesaria vinculación con el pueblo que lo hablaba. Sin embargo, la poesía quechua sobrevivió a través del periodo colonial, llegando anónimamente a nuestros días adherida al mágico imán del canto y de la música. La narración, por su parte, en forma de mitos, fábulas, cuentos y leyendas, se produjo con abundancia en el Perú precolombino, según nos lo dice, entre otros cronistas, el Inca Garcilaso.

Entre el Incario y la Colonia, la Conquista (primera mitad del siglo XVI) no pudo ofrecer, en su turbulento desenvolvimiento, obras de especie y valor poéticos. Y el Coloniaje fue siempre, más o menos embozado, tributario de la poesía peninsular. De sus tres siglos de vida, nos quedan, no obstante, algunas manifestaciones meritorias de españoles residentes en el Perú cuyas creaciones afortunadamente pudieron liberarse del fárrago idiomático y del juego retórico insustancial. La inspiración religiosa alcanzó —con Diego de Hojeda, Diego Mexía de Fernangil y Juan del Valle y Caviedes— nobles y hermosos acentos. La sátira, tan ligada a nuestra idiosincrasia, tuvo en Caviedes un fecundo e incisivo cultor así como también en Esteban de Terralla y Landa. La propia poesía ("el metrificar dulce y sabroso") fue objeto de canto y discernimiento de sus virtudes y prestigios en los tercetos de *Clarinda*, y con *Amarilis* tuvimos un poema digno del elogio de Lope *el Fénix*. Tal vez la mejor poesía de esta época —poesía como esencia impregnante— encontró su más puro cauce en la prosa evocadora y nostálgica del Inca Garcilaso, el primer mestizo ejemplar en el orden de la cultura y de la sangre.

A lo largo de este periodo virreinal no hubo creación novelística. Hecho que se explica debido a que la Metrópoli prohibió en sus colonias la circulación y lectura de libros de imaginación, aunque, pese a ello, éstos se leyeron, y —razón de mayor peso— porque la realidad misma solicitó perentoriamente la acción de criollos y mestizos sin concederles las treguas necesarias a la invención y la escritura de novelas. En cambio, la narrativa subsistió en la tradición oral vernácula y se forjó como vívido testimonio histórico en las abundantes y variadas páginas de los cronistas. A éstos se les debe, además, la conservación de parte del rico venero legendario de los antiguos peruanos. Los cronistas conventuales y los viajeros contribuyeron con relatos —en no escasas ocasiones— plenos de animación, de peregrinas vistas y, siempre, de crecido interés.

Si la prosa de Garcilaso, con su discurrir cálido y armonioso, esplende en los albores del siglo xvii, en la segunda mitad del mismo deslumbra la pedrería barroca de los sermones de Juan de Espinosa Medrano *el Lunarejo,* y en el xviii, guiñarán los burlones y apicarados ojos del *Lazarillo de ciegos caminantes.*

La gesta emancipadora (fines del siglo xviii y comienzos del xix) tuvo en Mariano Melgar —uno de sus mártires— un cantor elocuente de la libertad civil. Pero es a su estro amoroso al que le debemos las vibraciones imperecederas de sus *yaravíes* de tan puro linaje andino.

Con la Independencia, en las primeras décadas de la República, se despertó el interés por lo que ya se sentía nuestro, bien como excelencias, bien como defectos; las costumbres, los tipos, fueron fuente y arsenal de inspiración. Tal en Felipe Pardo y Aliaga y en Manuel Ascencio Segura, máximos y opuestos representantes del costumbrismo criollo; exponentes, respectivamente, del rechazo y de la entrega a un nuevo modo de vida colectiva. En Pardo, clasicista típico, la crítica mordaz adquirió sus más tajantes filos a la vez que colaboró notablemente a trazar la vigorosa línea de nuestra expresión satírica en la que muchos ingenios han brillado con luz propia, entre ellos *Juan de Arona*, Abelardo Gamarra y Ricardo Palma.

El Romanticismo contó con la fácil y, por lo general, destemplada inspiración de poetas más atentos a la música de los versos foráneos —españoles o franceses— que a la brotada del propio corazón. Sus quimeras rebosaron ecos y sólo en muy escasos poemas se trasunta el connubio de poesía y verdad. En Carlos Augusto Salaverry, en unos versos de Clemente Althaus y Carlos Germán Amézaga resuena lo más acendrado de nuestro episodio romántico. "La gran ironía —a decir de

10

José Miguel Oviedo— es que en el siglo que debió ser del romanticismo aparecen los mejores talentos satíricos de la República, florece el periodismo humorístico y nace el teatro criollo-realista del Perú. El siglo XIX se fue por el lado de la burla, llevándose de encuentro a los románticos."

Asentada ya la República, la prosa se amplía en géneros y contenidos. El criollismo tiene en el artículo de costumbre su eficaz medio de expresión y con la invención de las *Tradiciones* Ricardo Palma logra páginas rezumantes de gracejo y malicia y una vasta influencia en las letras hispanoamericanas. Se escriben las primeras novelas de tema social, de emoción indigenista ("las primeras novelas, en suma, de nuestra literatura", afirma Luis Alberto Sánchez), cuyo mérito estriba casi exclusivamente en su condición de hitos históricos.

La prosa y el verso de Manuel González Prada abren camino. El soplo de un nuevo espíritu se deja oír en sus poemas rotundos y pulcros, necesarios en el pasaje del Romanticismo al Modernismo. Con él ingresamos al siglo XX, en que también se hará escuchar, americana y estentórea, la voz del más famoso de los poetas peruanos de este siglo, antes de la revelación de César Vallejo, el único universal en nuestra historia poética.

El Modernismo cobra, asimismo, singular relieve en la obra de Ventura García Calderón y en la de Abraham Valdelomar (aunque ésta sea de un "modernismo terminal", según observa Luis Monguió). Ambos escritores enriquecen y enaltecen nuestra prosa a la vez que escriben cuentos notables por su artística factura.

11

En la poesía de José María Eguren el Simbolismo adquiere matices de rara originalidad y en la de César Vallejo irrumpe un nuevo y poderoso lenguaje que si bien se produce en el seno de la Vanguardia la transfigura y rebasa. Uno y otro constituyen la espléndida fuente de la que se desprenden dos corrientes poéticas de valores propios y, si se quiere, complementarios. De acuerdo con estos polos magnéticos, se ordenan —con mayor o menor proximidad— las obras de los grupos (o quizás generaciones) siguientes, integrados por poetas en cuyas obras gravita el surrealismo con perceptible fuerza —como en César Moro— o atenuadamente —como en Emilio Adolfo Westphalen, o de un crepitante barroquismo metafísico como en Martín Adán. Llegamos así a los poetas nacidos en la década del veinte, los cuales participan del parasurrealismo, del postsimbolismo y del realismo social. Esta generación —llamada del cincuenta—, de un modo u otro vinculada netamente a la anterior y de una brillantez pareja, según autorizadas opiniones, constituye el último y obligado horizonte de esta antología.

Paralelamente a este desenvolvimiento poético, la narrativa va a conquistar nuevos territorios temáticos y a lograr también altas calidades formales. La novela y el cuento (éste, en particular con Julio Ramón Ribeyro), aunque no con la misma abundancia de nuestra siempre fértil poesía, son los medios de exploración de la varia y problemática realidad nacional en sus aspectos humano, social, urbano, regional, criollo e indígena. En las obras de Ciro Alegría, José María Arguedas y Mario Vargas Llosa la novela peruana gana fuerza y altura extraordinarias, haciéndose presente e interesando más allá de nuestras fronteras físicas e idiomáticas.

Entre los poetas, narradores, ensayistas y críticos nuevos o recientes (que se han dado a conocer por sus publicaciones a partir de la década del sesenta), se encuentran ya, sin duda alguna, quienes dejaron de ser brillantes promesas para convertirse en notables creadores. Por el momento, nos vemos obligados a prescindir de sus textos a causa de la limitación del espacio disponible.

Sobre criterios y procedimientos

Lo dijo Eluard: la mejor antología es la que se hace uno para su propio disfrute. Pero el problema obviamente radica en la índole pública de las antologías que realizamos. Se trata de presentar —de un modo "objetivo" y completo— lo mejor de la creación literaria de un país, de una época, de una escuela, de un autor. Y es allí donde vacilamos siempre entre muchas y diversas opciones: nuestro gusto personal frente a la general aceptación (lo ya establecido y hasta sacralizado); la selección con propósitos didácticos e históricos: mostrar textos representativos de determinadas épocas y de cada una de las etapas o maneras de un autor; la selección "absoluta" que sólo tiene en cuenta aquello que se considera único e insustituible dentro de la obra del escritor; la representatividad ponderada de épocas, periodos, escuelas y grupos —según la cual deben ofrecerse las muestras pertinentes aunque carezcan de seguros valores; la inclinación a favorecer ciertos temas que se tienen por prioritarios (patrióticos, religiosos, sociales, etcétera) o de criterios ideológico-políticos (privilegio de la orientación del realismo social o de *engagement* en perjuicio de los temas ajenos a ésta, y viceversa).

Frente a lo que acabamos de enunciar, declaramos que no ha estado en nuestra voluntad y ánimo hacer una antología librada a nuestro exclusivo arbitrio o, por lo contrario, dócil a preferencias ajenas más o menos establecidas. Nuestras predilecciones —fundadas en el análisis y en el gusto— no se han visto menoscabadas por la conformidad, en ciertos casos, con difundidas piezas antológicas, pues como bien se ha dicho, son "las coincidencias inevitables".

Según la experiencia, es a la sensibilidad estética que un texto dado atrae, rechaza o deja indiferente. La captación de sus valores es asunto primario de nuestra intuición y gusto. Es en este nivel que se sitúa con legitimidad toda selección. Se corta así la rosa bajo el puro relámpago de la mirada cautiva. *Después* viene, o vendrá, el discernimiento del hechizo. ¿Por qué ésta y no aquélla? ¿Cuáles son los soportes de la excelencia o supremacía de la página escogida frente a ese resto marginado? Estamos, ya, en los términos de la reflexión crítica. Y ésta no nos ha faltado, aunque sólo sea para refrendar, en muchos casos, el supuesto acierto del escogimiento. De las innumerables páginas dignas de selección de los *Comentarios reales* de Garcilaso, nos hemos inclinado a favor del episodio de los

duros trabajos de su padre el capitán y su gente durante la travesía de Buenaventura, pasaje que nos sedujo
desde su primera lectura en los años universitarios, porque en él está de cuerpo entero el animado y ameno
narrador que fue, en esencia, el gran cronista. Nuestra
base de identificación es la literaria. De ser la histórica, hubiéramos optado tal vez por otros textos.

Como el lector podrá advertir, en la presente antología existe una franca y progresiva preponderancia de
la literatura contemporánea respecto de las épocas pre-
cedentes. Juzgamos este aparente desequilibrio como
un hecho —se diría— natural y necesario, pues además
de darse en este periodo una producción más amplia,
más diversa y más vinculada a nuestra realidad nacional, existe un mayor interés en el conocimiento de los
textos que reflejan o encarnan los problemas y las aspiraciones comunes de una modernidad no sólo peruana sino, lo que es más significativo, hispanoamericana.
Por otra parte, precisa no olvidar que —tal como lo
señaló Alfonso Reyes— "toda antología es ya, de suyo,
el resultado de un concepto sobre una historia literaria".

Los criterios que nos han guiado son los generalmente adoptados y puestos en práctica en las obras antológicas. A riesgo de caer en lo obvio, pero en aras de
la claridad de nuestros propósitos, aquí enumeramos
esas y otras premisas:

° La literatura peruana está constituida por las litera-
  turas en lengua quechua y en lengua castellana.
° Siendo los valores formales aquellos por los que una
  obra alcanza categoría estética, éstos son los que guían

fundamentalmente la selección. Nos atenemos al mérito literario intrínseco de la obra.

° De épocas, periodos o escuelas pobres, se incluye sólo aquello provisto de una cierta relevancia.

° En la obra de un escritor se prefiere la prosa de ficción a la prosa ensayística, crítica y expositiva.

° En la poesía no sólo se atiende a los valores puramente líricos, sino además a los satíricos, descriptivos, religiosos y místicos.

° En los casos en que un escritor sobresalga con iguales méritos en prosa y verso, se seleccionan textos de ambas formas.

° De los narradores con obra cuentística de calidad igual o parecida a la de sus novelas, se ha preferido transcribir un cuento en vez de un fragmento de novela.

° Se ha procurado tener en cuenta, de un lado, el valor artístico de la prosa, y del otro, la eficacia en el arte de narrar, confluencia no siempre lograda.

° El contenido temático, entre textos de valor equivalente, puede pesar a favor de la selección, caso de tratarse de un asunto tocante a la historia y la cultura peruanas.

Notas

° Los autores se han ordenado según el año de su nacimiento.

° El texto seleccionado lleva al pie la indicación de su fuente. El año de publicación es, en principio, el correspondiente a la primera edición, pero no siempre.

16

° Como suele hacerse, se incluye autores españoles de origen, pero que residieron en el Perú y contribuyeron a nuestra literatura, en unos casos (los cronistas de la Conquista y Caviedes, por ejemplo) con médula propia de nuestro país y su época; en otros (escritores ascéticos o místicos, poetas laudatorios y cortesanos), a tono con las modas y estilos peninsulares.

° Vale la pena parafrasear acá lo que con tanta sindéresis dijo Pedro Henríquez Ureña respecto de su florilegio poético: los textos que hemos escogido pueden no ser *los* mejores, pero sí *de los* mejores. En todo caso, ése ha sido nuestro constante propósito.

° Por último, agradecemos cordialmente a Ricardo Silva-Santisteban, poeta y estudioso de nuestras letras, sus atinados y siempre generosos consejos.

JAVIER SOLOGUREN

LITERATURA QUECHUA

Como lo hemos apuntado en la presentación de esta Antología, la literatura quechua se caracteriza por ser anónima, oral, panteísta y comunitaria. Unida en perfecta simbiosis al canto y a la música, su poesía se expresó según ciertas formas o géneros: el *haylli*, poema de la exaltación, suerte de oda o himno; el *haraui* de carácter elegíaco; el *huayno*, la expresión más vital del sentimiento poético nativo, que es verso, música y danza, y otras más tal vez de menor importancia.

Gracias al amor y el interés de algunos cronistas y a la diligencia de investigadores modernos, parte del tesoro literario quechua pudo conservarse. Aquí ofrecemos muestras de los ya mencionados géneros poéticos así como de mitos y fábulas o apólogos que en algo permiten descorrer el velo que aún oculta la complejidad y originalidad del alma andina. En esta tarea de recopilación y exégesis se distinguieron dos notables personalidades: Adolfo Vienrich ("el iniciador de los estudios folklóricos en el Perú", anota Jorge Puccinelli) y José María Arguedas. Aunque no las únicas, constituyen, por lo demás, las fuentes contemporáneas principales.

POESÍA

A WIRACOCHA

¡Qué resplandor!, diciendo
me prosterné ante ti;
mírame, Señor, adviérteme.
Y vosotros, ríos y cataratas,

y vosotros pájaros,
dadme vuestras fuerzas,
todo lo que podáis darme;
ayudadme a gritar

con vuestras gargantas,
aun con vuestros deseos,
y recordándolo todo
regocijémonos,

tengamos alegría;
y así, de ese modo, henchidos,
yéndonos, nos iremos.

Fragmento de un *haylli* al Hacedor. Transcri-
to por Juan Santa Cruz Pachacuti en *Relación de antigüedades deste reyno del Pirú* (escrita hacia 1613 o 1620 y publicada en 1879)

Cerré los ojos por un instante
y perdí a la paloma, con tanto ardor criada.
¡Oh viajero! si tú la encuentras, pregúntale;
no debe estar lejos.
Un suave amor resplandece en su hermosura,
su nombre es Estrella.
No puedes confundirla si está entre otras
porque ella es única.
El Sol y la Luna sobre su frente
en unión hiriente
brillan, resplandecen por ella,
con alegría inmortal.
Regocijada en su negrura
su cabellera teje la dicha.
Amarillo y negro, en sus tiernas orejas,
un metal ardiente brilla;
sus largas pestañas, sobre el rostro amado,
como un arco iris amanecen.
Dos soles puros, fijos en sus ojos,
alumbran detenidos.
Y sus cejas, peinadas flechas,
a todos matan.
¡Pero el amor beben de ella las criaturas!
amor que al corazón violenta.
El *achanqaray* [1] florece en su rostro,
florece también la nieve;
sobre la blancura rosa el suave morado,
¡cómo se exaltan la nieve y la roja flor!

[1] Begonia.

En su boca amada una cantuta [2] abre sus pétalos
y descubre los níveos dientes.
Cuando ella ríe un cálido perfume,
un vaporoso fuego alienta por doquier.
Su sedoso cuello, amante de los cristales,
cual alta, escogida nieve, se descubre
sobre el desnudo pecho.
La ternura en sus gráciles manos
acaricia como escondidas plumas.
Sus dedos, al separarse, ¡oh viajero!,
son como los delgados tallos
que la nieve envuelve junto a las aguas.

> Haraui de *Ollantay* (escena IV), drama es-
> crito en quechua en el siglo XVIII. Traduc-
> ción de José María Arguedas en *Poesía que-*
> *chua* (1965)

¡AYAU HAYLLI! [3]

Los hombres:
¡*Ayau haylli!* ¡*Ayau haylli!*
¡He aquí el arado y el surco!
¡He aquí el sudor y la mano!

Las mujeres:
¡Hurra, varón, hurra!

---

[2] Del quechua *Kantu*: Clavellina de Indias.
[3] Grito triunfal.

Los hombres:
¡Ayau haylli! ¡Ayau haylli!
¿Dónde está la infanta, la hermosa?
¿Dó la semilla y el triunfo?

Las mujeres:
¡Hurra, la simiente, hurra!

Los hombres:
¡Ayau haylli, ayau haylli!
¡Sol poderoso, gran padre,
ve el surco y dale tu aliento!

Las mujeres:
¡Hurra, Sol, hurra!

Los hombres:
¡Ayau haylli, ayau haylli!
¡Al vientre de *Pachamama,*[4]
que da vida y fructifica!

Las mujeres:
¡Hurra, *Pachamama,* hurra!

Los hombres:
¡Ayau haylli, ayau haylli!
¡He aquí la infanta, la hermosa!

[4] Madre tierra.

Las mujeres:
¡He aquí el varón y el sudor!
¡Hurra, varón, hurra!

En Jesús Lara, *La literatura de los quechuas* (1960)

HARAUI

Sol mío, ha comenzado a arder
el oro regio de tu cabellera
y ha envuelto nuestros maizales.

Ya se han tostado las verdes panojas,
pues la presencia de tu aliento las apremia
y su postrera savia exprime.
Arrójanos la lluvia de tus flechas.
Ábrenos la puerta de tus ojos,
oh, Sol, fuente de lumbre bienhechora.

En J. M. Farfán, *Poesía folklórica quechua* (1942)

APU INCA ATAWALLPAMAN [5]

¿Qué arco iris es este negro arco iris
que se alza?

[5] Al gran Inca Atahualpa.

Para que el enemigo del Cuzco horrible flecha
que amanece.
Por doquier granizada siniestra
golpea.

Mi corazón presentía
a cada instante,
aun en mis sueños, asaltándome,
en el letargo,
a la mosca azul anunciadora de la muerte;
dolor inacabable.

El sol vuélvese amarillo, anochece,
misteriosamente;
amortaja a Atahualpa, su cadáver
y su nombre;
la muerte del Inca reduce
al tiempo que dura una pestañada.

Su amada cabeza ya la envuelve
el horrendo enemigo;
y un río de sangre camina, se extiende,
en dos corrientes.

Sus dientes crujidores ya están mordiendo
la bárbara tristeza;
se han vuelto de plomo sus ojos que eran como el sol,
ojos de Inca.

Se ha helado ya el gran corazón
de Atahualpa.
El llanto de los hombres de las Cuatro Regiones
ahogándole.

Las nubes del cielo han dejado
ennegreciéndose;
la madre Luna, transida, con el rostro enfermo,
empequeñece.
Y todo y todos se esconden, desaparecen,
padeciendo.

La tierra se niega a sepultar
a su Señor,
como si se avergonzara del cadáver
de quien la amó,
como si temiera a su adalid
devorar.

Y los precipicios de roca tiemblan por su Amo
canciones fúnebres entonando,
el río brama con el poder de su dolor
su caudal levantando.

Las lágrimas, en torrente, juntas,
se recogen.
¿Qué hombre no caerá en el llanto
por quien le amó?
¿Qué hijo no ha de existir
para su padre?

Gimiente, doliente, corazón herido
sin palmas.

¿Qué paloma amante no da su ser
al amado?

¿Qué delirante e inquieto venado salvaje
a su instinto no obedece?

Lágrimas de sangre arrancadas, arrancadas
de su alegría;
espejo vertiente de sus lágrimas
¡retratad su cadáver!
Bañad todos en su gran ternura
vuestro regazo.

Con sus múltiples, poderosas manos,
los acariciados;
con las alas de su corazón
los protegidos;
con la delicada tela de su pecho
los abrigados;
claman ahora,
con la doliente voz de las viudas tristes.

Las nobles escogidas se han inclinado, juntas,
todas de luto,
el Willaj Umu se ha vestido de su manto
para el sacrificio.
Todos los hombres han desfilado
a sus tumbas.

Mortalmente sufre su tristeza delirante,
la Madre Reina;
los ríos de sus lágrimas saltan
al amarillo cadáver.
Su rostro está yerto, inmóvil,
y su boca (dice):

"¿Adónde te fuiste, perdiéndote
de mis ojos,
abandonando este mundo
en mi duelo;
eternamente desgarrándote,
de mi corazón?"

Enriquecido con el oro del rescate
el español.
Su horrible corazón por el poder devorado;
empujándose unos a otros,
con ansias cada vez, cada vez más oscuras,
fiera enfurecida.
Les diste cuanto pidieron, los colmaste;
te asesinaron, sin embargo.

Sus deseos hasta donde clamaron los henchiste
tú solo;
y muriendo en Cajamarca
te extinguiste.

Se ha acabado ya en tus venas
la sangre;
se ha apagado en tus ojos
la luz;
en el fondo de la más intensa estrella ha caído
tu mirar.

Gime, sufre, camina, vuela enloquecida,
tu alma, paloma amada;
delirante, delirante, llora, padece
tu corazón amado.

Con el martirio de la separación infinita
el corazón se rompe.

El límpido, resplandeciente trono de oro,
y tu cuna;
los vasos de oro, todo,
se repartieron.

Bajo extraño imperio, aglomerados los martirios,
y destruidos;
perplejos, extraviados, negada la memoria,
solos;
muerta la sombra que protege;
lloramos;
sin tener a quién o a dónde volver,
estamos delirando.

¿Soportará tu corazón,
Inca,
nuestra errabunda vida
dispersada,
por el peligro sin cuento cercada, en manos ajenas,
pisoteada?

Tus ojos que como flechas de ventura herían
ábrelos;
tus magnánimas manos
extiéndelas;
y con esa visión fortalecidos
despídenos.

Traducción de José María Arguedas en su libro *Poesía quechua* (1965)

Cristalino río
de los *lambras*,[6]
lágrimas
de los peces de oro,
llanto
de los grandes precipicios.

Hondo río
de los bosques de *tara*,[7]
el que se pierde
en el recodo del abismo,
el que grita
en el barranco donde tienen su guarida los loros.
Lejano, lejano
río amado,
llévame
con mi joven amante
por en medio de las rocas
entre las nubes de lluvia.

EL ISCHU [8] ESTÁ LLORANDO

Cae la lluvia en las lomadas,
queda la escarcha en los pajonales.

---

[6] Alisos.
[7] Arbusto andino.
[8] Paja de las punas.

Pasa la lluvia, sacude el viento,
el *ischu* gotea el agua,
gotea el agua limpia.

¡El *ischu* está llorando!
¡Ay, cómo lloran los ojos en pueblo ajeno!
Lloran los ojos como llora el *ischu*
cuando pasa la lluvia y sopla el viento.

Cuando sopla el viento el *ischu* se agacha,
el *ischu* alto de las lomadas se agacha
cuando sopla el viento.
¡Ay, cómo se dobla el corazón en pueblo ajeno!
Como el *ischu* alto cuando sopla el viento.

QUÉ DOLOR SOÑARÁ

Su cabellera en su almohada,
sobre su cabellera está llorando la niña.
Llora sangre,
no es lágrima su llorar.
¡Qué dolor soñará la niña,
qué dolor soñará!
¡Ay, quién le hirió,
quién le hirió así el corazón!

Sílbale, sílbale, sílbale,
lorito.
Que despierte,

¡que despierte ya!
Sílbale, sílbale,
lorito.

En José María Arguedas, *Canciones y cuentos
del pueblo quechua* (1940)

PROSA

CÓMO, EN LA ANTIGÜEDAD, SE DECÍA QUE LOS HOMBRES VOLVÍAN AL QUINTO DÍA DESPUÉS DE HABER MUERTO. DE ESAS COSAS HEMOS DE ESCRIBIR

En los tiempos muy antiguos, cuando un hombre moría, dejaban su cadáver, así nomás, tal como había muerto, durante cinco días. Al término de este plazo se desprendía su ánima "¡sio!", diciendo, como si fuera una mosca pequeña.

Entonces la gente hablaba: "Ya se va a contemplar a Pariacaca, nuestro hacedor y ordenador." Pero algunos afirman, ahora, que en aquellos tiempos no existía aún Pariacaca y que el ánima de los muertos volaba hacia arriba, hacia Yaurillancha. Y que, antes de que existieran Pariacaca y Carhuincho, los hombres aparecieron en Yaurillancha y Huichicancha.

Dicen también que, en aquellos tiempos, los muertos regresaban a los cinco días. Y eran esperados con bebidas y comidas que preparaban especialmente para celebrar el retorno. "Ya regresé", decía el muerto, a la vuelta. Y se sentía feliz en compañía de sus padres, de sus hermanos. "Ahora soy eterno, ya no moriré jamás", afirmaba.

36

Por esta causa, los hombres aumentaron, se multiplicaron con exceso. Y era muy difícil encontrar alimentos. Tuvieron que sembrar en los precipicios, en los pequeños andenes de los abismos. Vivían sufriendo.

Y cuando era así, tanto, el padecer, murió un hombre. Su padre, sus hermanos y su mujer, lo esperaron. Se cumplió el plazo, llegó el quinto día y el hombre no se presentó, no volvió. Al día siguiente, en el sexto, llegó. Su padre, sus hermanos, su mujer lo esperaban muy enojados.

Viéndolo, su mujer le habló con ira: "¿Por qué eres tan perezoso? Los demás hombres llegan sin fatiga. Tú, de este modo, inútilmente me has hecho esperar." Y siguió mostrándose enojada. Alzó una coronta y la arrojó sobre el ánima que acababa de llegar. Apenas recibió el golpe: "¡Sio!" diciendo, zumbando, desapareció; se fue de nuevo. Desde entonces, hasta ahora, los muertos no vuelven más.

Traducción de José María Arguedas. De *Dioses y hombres de Huarochirí* (1966)

EL MITO DE INKARRÍ

Inkarrí, él, dicen, tuvo la potencia de hacer y de desear.
No sé de quién sería el hijo. Quizás del Padre Sol.
Como era el Segundo Dios podía mandar.
En la pampa de Qellqata está hirviendo, aguardiente, vino, chicha. Obra de Inkarrí.
La pampa de Qellqata pudo haber sido el Cuzco.

37

Desde el Osqonta, Inkarrí arrojó una barreta, hasta el Cuzco. Por encima de la pampa pasó, ensombreciéndola. No se detuvo. Llegó hasta el Cuzco. ¿Dónde estará el Cuzco? No lo sé.

Inkarrí arrojaba las piedras, también. En las piedras también hundía los pies, como sobre barro, ciertamente. A las piedras, al viento, él les ordenaba. Tuvo poder sobre todas las cosas.

Fue un hombre excelente. Fue un joven excelente. No lo conozco. No es posible que ahora viva. Dicen que su cabeza está en Lima. ¡Cuánto, cuánto, cuánto habrá padecido! No sé nada de su muerte. Ya su ley no se cumple. Como ha muerto, ni su ley se cumple ni se conoce.

Debe haber sido nuestro Diosito quien lo hizo olvidar. ¡Qué será! Yo no lo sé. Pero, ahora, el agua, los naturales, y todas las cosas se hacen tal como Dios conviene que se hagan.

Está claro en Qellqata, la chicha hirviente, el vino hirviente, el aguardiente hirviente. Obra de Inkarrí.

Francisco Carrillo, de *Poesía y prosa quechua* (1967)

EL CÓNDOR Y EL ZORRO

Discutían acaloradamente un zorro y un cóndor sobre sus fuerzas y aptitudes respectivas para desafiar la inclemencia de las puntas.

—¿Hablas de resistencia, decíale el cóndor al zorro,

cuando te veo acurrucado y hecho un ovillo los días lluviosos, encerrado en la cueva, tú y tu prole, royendo huesos y pereciendo de hambre?

—¿Y vos cofrade, a quien ni se ve, sumido en su escondrijo empollando como una gallina clueca, cree ser más capaz que yo?

—Para mí, replicó el cóndor, con tender una ala y cubrirme con la otra me basta, en tanto que tú...

—¿Yo ?... en mi cola llevo abrigo y protección.

No pudiendo convencerse con razonamientos, como sucede casi siempre que se disputa, acordaron apelar a los hechos.

—Pues bien, arguyó el zorro, vamos a quedarnos toda una noche al raso, soportando la intemperie, con una condición: el que se retira pierde la apuesta y será pasto del que permanezca en pie.

—¡Aceptado!, pero tempestuosa ha de ser, agregó el cóndor.

—Choca, exclamó el otro. Y fijaron plazo.

Llegada la estación de las tormentas, cierto día en que nubes grises se amontonaban como torbellinos de humo, fuese volando el cóndor en busca del zorro. Comenzó, luego, una furiosa tempestad: los relámpagos difundían destellos iluminando el firmamento, y los rayos, uno tras otro, describiendo tortuosos zigzags rasgaban las nubes y estallaban con fragor sobre las cumbres, cuando el cóndor, al resplandor de un relámpago, descubre a su contrincante, erizados los pelos y desprendiendo chispas, apréstandose a huir, pero detiénese a la llamada y, quieras que no quieras, hubo de aparejarse para dar cumplimiento a lo pactado.

Llovía a cántaros, rotas las nubes se precipitaban como cataratas desprendidas de lo alto y torrentes de agua inundaban el campo, cuando ellos fieles al convenio disponíanse a pasar la noche de claro en claro, anhelosos que asomase la aurora. De pie el cóndor sobre un montículo, sin muchos preámbulos, extiende el desnudo cuello y, levantando el ala, introduce su encorvado pico dentro de él. A su vez, el zorro, aparragado en el humedecido suelo, oculto el hocico entre las patas, arrebujábase como podía, guareciéndose bajo su copioso rabo.

Mientras el impasible buitre desafiaba la lluvia que chorreaba y resbalaba por su reluciente y apretada plumazón, al desventurado zorro empapábale el ya estropeado pelaje, infiltrándose sin reparo aun por sus puntiagudas y rígidas orejas. Remojado su encallecido pellejo, que ha tiempo el frío le tenía como carne de gallina, sin rehuir, herido en su amor propio, manteníase firme en la lid. Prorrumpía de vez en cuando en lastimeros aullidos: Alalau (¡Ay que frío!) y con voz más desfalleciente gemía: Alalaú (¡me muero de frío!)... ¡A... la... laú... úúú...!

Huararaú, respondía jactancioso el cóndor y pasada la noche, el alado rey, yérguese, arruga el penacho de su coronado pico y purpúreo cuello, sacude su alba cola y renegrido manto, y con paso imponente dirígese adonde había dejado a su rival, el que, aterido y yerto, yacía sin vida.

¡Triste fin de los presuntuosos obstinados!

En Adolfo Vienrich, *Fábulas quechuas* (1961)

LITERATURA DE LA CONQUISTA Y
LA COLONIA

ALONSO ENRÍQUEZ DE GUZMÁN

Sevillano nacido en 1501 y muerto no se sabe dónde ni cuándo. Llegó a Lima en 1535 con el propósito manifiesto de hacer fortuna. Aquí comenzó un nuevo capítulo de sus infinitos enredos de los que dio cínica y desenfadada cuenta en El *libro de la vida y hechos de don Alonso Enríquez de Guzmán el caballero noble desbaratado. Raúl Porras Barrenechea se ocupa, en sabrosas y acuciosas páginas, del significado peculiarísimo de la obra de este, en verdad, pícaro redomado:* "Crónica y novela, el manuscrito de don Alonso Enríquez es uno de los más donosos y originales relatos de la conquista y de las guerras civiles del Perú... tiene excepcional mérito histórico y literario... es uno de los precursores de la novela picaresca." *En suma:* "El libro de Enríquez queda así como una contradicción de la crónica guerrera, viril y ascética del conquistador. Es la negación del espíritu heroico. Es la novela picaresca posesionada de la historia. Es la anticrónica."

EL CAMINO DE LOS INCAS DE TUMBES A LIMA

Llegué a una ciudad poblada de cristianos que se llama Piura los cuales, como de todas las otras cosas que se pueden saber, porque las procuran por el deseo de la patria, supieron mi desembarcada en el puerto desta ciudad, que es 25 leguas adentro de la tierra de la mar,

43

y no asentaron el pueblo a la mar porque es doliente, y no hay agua, ni leña, ni yerba para los caballos. La justicia y regidores enviáronme tres leguas del dicho pueblo muchos refrigerios, cosas de comer; e caído el sol, fue mi entrada según por ellos fue ordenada. Saliéronme a recibir una legua, e así entramos en esta ciudad, donde fui muy bien aposentado, y estuve un mes restaurándome del trabajo de la mar, y a mis criados y caballos, y por el caballo que dicho tengo que se me murió, compré otro caballo fiado por seis meses, por 600 castellanos. Desde la gran ciudad de Tumbes, que es a la legua de la mar, poblada de indios, no hay más de un cristiano y está una gran casa del señor de la tierra, labradas las paredes de adobes a manera de ladrillos, y con muchos colores muy finos, pintadas y barnizadas, que nunca vi cosa más linda; la techumbre de paja tan bien labrada, que no parece sino de oro, muy fuerte y muy grande y muy hermosa; hasta la provincia nombrada del Cuzco hay 300 leguas de acá, que son 500 de Castilla; es un camino derecho sin torcerse a ninguna parte, ninguna cosa, muy llano, entre muchas grandes y altas sierras peladas, sin yerbas ni árboles. En muchas dellas, así en las altas como en las bajas, hay infinita arena que los aires a ellas suben y llevan, que no parecen desde lejos sino nevadas. El camino es tan ancho, que cabrán seis de a caballo. De una parte e de otras, paredes de dos varas de medir en ancho y seis en alto, en algunas partes más y en algunas menos; e de la parte del campo árboles grandes, espesos de una parte y de otra, que hacen sombra todo el camino. Estos árboles dan un fruto como algarrobos. Verdaderamente lo son éstos, puestos a mano; de dos en dos, y de tres en tres y cuatro en cuatro leguas cuando más, está una casa que ellos llaman tambos, como en España nosotros ventas, suntuosamente edificados, para cuando este Señor del Cuzco y de toda esta tierra fuese y viniese de la dicha gran cibdad e casa de Tumbes a la provincia nombrada del Cuzco. Ya os he dicho que este señor se llamaba Guaynacavay, y era padre de Atabalica. En este camino está hecha una ciudad en otra, que en lengua de indios que se llama Himo, 60 leguas adelante de Piura, media legua de la mar, poblada de cristianos, que en lengua de indios, se llamaba Lima y agora se llama Los Reyes, y a dos leguas de la mar. Aquí llegué muy fatigado y hinchados los tobillos, dañado el bazo. Curóme una mujer casada y honrada y fea, que es como han de ser las mujeres. Y toma de mí este consejo, que el que no fuere casado no pida mujer hermosa, sino fea, por las siguientes causas. La primera, porque la fea tiene, quitado el cuidado de la hermosa, dos inconvenientes, y los cuidados de los hombres contra ella y ella puéstolo en su casa e hacienda, y el amor de su marido, porque sabe que de sólo aquello ha de sacar el zumo y sustancia, y ha de ser querida por fuerza o por grado; y la hermosa, el primer año es para el marido y toda la vida para las otras gentes, las cuales muy aína tienen más parte en ella que su marido en casa y en su hacienda, y el discreto marido, de las obras más que del gesto sabe enamorallo y de agradar de su muger; y no ha de tenella para por principal holgar, sino servir a Dios y multiplicar el mundo y su hacienda.

En Raúl Porras Barrenechea, *Los cronistas del Perú* (1962)

PEDRO CIEZA DE LEÓN

Sevillano cuya fecha de nacimiento se halla entre 1520 y 1522. Llegó a América como soldado raso y al Perú en 1548 durante la guerra civil entre los conquistadores. Cieza, vuelto a España en 1550, se dedicó a escribir su admirable Crónica del Perú *en cuya primera parte vierte todo el rico caudal de observaciones y conocimientos adquiridos en sus viajes por el país y en cuya segunda (titulada* El señorío de los Incas*) se ocupa de la historia y las instituciones del Imperio incaico. "La obra del cronista castellano —dice Raúl Porras— hace entrar de golpe a los Incas en la Historia Universal." La prosa de Cieza corre diligente y clara, abundante de preciosa información.*

Sus obras: Primera parte de la Crónica del Perú (1553) y El señorío de los Incas (*Segunda parte de la* Crónica del Perú, 1880, 1967); Descubrimiento y Conquista (*Tercera parte*) y Las guerras civiles del Perú (*Cuarta parte*).

DEL VALLE DE PACHACAMA Y DEL ANTIQUÍSIMO TEMPLO QUE EN ÉL ESTUVO, Y CÓMO FUE REVERENCIADO POR LOS YUNGAS

Pasando de la ciudad de los Reyes por la misma costa, a cuatro leguas de ella está el valle de Pachacama, muy nombrado entre estos indios. Este valle es deleitoso y fructífero, y en él estuvo uno de los suntuosos templos que se vieron en estas partes: del cual dicen que, no embargante que los reyes incas hicieron, sin el templo del Cuzco, otros muchos, y los ilustraron y acrecentaron con riqueza, ninguno se igualó con éste de Pachacama, el cual estaba edificado sobre un pequeño cerro hecho a mano, todo de adobes y de tierra, y en lo alto puesto el edificio, comenzando desde lo bajo, y tenía muchas puertas, pintadas ellas y las paredes con figuras de animales fieros. Dentro del templo, donde ponían el ídolo estaban los sacerdotes, que no fingían poca santimonia. Y cuando hacían los sacrificios delante de la multitud del pueblo iban los rostros hacia las puertas del templo y las espaldas a la figura del ídolo, llevando los ojos bajos y llenos de gran temblor, y con tanta turbación, según publican algunos indios de los que hoy son vivos, que casi se podrá comparar con lo que se lee de los sacerdotes de Apolo cuando los gentiles aguardaban sus vanas respuestas. Y dicen más: que delante de la figura de este demonio sacrificaban número de animales y alguna sangre humana de personas que mataban; y que en sus fiestas, las que ellos tenían por más solemnes, daba respuestas; y como eran oídas, las creían y tenían por de mucha verdad. Por los terrados de este templo y por lo más bajo estaba enterrada gran suma de oro y plata. Los sacerdotes eran muy estimados, y los señores y caciques les obedecían en muchas cosas de las que ellos mandaban y es fama que había junto al templo hechos muchos y grandes aposentos para los que venían en romería, y que a la redonda de él no se permitía enterrar ni era digno de tener sepultura si no eran los señores o sacerdotes o los que venían en romería y a traer ofrendas al templo. Cuando se hacían las fiestas grandes del año era mucha la gente que se juntaba, haciendo sus juegos con sones de instrumentos de música de la que ellos tienen. Pues como los incas, señores tan principales, señoreasen el reino y llegasen a este valle de Pachacama, y tuviesen por costumbre mandar por toda la tierra que ganaban que se hiciesen templos y adoratorios al sol, viendo la grandeza de este templo y su grande antigüedad, y la autoridad que tenía con todas las gentes de las comarcas, y la mucha devoción que a él todos mostraban, pareciéndoles que con gran dificultad la podrían quitar dicen que trataron con los señores naturales y con los ministros de su dios o demonio que este templo de Pachacama se quedase con el autoridad y servicio que tenía, con tanto que se hiciese otro templo grande y que tuviese el más eminente lugar para el sol; y siendo hecho como los incas lo mandaron su templo del sol, se hizo muy rico y se pusieron en él muchas mujeres vírgenes. El demonio Pachacama, alegre con este concierto, afirman que mostraba en sus respuestas gran contento, pues con lo uno y lo otro era él servido y quedaban las ánimas de los simples malaventurados presas en su poder. Algunos indios dicen que en lugares secretos habla con los más viejos este malvado demonio Pachacama; el cual, como ve que ha perdido su crédito y autoridad y que muchos de los que le solían servir tienen ya opinión contraria, conociendo su error, les dice que el Dios que los cristianos predican y él son una cosa, y otras palabras dichas de tal adversario, y con engaños y falsas apariencias procura estorbar que no reciban agua del bautismo, para lo cual es poca parte, porque Dios, doliéndose de las ánimas de estos pecadores, es servido que muchos vengan a su conocimiento y se llamen hijos de su iglesia, y así cada día se bautizan. Y estos templos todos están deshechos y ruinados de tal manera que lo principal de los edificios falta; y a pesar del demonio, en el lugar donde él fue tan servido y adorado está la cruz, para más espanto suyo y consuelo de los fieles. El nombre de este demonio quería decir hacedor del mundo, porque camac quiere decir hacedor, y pacha, mundo. Y cuando el gobernador don Francisco Pizarro (permitiéndolo Dios), prendió en la provincia de Caxamarca a Atabaliba, teniendo gran noticia de este templo y de la mucha riqueza que en él estaba, envió al capitán Hernando Pizarro, su hermano, con copia de españoles, para que llegasen a este valle y sacasen todo el oro que en el maldito templo hubiese, con lo cual diese la vuelta a Caxamarca. Y aunque el capitán Hernando Pizarro procuró con diligencia llegar a Pachacama, es público entre los indios que los principales y los sacerdotes del templo habían sacado más de cuatrocientas cargas de oro, lo cual nunca ha aparecido ni los indios que hoy son vivos saben dónde está, y todavía halló Hernando Pizarro (que fue, como digo, el primer capitán español que en él entró) alguna cantidad de oro y plata. Y andando los tiempos, el capitán Rodrigo Orgóñez y Francisco de Godoy y otros sacaron gran suma de oro y plata de los enterramientos, y aún se presume y tiene por cierto que hay mucho más; pero como no se sabe dónde está enterrado, se pierde, y si no fuere acaso hallarse, poco se cobrará. Desde el tiempo que Hernando Pizarro y los otros cristianos entraron en este templo, se perdió y el demonio tuvo poco poder, y los ídolos que tenían fueron destruidos, y los edificios y templos del sol, por el consiguiente, se perdió, y aún la más de esta gente falta; tanto, que muy pocos indios han quedado en él. Es tan vicioso y lleno de arboledas como sus comarcanos, y en los campos de este valle se crían muchas vacas y otros ganados y yeguas, de las cuales salen algunos caballos buenos.

De la *Crónica del Perú* (Primera parte, capítulo LXXII)

GARCILASO DE LA VEGA (el Inca)

Nació en el Cuzco en 1539 de la unión del capitán español Garcilaso de la Vega Vargas y de Isabel Chimpu Ocllo, princesa india. Fue, pues, el primer mestizo peruano en quien sangres y culturas diversas se mezclaron fecundamente. Escribió las páginas, inmarcesibles por espíritu y estilo, de los Comentarios reales de los Incas *(1609), la* Historia general del Perú *(Segunda parte de los* Comentarios reales, *1617) y* La Florida del Inca *(1605). Tradujo del italiano los* Diálogos de amor *de León Hebreo (1590).*

Garcilaso no sólo es nuestro más eminente cronista sino, además, nuestro primer gran narrador. La fluidez y gracia de su prosa —templada emotivamente al calor íntimo

y poético de la evocación—, la frescura y animación de
su relato, restituyen vivo el esplendor y las sombras del
pasado. Garcilaso murió en Córdoba de España en 1616.
Fue —con palabras de Aurelio Miró Quesada Sosa— el
representante más insigne de la literatura y de la cultura
del Perú.

TRABAJOS QUE GARCILASO DE LA VEGA [1] Y SUS COMPAÑEROS PASARON EN EL DESCUBRIMIENTO DE LA BUENAVENTURA

Atrás dijimos que el marqués don Francisco Pizarro,
viéndose en el aprieto del cerco y levantamiento de
los indios, temiendo que sus hermanos en el Cozco
y don Diego de Almagro en Chile eran todos degolla-
dos, pidió socorro a México, Nicaragua, Panamá y Santo Domingo y a las demás islas de Barlovento. Y a sus
capitanes Alonso de Alvarado, Sebastián de Belalcázar,
Garcilaso de la Vega y Juan Porcel, les mandó que,
dejando las conquistas en que andaban, acudiesen a
socorrerle, porque había necesidad de que se juntasen
todos para resistir la pujanza de los indios.
A lo cual acudió Alonso de Alvarado primero que
otro, porque estaba más cerca que los demás, pero
no tan presto que los indios no hubiesen aflojado el
cerco de Los Reyes, y con su llegada la dejaron del
todo. El capitán Sebastián de Belalcázar ni el capitán
de los Bracamorros, Juan Porcel, no fueron al socorro,
porque no llegó a ellos el mandato del gobernador, por-

---

[1] Se trata del capitán, padre del Inca.

que mataron los indios que lo llevaban. Garcilaso de la Vega acudió poco después que Alonso de Alvarado, de la bahía que llaman de San Mateo y la Buenaventura, en la cual, como atrás apuntamos, le fue muy mal, porque la tierra es allí inhabitable, donde él y toda su gente pasaron grandes trabajos por las montañas increíbles que hay en aquella región, que son más cerradas y más fuertes de romper que un muro, porque los árboles son tan gruesos que no los abrazaran ocho ni diez hombres, y de madera tan fuerte que son muy malos de cortar, y de unos a otros hay tanta multitud de matas y otros árboles menores, que espesan y cierran la montaña de manera que ni hombres ni animales pueden andar por ella, ni el fuego tiene dominio en aquellas montañas, porque perpetuamente están lloviendo agua.

A los principios, cuando entraron en aquella conquista, entendieron hallar indios la tierra adentro, y así entraron como mejor pudieron, abriendo los caminos a fuerza de sus buenos brazos y subiendo y bajando por los arroyos que hallaban, los cuales servían de camino abierto para caminar, como se camina hoy por muchas partes de aquellas montañas, porque la corriente del agua no deja crecer el monte en los arroyos. Con esta dificultad y trabajos caminaron muchos días, y aunque los indios de servicio que del Perú llevaban les decían muchas veces que se volviesen, que iban perdidos, que no había gente en muchas leguas de aquella región, que por inhabitable la habían dejado de poblar los reyes Incas, nunca los españoles quisieron creerles, entendiendo que desacreditaban aquellas tierras por volverse a las suyas. Con esta porfía caminaron más de cien leguas, con mucha hambre, que llegaron a sustentarse con yerbas y raíces, sapos y culebras y cualquiera otra sabandija que podían matar; decían que para aquella necesidad eran liebres y conejos. De las culebras hallaban las mayores por menos malas para comer que las pequeñas. Al cabo de aquel largo y trabajoso camino, viendo que de día en día crecían las dificultades y la hambre, que era la que aumentaba los trabajos, se fueron los oficiales del ejército y los de la hacienda real al capitán, y le dijeron que pues le constaba, por larga experiencia, que los afanes de aquel descubrimiento eran incomportables, y que en cinco meses que había que andaban en aquellas montañas no habían visto indio que conquistar, ni aun tierra que cultivar y poblar, sino montes y ríos, lagos y arroyos, y un perpetuo llover, sería bien que atendiese a su propia salud y a la de su gente, que parecía, según lo había porfiado, que a sabiendas la quería matar y matarse a sí mismo en aquella hambre y desventura; que tratase de volverse, y no porfiase más en peligro tan manifiesto. El capitán respondió que había muchos días que había visto y notado lo que al presente le decían de las dificultades de aquel descubrimiento y conquista, y que dentro de dos meses que habían entrado en aquellas montañas procurara salir dellas, sino que el respeto de la honra de todos ellos y la suya propia le había hecho porfiar hasta entonces y que todavía le instaba y aquejaba que pasase adelante en su porfía, porque no le dijesen sus émulos que se volvían a los corderos gordos del Perú y a sus regalos. Que les rogaba y encargaba tuviesen por bien no volver las espaldas al trabajo, pues cuanto mayor lo hubiesen pasado, tanta más honra y fama se les seguiría adelante. Que siendo ella el premio de la victoria, procurasen ganarla como buenos soldados, porfiando hasta salir con su empresa, o a lo menos hasta quitar la ocasión a los maldicientes, que la tomarían de verles volver tan presto. Que los trabajos de cualquier dellos le dolían tanto como los propios, y que, pues él no los huía, le hiciesen merced de seguirle como a su capitán, pues la milicia y su nobleza y ser españoles les obligaba a ello.

Con estas palabras se rindieron aquellos buenos soldados, y pasaron adelante en su demanda, y anduvieron porfiando en su descubrimiento casi otros tres meses. Mas como los trabajos fuesen tan incomportables, vencieron la salud; enfermaron muchos españoles e indios; murieron muchos de los unos y de los otros, más de hambre que de otro mal. Viendo, pues, que cada día iba creciendo el número de los enfermos y de los muertos, no pudiendo pasar adelante, de común consentimiento acordaron volverse, no por el camino que habían llevado, sino dando cerco al oriente y volviendo al mediodía, que ésta fue la guía que tomaron, por ver si topaban algunos indios en aquel cerco y llevarlo todo andado, para mayor satisfacción dellos. Pasaron por otras montañas, no mejores que las pasadas, antes peores, si peores podían ser. Creció la hambre, y con ella la mortandad; fueron matando los caballos menos buenos, para socorrer los hambrientos y enfermos. Lo que más se sentía era que los más de los que perecían fue por no poder andar de flaqueza, y los dejaban desamparados en aquellas montañas, por no poderse valer unos a otros, que todos iban para lo mismo. Día hubo que dejaron once vivos, y otro día quedaron trece. Cuando los rendía el hambre y la flaqueza, se les caía la quijada baja de manera que no podían cerrar la boca, y así, cuando los desamparaban, les decían: "Quedad con Dios." Y los tristes respondían: "Andad con Dios", sin poder pronunciar la palabra, más de menear la lengua. Estos pasos en particular, sin la fama común, los contaba un soldado que se decía fulano de Torralba, yo se lo oí más de una vez, y lloraba cuando los contaba, y decía que lloraba de lástima de acordarse que quedasen sus compañeros vivos, que, si quedaran muertos, no se acordara dellos.

Desta manera perecieron de hambre más de ochenta españoles, sin los indios, que fueron muchos más. Pasaron grandísimo trabajo al pasar de aquellos ríos que llaman Quiximís, porque la madera que cortaban para hacer balsas no les era de provecho, que se les hundía en el agua, por ser tan pesada y tan verde; y los ríos no tenían vado, que son muy raudos y caudalosos y con muchos lagartos que llaman caimanes, de a veinte y cinco y de a treinta pies de largo, y mucho de temer en el agua, porque son muy carniceros. Hacían las balsas de rama bien atada, y así pasaban, con el trabajo que se puede imaginar. En un río de aquellos acaeció que, habiéndolo de pasar y buscando por dónde, hallaron dos árboles grandes, uno enfrente de otro, el uno en la una ribera y el otro en la otra, cuyas ramas se juntaban por lo alto unas con otras. Parecióles cortar parte del pie del que tenían a su banda, para que quedando todavía asido al tronco, cayese sobre el otro árbol y de ambos se hiciese una puente. Como lo imaginaron, así les salió el hecho; pasaron por ellos todos los españoles y los indios a la hila, de tres en tres y de cuatro en cuatro, asiéndose a las ramas como mejor podían. Para el postrer viaje quedaron seis hombres, tres indios y tres españoles, y el capitán entre ellos, el cual quiso ser el último al pasar. Echaron los indios por delante, que llevaban sus armas y las de otros dos de su camarada, y dos sillas jinetas, y así pasaron todos. Yendo en lo más alto del árbol cortado, cerca del otro sano, dio el árbol un gran crujido, desgajándose del tronco la parte que le habían dejado por cortar. Los dos españoles y los tres indios se asieron fuertemente de las ramas a que iban asidos. El capitán, que advirtió mejor el peligro, dio un salto para adelantarse por encima de los compañeros, y acertó a asir una rama de las del árbol sano, y llevando con el peso la rama tras sí, se hundió debajo del agua. Los que se asieron del otro árbol se fueron con él por el río abajo, que no aparecieron más. Dos o tres de los camaradas del capitán, que estaban de la otra parte aguardando a que pasase, viéndole en aquel peligro aguijaron con las lanzas a dárselas. El capitán, sintiendo el socorro, se asió a una dellas; el que la tenía llamó a los otros dos, y así entre todos tres lo sacaron a tierra, dando gracias a Dios que lo hubiese librado de la muerte.

En aquellos caminos, dondequiera que topaban algún socorro para comer, como frutas silvestres y raíces mejores que las comunes, se detenían dos y tres días a cogerlas, para llevar qué comer donde no las hubiese. A una parada destas, al fin de un año y más que andaban en aquellas montañas, se subió el capitán un día por un cerro alto que estaba cerca del alojamiento, bien congojado de su trabajo y de los suyos, a ver si de lo alto de aquel cerro pudiese descubrir alguna salida de aquella mazmorra. Y porque el monte dondequiera era tan alto y tan cerrado, que aunque estaba en la cumbre del cerro no podía descubrir la tierra, se subió en un árbol de los mayores, que son como torres muy altas; de allí descubrió a todas partes mucha tierra de aquellas montañas, pero no parecía que hubiese salida della. Estando así mirando, vio pasar una gran banda de papagayos con su mucho graznar, y notó que llevaban siempre un camino derecho, y era entre el levante y el mediodía, que los marineros llaman sueste. Y al cabo de una muy gran volada, se abajaron todos de golpe al suelo. El capitán tanteó lo que podía haber de donde estaba a donde las aves cayeron, y le pareció que habría de seis a siete leguas, y que, según los papagayos son amigos de maíz, podría ser que lo hubiese en aquel sitio. Con estas imaginaciones y flacas esperanzas marcó muy bien el lugar, por no perder el tino, y volvió a los suyos, y les dijo que se esforzasen, que él traía pronósticos y señales de salir presto a tierra poblada. Todos se animaron, y otro día salieron de aquel lugar, y a golpe de hacha y de hocino abrieron la mayor parte de ocho leguas de camino que había del uno al otro, en que tardaron treinta días; y al fin dellos salieron a un pueblo pequeño de indios, de hasta cien casas, muy abundante de maíz y otras legumbres, con muy buenas tierras de labor, para mucha más gente de la que allí había. Dieron gracias a Dios que les hubiese sacado de aquel desesperadero.

Los indios, viendo gente con barbas, y los más dellos en cueros, que se les había podrido toda la ropa por traerla siempre mojada, y que el más bien librado llevaba en lugar de pañetes cortezas y hojas de árboles, se espantaron de verlos, y mucho más cuando vieron caballos, que algunos habían escapado de ser comidos. Apellidáronse unos a otros para irse al monte, mas luego se aplacaron por las señas que les hicieron que no hubiesen miedo. Llamaron a su cacique, que estaba en el campo, el cual los recibió con mucha afabilidad y mayor lástima de verlos desnudos, llenos de garranchos, flacos y descoloridos, que parecían difuntos. Regalóles como si fueran hermanos; dioles de vestir de las mantas de algodón que tenían para sí. Aficionóse tanto a ellos, particularmente al capitán, que le rogaban que no se fuese de su tierra o, si se fuese, lo llevase consigo a la suya. Allí pararon treinta días, y pararan más, según lo habían menester, pero por no gastarles toda la comida que aquellos pobres indios tenían (que la daban de muy buena gana) salieron de aquella tierra, habiéndose reformado tanto cuanto; y no supieron cómo se llamaba, porque el cuidado era de salir della y no de buscar nombres. El cacique salió con ellos, por acompañarles y guiarles, y sacó treinta indios, cargados de la comida que pudieron juntar, que fue bien menester para lo que les quedaba de despoblado, y fue de mucho provecho la compañía de los indios para pasar uno de los ríos grandes que les quedaba por pasar, que hicieron balsas y las supieron marear mejor que los españoles.

Así llegaron al primer valle del distrito de Puerto Viejo. El cacique y sus indios se volvieron de allí, con muchas lágrimas que derramaron de apartarse de la compañía de los españoles, en particular de la del capitán, que se le habían aficionado muy mucho, por su mucha afabilidad. Los españoles entraron en Puerto Viejo; eran poco más de ciento y sesenta, que ochenta y tantos murieron de hambre, de docientos y cincuenta que entraron en aquella conquista. En Puerto Viejo supieron el levantamiento del Inca, mas no supieron nada de lo que había pasado. Con la nueva se dieron prisa a caminar a la Ciudad de los Reyes. En el camino les encontró el mandato del marqués que fuesen a socorrerle, con lo cual doblaron las jornadas y llegaron a Rímac algunos días después del capitán Alonso de Alvarado; fueron recibidos con mucho consuelo del marqués, por la necesidad tan grande en que se hallaba.

De *Comentarios reales de los Incas* (Segunda parte, Libro II, cap. XXXII)

MATEO ROSAS DE OQUENDO

Poeta satírico español nacido en 1559 y muerto en su patria en fecha desconocida; llegó al Perú en 1589 como miembro del séquito del virrey García Hurtado de Men-

*doza. Estuvo en dos ocasiones en el país, en la segunda
escribió (1598) su* Sátira (...) a las cosas que pasan en
el Pirú —*en romance, la forma usual de su expresión*—
*cuyos dardos están dirigidos contra Lima, con lo que ini-
ció una línea de acerados y ocasionales detractores de la
Ciudad de los Reyes, en la que destacó, dos siglos más
tarde, Esteban de Terralla.*

LIMA

Un visorrey con treinta alabarderos,
por fanegas medidos los letrados,
clérigos ordenantes y ordenados,
vagamundos, pelones caballeros.

Jugadores sin número y coimeros,
mercaderes del aire levantados,
alguaciles, ladrones muy cursados,
las esquinas tomadas de pulperos.

Poetas mil de escaso entendimiento,
cortesanas de honra a lo borrado,
de cucos y cuquillos más de un cuento,
de rábanos y coles lleno el gato,
el sol turbado, pardo el nacimiento,
aquesta es Lima y su ordinario trato.

[UN LIMEÑO]

Yo vide en cierta ocasión
un hombre de muy buen talle

con una cadena de oro
y término de hombre grave,
que, cierto, lo parecía
en aparato y semblante.
Jubón negro, calza y cuera,
y una camisa de encaje,
y bordada de abalorio
la pretina y talabarte;
bohemio de razo negro,
sembrado de unos cristales
que, entre el fingir de su dueño,
se me fingieron diamantes;
el adrezo de la gorra
con unas perlas muy grandes,
que enlazaban la tuquilla
con sus costosos engastes.
Un águila en la roseta
las uñas llenas de sangre,
una esmeralda en el pecho,
y en las alas dos esmaltes.
Espada y daga dorada,
con sus monturas y entalles,
donde se mostraba un cielo
sobre los hombres de Atlante;
cuatro negros de librea,
más que su señor galanes,
con vestidos amarillos
y sombreros con plumajes.
. . . . .
Vi al caballero que he dicho
estoy por decir en carnes;

un calzón lleno de mugre,
de muy basto cordellate,
un sayo cuyos remiendos
unos de otros se hacen;
las manos presas atrás
como si hubieran de asalle.

> De *Sátira* (...) *a las cosas que pasan en*
> *el Pirú*

DIEGO MEXÍA DE FERNANGIL

Sevillano, nacido en la segunda mitad del siglo xvi, *vino al Perú a fines de este siglo y murió en Potosí hacia 1617. Autor de la primera parte del* Parnaso antártico (1608), *obra que contiene sus traducciones de las* Heroidas *de Ovidio. La segunda parte, que no llegó a publicar, trae unos doscientos sonetos originales inspirados en la vida de Cristo.*

TODAS LAS VECES...

Todas las veces que por mí deshecho,
dulce Jesús, en esa Cruz os miro,
parece me decís con un suspiro:
Diego: ¿por qué me matas? ¿Qué te he hecho?

Tus pecados me han puesto en este estrecho,
tú me tienes en cruz y en ella expiro,
cada culpa mortal es mortal tiro
que me azota, me enclava y me abre el pecho.

¿Por qué me azotas? ¿Porque te he criado?
¿Por qué me enclavas? ¿Porque te sustento?
¿Por qué me afrentas? ¿Porque te redimo?

Hijo, no más rigor, no más pecado;
mi cruz adora, siente lo que siento;
mi muerte estima, pues tu vida estimo.

SI LENGUAS MIL...

Si lenguas mil de Arcángel tuviera,
si voz que como trueno retumbara,
si pluma que a los cielos se elevara,
si canto que a un peñasco enterneciera.

Lengua, voz, pluma y canto consumiera,
Excelsa Virgen, refulgente y clara,
en vuestras alabanzas, y empleara
mi vida en ellas aunque eterna fuera.

Mas mi lengua, mi voz, mi pluma, y canto
alaba, entona, escribe, y canta al mundo
a Cristo nuestro Dios, padre, y maestro.

Oídme, Virgen, y ayudadme, tanto
que salga con la empresa, pues la fundo
en gloria suya, y en servicio vuestro.

Saliendo el Sol divino del Oriente
de su inmortalidad cual convenía,
apareció a su madre, a quien tenía
en tinieblas de penas su Poniente.

Y con su bella vista refulgente
colmó a la virgen pura de alegría
a la medida que penado había
y había penado inexplicablemente.

Los coloquios suaves, el contento
y el júbilo que hubo en estas vistas,
quererlo yo explicar fuera gran mengua.

Y éxtasis tal, tan celestial portento,
pues lo callaron los Evangelistas,
siéntalo el alma y cállelo la lengua.

De *Parnaso antártico*. Segunda parte

DIEGO DE HOJEDA

*Nació en Sevilla hacia 1571; viajó al Perú en 1590; al año
siguiente se ordenó sacerdote en Lima; murió en Huánuco
en 1615 después de una vida trabajada y ejemplar. La
Cristiada (1611) es la mejor epopeya religiosa de la literatura tanto hispanoamericana como española. Escrita en
octava rima y dividida en doce libros, tiene, a decir de*

E. *Anderson Imbert*, "un solo tema: canto al Hijo de Dios,
humano y muerto".

[INVOCACIÓN A CRISTO CRUCIFICADO]

Dame, Señor, que cuando el alba bella
el cielo azul de blancas nubes orne,
tu cruz yo abrace, y me deleite en ella,
y con su ilustre púrpura me adorne;
y cuando la más linda y clara estrella
a dar su nueva luz al aire torne,
mi alma halle al árbol de la vida,
y a ti, su fruto saludable, asida.

Y cuando el sol por la sublime cumbre
en medio esté de su veloz carrera,
la santa cruz, con su divina lumbre
más ardiente que el sol, mi pecho hiera;
y al tiempo que la noche más se encumbre
con negras plumas en la cuarta esfera,
yo a los pies de tu cruz, devoto y sabio,
tus llagas bese con humilde labio.

Cuando el sueño a los ojos importante
los cierre, allí tu cruz se me presente,
y cuando a la vigilia me levante,
ella tu dulce cruz me represente:
cuando me vista, vista el rutilante
ornato de tu cruz resplandeciente,
y moje, cuando coma, en tu costado
el primero y el último bocado.

Cuando estudie en el arte soberana
de tu cruz, la lección humilde aprenda;
y en ese pecho, que dulzura mana,
tu amor sabroso y tierno comprehenda;
y toda gloria me parezca vana,
si no es la que en tu cruz ame y pretenda;
y el más rico tesoro, gran pobreza,
y del deleite mayor, suma vileza.

Y ya, mi buen Señor, te mire orando,
lleno de sangre y de sudor cubierto;
ya preso del feroz aleve bando,
con duras sogas en el triste huerto;
ya ante el soberbio tribunal callando,
el rostro de mil injurias descubierto;
ya tenida por loca tu cordura,
y ya por arrogante tu mesura:

Ya en el pretorio con rigor desnudo,
y con furiosos látigos herido;
ya con aquel ornato infame y crudo,
frente y cerebro sin piedad ceñido;
ya traspasado con dolor agudo,
y en vez de Barrabás escarnecido;
ya, como agora vas, la cruz al hombro;
ya siendo al cielo, en cruz, divino asombro:

Así te mire yo, Jesús perfecto,
en cruz de compasión crucificado,
y así tenga de ti piadoso afeto,
viéndote con la cruz arrodillado.

Iba pues el altísimo conceto
del Padre, y hombre y Dios, debilitado
de suerte, que la fiera compañía
temió que antes del monte moriría.

* * *

Mas ¿por qué, oh buen Jesús, morir quisiste
en cruz subido y de la cruz pendiente?
Dime las conveniencias que tuviste,
si es doctrina el saberlas conveniente;
y pues tú, vida eterna, padeciste
muerte tan vil con pecho tan clemente
y sabio por mi bien y por tu gloria,
hazme tu ciencia y tu bondad notoria.

Quiso morir en cruz porque no había
género de tormento formidable
de más afrenta ni de más porfía,
ni más terrible en sí ni más durable;
y con él declararnos pretendía
su ardiente caridad, su amor afable;
que quien por el amado así padece,
su pecho abierto en su pasión le ofrece.

De *La Cristiada* (1611)

BERNABÉ COBO

*Nació en Jaén en 1580 y murió en Lima en 1657. Arribó
a las Indias en 1596, cuando contaba dieciséis años de*

edad; vivió cuarenta años en el Perú y veinte en México. Dice Raúl Porras Barrenechea: "Con el jesuita Bernabé Cobo, la crónica local y particularista del siglo XVI adquiere la dimensión de lo universal. El colosal monumento de su crónica Historia del Nuevo Mundo, *inventario total de su época, síntesis de un siglo de colonización, catálogo de todas las plantas y animales del Nuevo Mundo, historia de todos los pueblos y razas indígenas —de los aztecas y de los incas—, es el más grande esfuerzo de integración de América en el cosmos."*

Su detallada y fresca descripción de la novedosa flora americana, a más de notable aporte a la ciencia, sugiere láminas de peregrino encantamiento visual.

Obras: Historia del Nuevo Mundo *(4 vols., 1890-1893) e* Historia de la fundación de Lima *(1882).*

LA COCA

En este reino del Perú no hay cosa más conocida que la coca, cuyo trato es de los gruesos y de mayor ganancia que hay en las Indias y con que no pocos españoles se han hecho ricos. Es la coca una mata no mayor que los manzanos enanos de España, de hasta un estado en alto; su hoja, que es la que tanto aprecian y estiman los indios, es del tamaño y talle de la del limón ceutí y a veces menor. Da una frutilla colorada, seca y sin jugo, tamaña como pequeños escaramujos, que sólo sirve de semilla.

Plantaban y cultivaban antiguamente la coca los naturales del Perú a manera de viñas, y era de tanta estimación su hoja, que solamente la comían los reyes y nobles y la ofrecían en sacrificios que de ordinario hacían a los falsos dioses. A los plebeyos les era prohibido el uso de ella sin licencia de los gobernadores. Mas después que se acabó el señorío de los reyes Incas y con él la prohibición, con el deseo que la gente común tenía de comer de la fruta vedada, se entregó a ella con tanto exceso, que viendo los españoles el gran consumo que había de esta mercadería, plantaron otras muchas más chácaras de las que antes había, especialmente en la comarca de la ciudad del Cuzco, cuyos vecinos tuvieron en un tiempo su mayor riqueza en estas heredades; porque solía rentar cada año una buena chácara de coca más de veinte mil pesos. Pero ya ha dado gran baja, y su contratación va de cada día adelgazando; lo uno, porque los indios han venido en gran disminución, y lo otro, porque con el trato y comunicación con los españoles, se van desengañando y cayendo en la cuenta de que les es de más provecho el pan, vino y carne, que el zumo que chupaban de esta hierba; y así de mejor gana gastan ya su dinero en estos mantenimientos, que no en la coca, tan preciada de sus antepasados.

El uso de esta hoja es de esta manera: de ella, majada, hacen los indios unas pelotillas como un higo, y éstas traen de ordinario en la boca, entre el carrillo y las encías, chupando el zumo sin tragar la hoja; y afirman que les da tanto esfuerzo, que mientras la tienen en la boca, no sienten sed, hambre ni cansancio. Yo bien creo que lo más que publican es imaginación o superstición suya, dado que no se puede negar sino que les da alguna fuerza y aliento, pues los

69

vemos trabajar doblado con ella. Tiene sabor de zumaque, y la suelen polvorear con cierta ceniza que hacen de la rama de la quinua, de huesos, de piedras y de conchas de la mar quemadas (salsa por cierto bien semejante al manjar). Cógense cada año muchos millares de cestos de coca en las tierras yuncas del Perú, que son las provincias de los Andes, de donde se lleva a todo este reino, mayormente a Potosí. Trajínase en grandes recuas de llamas, porque comúnmente lleva cada recua de dos a tres mil cestos.

Es la planta de la coca muy delicada y quiere mucho cuidado en cultivarse, y mucho más en conservarse la hoja después de cogida. Nace solamente en las más calientes y húmedas tierras de Indias, y por consiguiente más enfermas, por ser, de calor insufribles y donde lo más del año no cesa de llover; por donde, allende del gran trabajo que cuesta su beneficio a los indios, corren mucho riesgo sus vidas, por la mudanza de un extremo a otro que pasan, yendo de las sierras frías, de donde son naturales, a las yuncas y calientes, a cultivar y sacar la coca. La cual se planta y beneficia en esta forma: cogen la frutilla del árbol por el mes de marzo, que es cuando está más sazonada, y la ponen a pudrir donde no le dé el sol y luego hacen almácigo de ella, que llaman cochas; de allí la trasponen en la chácara y plantan en ringlera, apartada no más de un pie una mata de otra, haciendo calles derechas de pie y medio de ancho. Cada cuatro meses se coge la hoja, y en catorce meses cuatro veces; y otras tantas se ha de desherbar la chácara, porque, como es tierra muy húmeda, crece luego la hierba, y si no se coge la hoja en llegando a sazón, se cae del árbol y nace otra.

Cúranla de este modo: en cogiéndola, la echan debajo de techado en una pieza limpia y regada, donde está una noche, y otro día la ponen a secar al sol tendida en unas esteras. Sécase en dos o tres días, y después la ponen a la sombra hasta que se humedezca un poco, para que no se quiebre al encestarla. Luego la meten en unos cestos largos y angostos, llamados chipas, que hacen de cañas grandes hendidas y cubren con las cáscaras de las mismas cañas, que son como badanas pequeñas, y las lían con unas sogas hechas de las cortezas de un árbol llamado pancho, que son muy correosas. Nacen de ordinario estas cañas, y árboles de que se hacen las chipas, en las mismas tierras de la coca. Pesa la hoja que lleva cada chipa diez y ocho libras, y cuatro la chipa que vienen a ser todas veintidós.

Es la hoja de la coca muy delicada y dáñase con facilidad; la dañada se dice desechos, y éstos son de todas maneras: unos nacen de llover y no haber sol para secarse el día que se echa la hoja en las esteras, con que se para un poco negra; llámase este desecho quimbe. Otro es, cuando, habiéndose de sacar el día siguiente al que se cogió, por no hacer buen tiempo, se deja dentro de la casa sin ponerla a secar; ésta, si es de dos días arriba, se pone amarilla y se llama coca caynada. Otro desecho es, si estando encestada no se puede aviar y sacar a la sierra y tierra fría, por no haber en qué; porque una vez encestada, no consiente la detengan en el valle y tierra caliente, que también se pierde, y se llama detenida. Hase de tener gran cuidado en que no se moje, porque, en mojándose, se daña como le haya dado algún sol. También es desecho la coca que ponen al sol cuando es muy recio porque se arruga y vuelve negra, a la cual llaman caspada. La perfecta es la que, después de seca, queda con su color verde, tiesa y lisa. Finalmente, es la hierba más delicada que se puede imaginar, porque le daña aire, sol, agua y humedad.

Su temperamento es caliente y seco, con muy buena estipticidad; mascada de ordinario, aparta de los dientes toda corrupción y neguijón, y los emblanquece, aprieta y conforta. A mí me sucedió, que llamando una vez un barbero para que me sacara una muela, porque se andaba y me dolía mucho, me dijo el barbero que era lástima sacarla, porque estaba buena y sana; y como se hallase presente un amigo mío religioso, me aconsejó que mascase coca por algunos días. Hícelo así, con que se me quitó el dolor de la muela y ella se afijó como las demás. El zumo de la coca conforta el estómago y ayuda a la digestión; quita toda ventosidad y mal de ijada. Los polvos de esta hoja, tomados de ordinario y a que a dos partes de ellos se echa una de azúcar, son contra el asma o ronquera del pecho. La semilla de la coca tomada en sahumerio, dicen los indios que estanca todo flujo de sangre de narices; y el cocimiento de ella, bebido con miel de abejas y hierba buena, aprovecha a la relajación del estómago y contra los vómitos. El cocimiento de la hoja bebido de ordinario, vale contra las cámaras, deseca las llagas y las mundifica; los polvos mezclados con sal y clara de huevo, consolidan y aprietan toda fractura y disolución de hueso; y echados en poca cantidad en las úlceras, las desecan y encoran; y el mismo efecto hacen en las llagas de los disciplinantes, como el polvo del arrayán. Finalmente, entra la coca, por su estipticidad, en los vinos y en los cocimientos estípticos, y hace su confortación como los demás constipantes y confortantes.

De *Historia del Nuevo Mundo* (Primera parte, Libro V)

CLARINDA

El Discurso en loor de la poesía es un poema en tercetos que apareció encabezando la primera parte del Parnaso antártico (1608) de Diego Mexía de Fernangil a quien se halla dedicado y a quien exalta con vehemente alabanza. Es notable la erudición desplegada, patente en las múltiples referencias míticas, históricas y literarias. De su autora, o autor, nada de seguro se sabe hasta la fecha.

DISCURSO EN LOOR DE LA POESÍA
(Fragmento)

¿Qué don es éste? ¿Quién el más grandioso
que por objeto a toda ciencia encierra,
sino el metrificar dulce y sabroso?

El don de la poesía abraza y cierra,
por privilegio dado de la altura,
las ciencias y artes que hay acá en la tierra.

Ésta las comprende en su clausura,
las perfecciona, ilustra y enriquece
con su melosa y grave compostura.

Y aquel que en todas ciencias no florece,
y en todas artes no es ejercitado,
el nombre de poeta no merece.

Y por no poder ser que esté cifrado
todo el saber en uno sumamente,
no puede haber poeta consumado.

Pero serálo aquél más excelente
que tuviere más alto entendimiento,
y fuere en más estudios eminente.

¿Pues ya de la Poesía el nacimiento
y su primer origen fue en el suelo?
¿O tiene aquí en la tierra el fundamento?

Oh Musa mía, para mi consuelo
dime dónde nació, que estoy dudando.
¿Nació entre los espíritus del cielo?

Éstos a su Creador reverenciando
compusieron aquel trisagros trino,
que al trino y uno siempre están cantando.

Y como la poesía al hombre vino
de espíritus angélicos perfetos,
que por conceptos hablan de contino,

los espirituales, los discretos
sabrán más de poesía, y será ella
mejor, mientras tuviere más concetos.

De *Parnaso antártico*. Primera parte (1608)

AMARILIS

*La vida del personaje que se oculta bajo este seudónimo
—sobre cuyo sexo pueden quedar dudas y sobre cuya iden-
tidad, aún sin esclarecer definitivamente, se han tejido las
más variadas conjeturas— transcurrió en el siglo XVII y
en Huánuco. Su "Epístola a Belardo" está escrita en
silva; dieciocho estrofas de 18 versos cada una más otra,
la final, de once. Apareció por vez primera en La Filomena (1621) de Lope de Vega, a quien fuera destinada.
Poema de amor idealizado, platónico, la "Epístola" se
despliega con noble decoro y cadenciosamente, y la cordura de su contenido se traduce con perfección ejemplar
en la armoniosa forma. La "Epístola" es, pues, presea
de nuestra literatura colonial.*

EPÍSTOLA A BELARDO

Tanto como la vista, la noticia
de grandes cosas suele las más veces

al alma tiernamente aficionarla,
que no hace el amor siempre justicia,
ni los ojos a veces son jüeces
del valor de la cosa para amarla:
mas suele en los oídos retratarla
con tal virtud y adorno,
haciendo en los sentidos un soborno
(aunque distinto tengan el sujeto,
que en todo y en sus partes es perfecto),
que los inflama a todos,
y busca luego artificiosos modos,
con que pueda entenderse
el corazón, que piensa entretenerse,
con dulce imaginar para alentarse
sin mirar que no puede
amor sin esperanza sustentarse.

El sustentar amor sin esperanza,
es fineza tan rara, que quisiera
saber si en algún pecho se ha hallado,
que las más veces la desconfianza
amortigua la llama que pudiera
obligar con amar lo deseado;
mas nunca tuve por dichoso estado
amar bienes posibles,
sino aquellos que son más imposibles.
A éstos ha de amar un alma osada;
pues para más alteza fue criada
que la que el mundo enseña;
y así quiero hacer una reseña
de amor dificultoso,

amando a quien no veo y me lastima;
ved qué extraños contrarios,
venidos de otro mundo y otro clima.

Al fin de éste, donde el Sur me esconde
oí, Belardo, tus conceptos bellos,
tu dulzura y estilo milagroso;
vi con cuánto favor te corresponde
el que vio de su Dafne los cabellos
trocados de su daño en lauro umbroso
y admirando tu ingenio portentoso,
no puedo reportarme
de descubrirme a ti, y a mí dañarme.
Mas, ¿qué daño podría nadie hacerme
que tu valer no pueda defenderme?
Y tendré gran disculpa,
si el amarte sin verte, fuere culpa,
que el mismo, que lo hace,
probó primero el lazo en que me enlace,
durando para siempre las memorias
de los sucesos tristes,
que en su vergüenza cuentan las historias.

Oí tu voz, Belardo: mas ¿qué digo?
no Belardo, milagro han de llamarte,
éste es tu nombre, el cielo te lo ha dado,
y Amor, que nunca tuvo paz conmigo,
te me representó parte por parte,
en ti más que en sus fuerzas confiado:
mostróse en esta empresa más osado,
por ser el artificio

peregrino en la traza y el oficio,
otras puertas del alma quebrantando,
no por los ojos míos, que velando
están en gran pureza:
mas por oídos, cuya fortaleza
ha sido y es tan fuerte,
que por ella no entró sombra de muerte,
que tales son palabras desmandadas,
si vírgenes las oyen,
que a Dios han sido y son sacrificadas.

Con gran razón a tu valor inmenso
consagran mil Deidades sus labores,
cuando manijan perlas en sus faldas:
todo ese mundo allá te paga censo,
y éste de acá mediante tus favores,
crece en riqueza de oro y esmeraldas.
Potosí, que sustenta en sus espaldas,
entre el invierno crudo,
aquel peso, que Atlante ya no pudo:
confiesa que su fama te la debe;
y quien del claro Lima el agua bebe
sus primicias te ofrece,
después que con tus dones se engrandece,
acrecentando ofrendas
a tus excelsas y admirables prendas:
yo, que aquestas grandezas voy mirando,
y entretenido en ellas,
las voy en mis entrañas celebrando.
. . . . .

Quiero, pues, comenzar a darte cuenta
de mis padres y patria y de mi estado
porque sepas quién te ama y quién te escribe
bien que ya la memoria me atormenta,
renovando el dolor, que aunque llorado,
está presente y en el alma vive:
no quiera Dios que en presunción estribe
lo que aquí te dijere,
ni que fábula alguna compusiere
que suelen causas propias engañarnos,
y en referir grandezas halagarnos,
que la filaucia engaña
más que no la verdad nos desengaña,
especialmente cuando
vamos en honras vanas estribando;
de éstas pudiera bien decirte muchas;
mas quédense en silencio,
pues atento contemplo que me escuchas.

En este imperio oculto, que el Sur baña,
más de Baco piadoso que de Alcides,
entre un trópico frío y otro ardiente,
adonde fuerzas ínclitas de España
con varios casos y continuas lides
fama inmortal ganaron a su gente,
donde Neptuno engasta su tridente
en nácar y oro fino;
cuando Pizarro con su flota vino,
fundó ciudades y dejó memorias,
que eternas quedarán en las historias:
a quien un valle ameno

de tantos bienes y delicias lleno,
que siempre es primavera,
merced del dueño de la cuarta esfera,
la ciudad de León fue edificada,
y con hado dichoso,
quedó de héroes fortísimos poblada.

Es frontera de bárbaros y ha sido
terror de los tiranos, que intentaron
contra su rey enarbolar bandera:
al que en Jauja por ellos fue rendido,
su atrevido estandarte le arrastraron,
y volvieron al reino cuyo era.
Bien pudiera, Belardo, si quisiera
en gracias de los cielos,
decir hazañas de mis dos abuelos
que aqueste nuevo mundo conquistaron
y esta ciudad también edificaron,
de vasallos tuvieron,
y por su rey su vida y sangre dieron:
mas es discurso largo,
que la fama ha tomado ya a su cargo,
si acaso la desgracia de esta tierra,
que corre en este tiempo,
tantos ilustres méritos no encierra.

De padres nobles dos hermanas fuimos,
que nos dejaron en temprana muerte,
aún no desnudas en pueriles paños.
El cielo y una tía, que tuvimos,
suplió la soledad de nuestra suerte:

con el amparo suyo algunos años
huimos siempre de sabrosos daños:
y así nos inclinamos,
a virtudes heroicas, que heredamos:
de la beldad, que el cielo acá reparte,
nos cupo, según dicen, mucha parte,
con otras muchas prendas:
no son poco bastantes las haciendas
al continuo sustento;
y estamos juntas, con tan gran contento,
que una alma a entrambas rige y nos gobierna,
sin que haya tuyo y mío,
sino paz amorosa, dulce y tierna.

. . . . .

Yo y mi hermana, una santa celebramos,
cuya vida de nadie ha sido escrita,
como empresa que muchos han tenido:
el verla de tu mano deseamos;
tu dulce Musa alienta y resucita,
y ponla con estilo tan subido
que sea dondequiera conocido,
y agradecido sea
de nuestra santa virgen Dorotea.
¡Oh, qué sujeto, mi Belardo, tienes
con que de lauro coronar tus sienes,
podrás, si no emperezas,
contando de esta virgen las grandezas,
que reconoce el cielo,
y respeta y adora todo el suelo:

de esta divina y admirable Santa
su santidad refiere,
y dulcemente su martirio canta!

Ya veo que tendrás por cosa nueva
no que te ofrezca censo un mundo nuevo,
que a ti cien mil que hubiera te le dieran;
mas que mi Musa rústica se atreva
a emprender el asunto a que me atrevo,
hazaña que cien Tassos no emprendieran,
ellos, al fin, son hombres y temieran:
mas la mujer, que es fuerte,
no teme alguna vez la misma muerte.
Pero si he parecídote atrevida,
a lo menos parézcate rendida,
con fines desiguales
Amor los hace con su fuerza iguales:
y quédate debiendo
no que me sufras, mas que estés oyendo
con singular paciencia mis simplezas,
ocupado contino
en tantas excelencias y grandezas.

Versos cansados, ¿qué furor os lleva
a ser sujetos de simpleza indiana
y a poneros en manos de Belardo?
Al fin, aunque amarguéis, por fruta nueva,
os vendrán a probar, aunque sin gana,
y verán vuestro gusto bronco y tardo;
el ingenio gallardo,
en cuya mesa habéis de ser honrados,
hará vuestros intentos disculpados:

navegad, buen viaje, haced la vela
guiad un alma, que sin alas vuela.

En *La Filomena* de Lope de Vega (1621)

JUAN DE ALLOZA

Nació en Lima en 1597 y murió en 1666. Sacerdote jesuita, predicador famoso, cultivador de la poesía y letras sagradas. Conoció el idioma quechua y residió en varias ciudades de la provincia peruana. Su libro más importante (pues publicó además dos en latín y tres en castellano) se titula Cielo estrellado de mil y veintidós ejemplos de María. Paraíso espiritual y tesoro de favores y regalos con que esta Gran Señora ha favorecido a los que se acogen a su protección y amparo *(1655, 1691, 1698). La frescura de su prosa y el crédulo candor lo hacen de grata lectura.*

QUE LOS ANIMALES MÁS BRUTOS ALABAN EL NOMBRE DE MARÍA, REPITIENDO LA SALUTACIÓN ANGÉLICA

El padre Francisco Bencio, de la Compañía de Jesús, en las letras anuas de la residencia de Juli, en el Perú, núm. 22, refiere un caso tan prodigioso, que excediera la fe humana, si no tuviera ejemplar en la sagrada Escritura, de una jumenta que formando voz humana, reprendió al profeta Balaam, y así no sería increíble que un carnero hable y reprenda a un indio cristiano, porque no sabía rezar. Dice, pues, el sobredicho autor, que vivía un indio cerca de Juli, cuyo oficio era guardar ganado de la tierra, que son unos carneros muy parecidos a los camellos de Europa, aunque más pequeños. Este indio era cristiano, pero en sólo el nombre, porque en las costumbres y olvido de las obligaciones de cristiano vivía como gentil tan descuidado de su salvación que ni aun rezar sabía. Quiso nuestro Señor que de él, que vivía como bruto, fuese maestro un bruto, para que se confundiese y despertase del sueño de su descuido con este prodigio.

Uno de los carneros que sacaba al pasto todas las mañanas (¡cosa prodigiosa!) rezaba todas las oraciones que acostumbraban rezar los cristianos, articulando las palabras como si fuera una persona humana. Sería el Ángel de la Guarda de este indio, que habló por boca de aquel animal, que no se desdeñan estos nobilísimos espíritus del más humilde ejercicio, como sea en provecho espiritual de los hombres. Confuso y avergonzado el indio, de verse enseñado de un bruto, reconoció su descuido y, arrepentido de él, trató muy de veras de la enmienda de su vida, y con ella mostró la verdad del suceso referido.

Pero lo que hace a nuestro propósito, es que aquel animal bruto, repitió el Ave María y la Salve entre las demás oraciones, y en el Credo confesó la pureza virginal de María, y cómo nació de ella el Hijo de Dios, por obra del Espíritu Santo, quedando siempre Virgen, que estando todas estas cosas en las oraciones, todas las repitió el animal bruto.

De *Cielo estrellado de mil y veintidós ejemplos de María* (1691)

JUAN MELÉNDEZ

Nació en Lima en fecha desconocida y murió en Roma en 1684. Este religioso dominico fue regente de estudios de los conventos de su orden en el Cuzco y Lima y visitador de diversos obispados. Viajó a Roma donde publicó, en tres volúmenes y en 1681, su Tesoros verdaderos de las Indias, su obra más relevante: "Libro central de nuestra historia religiosa, un indispensable repertorio antológico y manual de la santidad peruana", con palabras de Ventura García Calderón. En él, Meléndez adapta y adereza las Vidas de Santa Rosa y San Martín de Porres (de Antonio González de Acuña y de Bernardo de Medina, respectivamente) con prosa tan galana y expresiva que, se afirma, supera a sus modelos.

CARIDAD Y AMOR A LOS MÁS HUMILDES SERES

Aun los contentibles ratones hallaron acogida en su piedad. Tenía en su celda el siervo de Dios a un pobre, que habiéndole comido los ratones unas medias, lo sintió tanto que trató de armar trampas para cogerlos. Violo fray Martín y sabiendo el motivo de su intento, no quiso permitir cogiese los animalillos, diciendo piadosamente sentido: Muy bueno es que a vuestra merced le falten prevenciones y quiera que a un ratoncillo no le sobren dientes: quite, quite las trampas, ninguno ha de morir, que no es bien los coja la industria, cuando los animó al destrozo la ocasión.

Pasaba tan adelante la compasión que de estos animales tenía que aunque era notable el daño, que en la ropa de los enfermos hacían, jamás permitió que les quitase la vida. Habiendo pues un día cogido un ratoncillo, no quiso permitir que lo matasen, antes le dio libertad para que llevase a sus compañeros un recado, y hablando el siervo de Dios con él, como si fuese racional, le dijo: Vaya, hermano, y diga a sus compañeros, que no sean molestos ni nocivos, que se retiren todos a la huerta, que yo les llevaré allá el sustento cada día. Fue caso raro y que llenó de admiración al convento, porque todos los ratones que estaban en la ropería remanecieron por la mañana en la huerta, dejando libre la oficina. Acudíales fray Martín con su ración, no sólo por título de fidelidad, habiéndola mandado, sino estimulado de la piedad que le impelía, y en viendo venir al siervo de Dios, salían a manadas los ratones a recibir de sus piadosas manos el sustento.

Otro no menos admirable suceso le aconteció al caritativo hermano. En un sótano desocupado del convento se habían albergado una perra y una gata paridas, y pareciéndole a fray Martín padecerían falta del necesario sustento, cuidaba de llevárselo todos los días, con notable puntualidad, y teniendo a estos animales juntos, les decía: Coman y no riñan. Obedecían al punto y con ser tan enemigos estos brutos que ni aun con los de su misma especie se conforman en materia de comida, comían tan avenidos en un plato que causaba admiración a quien lo veía. Estando, pues, el siervo de Dios, un día viendo comer con tanta paz a enemigos tan declarados, salió de un agujero un ratón, y aunque temeroso, quisiera acompañar a los convidados de fray Martín. Por una parte, le ejecutaba la necesidad, por otra le acobardaba el temor, y aunque quisiera entregarse por hambre a sus contrarios, temía ser miserable despojo de sus garras; no acababa de determinarse el medroso animalillo; violo el siervo de Dios, y como en él mirar la miseria ajena era tratar de remediarla, como Discípulo del Celestial Maestro, díjole apacible y risueño al animal: Parece que quiere comer, hermano ratón; ea, llegue y meta su gorra. Y hablando con los otros irracionales, les dijo: Déjenle llegar, hermanos, no lo inquieten. Aceptó gustoso el ratoncillo el convite, animado de fray Martín y afianzado en su palabra llegó al plato y sin moverse ni desabrirse los brutos sus enemigos, comieron en un plato conformes, perra, gata y ratón; que parece quiso Dios honrar a su siervo con los prodigios que en su venida primera profetizó Isaías habían de acontecer, diciendo se avendrían los más encontrados brutos, el lobo con el cordero, y el cabrito con el pardo; pues aquí se conformaron amistosos, si no cabrito y pardo irracional, por lo menos perros, gatos y ratones, por virtud de un pardo racional, que fue el mismo fray Martín. Halláronse algunos religiosos presentes al suceso y no sólo celebraron con risa el donaire, sino que aplaudieron con admiración el portento.

De *Tesoros verdaderos de las Indias* (1681)

JUAN DE ESPINOSA MEDRANO

Nació en el pueblo de Calcauso, en el Cuzco, en fecha aún no determinada (quizá hacia 1629), de padres indios, y murió en 1688. Llamado "doctor Sublime" por su elo-

cuencia conceptuosa y el Lunarejo *a causa de unas verrugas o un lunar de su rostro. Escritor, poeta, dramaturgo y orador sagrado. Gongorista eximio y ferviente, fue defensor de Góngora contra los juicios del portugués Manuel de Faria y Sousa en páginas que ofrecen geniales atisbos exegéticos y estilísticos. El saber y la pasión admirativa que en ellas reluce, siguen sorprendiéndonos. Autor de inspirados sermones en los que virtió su deslumbrante y culterana cornucopia retórica,* el Lunarejo *es el título más alto del Barroco literario en el Perú.*

Sus obras más importantes: Apologético en favor de D. Luis de Góngora, príncipe de los poetas líricos de España *(1662, 1694, 1925, 1938, 1965)* y La Novena Maravilla nuevamente hallada en los Panegíricos Sagrados *(1695).*

SERMÓN A LAS EXEQUIAS DE DON FELIPE CUARTO, REY DE LAS ESPAÑAS, NUESTRO SEÑOR. AÑO DE 1666 *(Fragmento)*

§ I

A celebrar las exequias del rey de las Españas, y monarca del nuevo mundo os habéis congregado, concurso ilustre, gravísimo Ayuntamiento, a renovar fúnebres memorias del fallecimiento de Filipo el Grande, príncipe, que viviendo fue tan grande, que sólo muriendo pudo ser mayor. Pero, ¿qué digo? Filipo es muerto; y lo digo sin lágrimas. Filipo yace cadáver, ¿y lo escucháis sin sollozos? ¿Qué le queda que desvanecerse a la muerte, si nos ha llevado a Filipo Cuarto, el Augusto, el Piadoso, el Vencedor, Padre de la Patria, Delicia de los hombres, Esplendor de la Cristiandad,

Campeón de la Iglesia, Honra del Mundo? ¿Qué de Aras, y Pirámides, qué de invenciones, y víctimas gastara la Antigüedad Gentílica, adorándole Divino, si en su tiempo llegara a faltarles lo que nos falta? Sienta, llore, gima, y solloce huérfana la Monarquía Española, pues nunca llegará el dolor a compensar tamaña pérdida. La muerte de Josías, rey de Judea, lloraba su reino a Coros; pero al nuestro le lloramos a Mundos, que a un Orbe, y otro atormenta, que mereció regir mil Orbes. Pero no, que si a nosotros sin Filipo acá todo nos falta; a Filipo con Dios allá todo le sobra. No haya pues lágrimas, enfrénense los sentimientos, que no hemos de plañir pérdidas nuestras a costa de no celebrar felicidades de tan glorioso príncipe.

Vos eterno, Señor, que en solio de inmortales luces holláis Querubes tan dueño de los Imperios, que a vuestros pies ruedan las púrpuras, las Coronas, los Cetros, ya que a mejor trono habéis exaltado a vuestro siervo, y señor nuestro, consolad pues podéis, el gremio católico, que por él suspira, y del inmarcesible esplendor que hoy le corona, comunicadme un rayo, para que a vistas del desengaño de nuestra vanidad, y del premio con que le honráis en mejor vida, acierte yo, no a llorar difunta esta Majestad, sino a solemnizar inmortal esta virtud, guiad mi voz, para que mi oración ceda a nuestro consuelo, y gloria vuestra.

No hay júbilo sin pesar, deleite sin riesgo, flor sin veneno, ni vida sin muerte. Todo lo dije ya, que amagos de sepulcro, ¿a qué robustez no atemorizan? ¿Qué placer no aguan? ¿Qué majestad no humillan? ¿Qué prosperidad no turban? ¡Universal asombro es la muerte de todo viviente, notable tiranía, monstruo cruel, y fiera inexorable! Que poderosa triunfa, que soberbia procede, entre las flores de una felicidad se esconde, de los resplandores de una beldad se disfraza. ¿En qué Jardín por ameno que florezca al halago de los vientos, y a la risa de los abriles, no oculta la segur sangrienta, las flechas venenosas? Así engañan vertiendo sangre las rosas, pues al destroncar un pimpollo, áspid que dormía embozado entre las matas, espeluzando las escamas del cuello, y luciendo las listas de oro, y negro, que su piel bordan, despierta, silba, embiste, pica, hiere, y mata. Oh víbora fatal, ¿qué hacías entre los jazmines? ¿Fabricando estragos? Oh Muerte alevosa, ¿qué maquinabas entre las flores de tanta vida? ¿Forjabas venenos? Así deben de ser las abejas de Córcega, entre las flores vuelan, mas cuantos panales labran son ponzoña de la vida: Abunda aquella Isla de tejos, árboles venenosos, y de las flores sólo fabrican acíbar las abejas, la miel es mortífera, tósigo los panales.

—*Collectam flore cicutae*
Melle sub infami Corsica missit apes.

Abeja infausta es la muerte, que con trágico zumbido de negras alas ronda los huertos, destroza los abriles, estraga las flores, fabrica por cera palidez macilenta, por miel mortíferos venenos. Mas ¿todo lo ha de avasallar esta fiera? ¿Sólo la muerte ha de ser espanto de todas las vidas? ¿No se trocara la suerte, y hubiera una vida que fuese asombro de todas las muertes? Como hay muerte que vence, y consume a todas las vidas, había de haber una vida tan valiente, que se tragara a la muerte. Pues sí hubo: Que la vida intelectual del Padre Eterno, el Verbo, la Sabiduría de Dios se la juró así por el profeta Oseas: *Ero mors tua, o mors, ego morsus tuus, o inferne.* Yo te mataré muerte traidora, y aun a ti infierno te despedazaré a bocados: *ego morsus tuus, o inferne.* Bajó la vida del Cielo a esta empresa: Escogió batallar con armas iguales, por no pelear con ventaja, entró al campo como abeja, con estilos de abeja. Desafió a la infame avispa de la muerte, veamos el combate.

Érase una Virgen (dice San Lucas), una niña desposada con José. ¿Qué más? *In Civitate Galileae,* su Ciudad, advertid (dice) que era en Galilea: ¿pues qué tenemos con esto? Reparad que se llamaba *Nazareth.* Muchos reparos son éstos, y cuidados muchos. Llámese la ciudad como se llamare, que para referir que el Verbo Divino encarnó en el Purísimo Claustro de una Virgen, bajando al mundo desde las Altísimas Cumbres de su Eternidad, importa poco fijar el reparo en el nombre de la Ciudad: *Cui nomen Nazareth.* Importa mucho (dice San Bernardo) porque *Nazareth* quiere decir Flor, y nos despierta el Evangelista con el nombre de la Ciudad: Pues ya estoy en el misterio. Había de bajar el Verbo Divino como abeja, a labrar el panal de la vida (o Bernardo no fuera el Melifluo, y no estuviera tan en el punto de las mieles), y como a remontado halcón mostrándole un trozo de carne, lo arrebatan desde un monte. A la abeja con qué se le había de llamar, si no es ofreciéndole una Virgen, que era la Flor del Campo, la Azucena del Valle, y en una ciudad que era ramillete, y que hasta el nombre era unas flores: *Apis vero est qui pascitur inter lilia, qui florigeram inhabitat patriam Angelorum.* Pues así fue, y el primer paso que dio el Verbo Divino desde el Monte de su Divinidad, fue en *Nazareth* que es flor, porque ¿dónde sino sobre flores había de asentar el primer vuelo abeja tan soberana? *Unde, & ad Civitatem Nazareth, quod interpretatur Flos advolavit.* Allí en la Sacrosanta Colmena del Virgíneo seno cuajó de las Azucenas de su carne, y de los Claveles de su Sangre el néctar Soberano de la Vida. Combatió con la muerte infame Zángano, que infestaba la Colmena. Tienen por arma las abejas un aguijón, o estímulo, que los latinos llaman *aculeo,* porque es como una agujilla con que hieren: mas cuéstales caro el herir, según enseñan Plinio, y Aristóteles, pues aunque lastiman la carne que taladran, pierden luego la punta, el estoque, y la vida, porque mueren mal de haber herido bien. Así pues en este combate la muerte con cuánto rigor pudo fúnebre aguijón hirió a la vida misma; mas la Mística abeja dejándose traspasar del yugo, mató a la muerte, quebróle el aguijón, o el aculeo, y abatidas las alas, cayó desarmada por los aires, difunta la misma Parca: *Tu de victo mortis aculeo apervisti credentibus Regna Coelorum.* Tú le quebraste a la muerte el aguijón (canta la Iglesia), luego combate fue de abejas, ¿luego por estoque esgrimía el yugo, o estímulo la muerte? Sí, dice San Pablo, y dando vaya a la vencida avispa, exclama: *Ubi est mors victoria tua? Ubi est mors stimulus tuus?* Trágico abejón, funesto Zángano ¿dónde está la victoria? ¿Qué es del buido estoque? ¿El aculeo penetrante? Matóse por herir la misma muerte, y de la muerte muerta se hizo el antídoto de la vida.

De La novena maravilla (1695)

EL CONDE DE LA GRANJA

Luis Antonio Oviedo y Rueda, conde de la Granja, nació en Madrid en 1636 y murió en Lima en 1717. Poeta y comediógrafo. Fue corregidor en Huánuco y miembro de la Academia Literaria fundada por el virrey Castell-dos-Rius; autor de La vida de Santa Rosa de Santa María, na*tural de Lima, patrona del Perú (1711), largo poema, de valor desigual, en doce cantos y en octavas reales, de cor*te conceptista, gongorino. Escribió también el* Poema sacro de la Pasión de Nuestro Señor Jesucristo *(1717) con menores méritos que el anterior.*

[VOTO DE SANTA ROSA A LA VIRGEN *(Fragmento)*]

Pues la virginidad es la excelencia
Más superior que goza la criatura,
Y excediendo a su ser su preminencia
En ángel de mortal la desfigura:
Siendo ésta la oblación de más decencia
En vuestro agrado, así por la más pura,
Como por ser blasón de la entereza
Con que triunfa de sí naturaleza.

Yo, que inflamada de mi celo amante
En vuestras aras ardo mariposa,
Os consagro por víctima fragante
La original pureza de esta Rosa:
Y porque no marchite al rozagante
candor nativo, mano licenciosa,
Cerrará el paso a su vedado coto
Con doble cerca mi solemne voto.

No como esposa: como esclava indigna
A vuestros pies mi casto don ofrezco;
Y si con aceptarle me hacéis digna,
Pienso aspirar a lo que no merezco:
Con igualdad mi afecto se resigna,
Cuando hombre y Dios es amo y obedezco;
Que el corazón no admite preferencia
Entre la voluntad y la obediencia.

A vuestra pura Madre y mi Señora,
En mi favor invoco reverente,
Como a quien fue de la pureza aurora,
Cuyo raudal guardó sellada fuente:
Pozo que en sus veneros atesora,
Cisterna en que se estanca su corriente,
Para medicinar en sus cristales
La infecta complexión de los mortales.

Si su segura protección consigo,
Al riesgo sin temerle el pecho entrego,
No me dejéis, Señora, a mí conmigo,
pues veis el frágil vaso en que navego:

Con mi necesidad propia os obligo,
Por el poder que ante vos tiene el ruego;
Y así vuestro favor no dificulto,
Pues lo que os pido más os da más culto.

Más quisiera decir; pero embargada
De causa superior siente el efecto;
Y al sentido exterior toda negada,
Pausó la voz y prosiguió el afecto.
En glorias de Hijo y Madre trasportada
Se explica con lenguaje más perfecto,
En aquel mudo idioma de la calma,
Por donde habla con el cielo el alma.

De *La vida de Santa Rosa de Santa María* (1711)

JUAN DEL VALLE Y CAVIEDES

*Poeta andaluz nacido en 1652 (o en 1654) y muerto des-
pués de 1696. Llegó niño a la sierra peruana y se ave-
cindó luego en Lima. Debido a sus excesos, su quebran-
tada salud lo puso en manos de médicos a cuyo satírico
escarnecimiento dedica gran parte de su libro* Diente del
Parnaso *(1889), donde se incluyen además otros poemas,
ya de su madurez espiritual, de emocionado y alecciona-
dor espíritu religioso.*

*Caviedes, imbuido parcialmente del arte de su admirado
Quevedo, da nacimiento a la tradición criolla y costumbrista en nuestra literatura.*

A pintar tu hermosura,
Lisi, me atrevo
para ver con tu copia
lo que más quiero.
Tu pelo está muy hueco,
porque acredita
que es de oro, formando
dos mil sortijas.
Nueve faltas ostenta
su frente linda,
pues sale tan preñada
que ya está encinta.
Víboras de azabache
son arqueadas
las cejas, que parece
que a todos faltan.
En tus ojos admiro
cuando los veo,
tengan tantos esclavos,
siendo tan negros.
Tu nariz ni en lo grande
ni corto peca,
porque siempre está en gracia
de la belleza.
Las mejillas al nácar
más fino afrentan
y ellas tienen de esto
mucha vergüenza.
El rubí con tus labios

juega lo fino
y le ganan con darte
los dos partidos.
De la nieve del cuello
que el sol desata,
en tu pecho condensas
dos pollas blancas.
El jazmín tu blancura
le envidia tanto
que sus ampos tomara
de ti a dos manos.
Tan delgado es el talle
que el pensamiento
más sutil, tiene talle
de ser más grueso.
Lo que el recato oculta
no he de pintarlo,
para ver si en aquesto
doy algún salto.
En tu pie miro el centro
de todo el mundo,
mas ¿qué mucho que lo sea
si es sólo un punto?

A MI MUERTE PRÓXIMA

Que no moriré de viejo,
que no llego a los cuarenta,
pronosticado me tiene
de físicos la caterva.

Que una entraña hecha gigote
al otro mundo me lleva,
y el día menos pensado
tronaré como arpa vieja.
Nada me dicen de nuevo;
sé que la muerte me espera,
y pronto; pero no piensen
que he de cambiar de bandera.
Odiando las melecinas
como viví, así perezca;
que siempre el buen artillero
al pie del cañón revienta.
Mátenme de sus palabras
pero no de sus recetas,
que así matarme es venganza
pero no muerte a derechas.
Para morirme a mi gusto
no recurriré a la ciencia
de matalotes idiotas
que por la ciudad pasean.
¿Yo a mi *Diente del Parnaso*
por miedo traición hiciera?
¡Cuál rieran del coronista
las edades venideras!
Jesucristo unió el ejemplo
a la doctrina, y quien piensa
predicando ser apóstol,
de sus obras no reniega.
¡Me moriré! buen provecho.
¡Me moriré! en hora buena;

pero sin médicos cuervos
junto a mi cabecera.
Un amigo, si esta *avis
rara* mi fortuna encuentra,
y un franciscano que me hable
de las verdades eternas,
y venga lo que viniera,
que apercibido me encuentra
para reventar lo mismo
que cargada camareta.

DEFINICIÓN DE LO QUE ES CIENCIA

Esta voz letras dice entendimiento,
no el tener muchos libros de memoria,
que esta locuaz, inútil vanagloria,
afectada hermosura de talento.

Papagayos de imprenta, hombres de cuento,
atados a la letra y a la historia,
pregoneros de otros, cuya gloria
charlatanes usurpan en su aumento.

El discurso es principio de la ciencia,
a quien muchos inhábiles injurian,
porque todos son voz sin suficiencia
y así digo, porque éstos se concluyan,
que unos hacen las letras en ciencia
y otros, simples como ellos, las estudian.

EPITAFIO. EL SEPULCRO DE LA MUJER
DE PICO DE ORO

Muerta dos veces, sin tener censuras,
por Pico de Oro, yace una matrona,
de quien él era mono y ella mona
y la mató de amores y de curas.

Reconoced en ambas mataduras,
lo que en ella le dio la socarrona
y, por su muerte, la adornó Belona
la golilla con pobres zurciduras.

¿Para qué la curaste, majadero,
si casado con ella estabas rico?
¿Hasta tu dicha arrojas al carnero?

Has probado muy bien que eres borrico,
porque diste en matarla por entero
y pobre quedas de oro, aunque con pico.

De *Diente del Parnaso* (1889)

PIDIENDO PERDÓN EL ALMA ARREPENTIDA A DIOS

Dueño del alma en quien amante fío
la gracia, y el perdón de mi pecado,
que aunque ingrato y traidor con vos he andado,
uno es vuestro, mi bien, y lo otro es mío.

Si os ofendí con ciego desvarío

y la razón de aquesto me ha apartado,
no hagáis de un miserable un condenado,
por Vos lo habéis de hacer si en Vos confío.

Ya basta, vida mía, para enojos,
consoladme en la pena y el quebranto,
mirad como de un frágil mis antojos.

Respondedme, mi bien, mas entre tanto
salga el alma deshecha por los ojos
porque lave mis culpas con el llanto.

SOLILOQUIO A CRISTO CRUCIFICADO Y A SU SANTÍSIMA MADRE
(Fragmento)

¡Oh sufrimiento de un Dios,
tan sumamente infinito
que excede al pesar más grande,
más alto y contemplativo!

¿Que esclavo de sus esclavos
se haga, y de unos indignos,
que ni adorarle merecen,
pretende ser abatido?

¿Quién vio que el Acreedor
pagase a los inquilinos
lo que a él le deben? ¡Notable
ostentación es de rico!

¡Oh incomprensibles ideas
de Dios: que dé al sacrificio
un Padre por deuda ajena
a su Unigénito Hijo!

De *Los médicos de Lima* (1675)

PEDRO PERALTA BARNUEVO

*Nació en Lima en 1664 y murió en esta misma ciudad
en 1743. Catedrático de la Universidad de San Marcos
y cosmógrafo mayor del reino. Fundó la Academia de
Matemáticas y Elocuencia. Polígrafo de vastísimo y reno-
vador saber enciclopédico. Su don de lenguas, su vasta
producción en las ciencias y las letras le ha valido ser re-
bautizado —por su biógrafo Luis Alberto Sánchez— con
el nombre de "Doctor Océano". El barroquismo de esos
tiempos infestó su retórica, pero al lado de sus monstruo-
sos aderezos, en su teatro breve, Peralta se desembaraza
en la gracia y la burla y se convierte —en la senda ya
abierta por Caviedes— en precursor del criollismo costumbrista.*

*De su abundante obra, sólo citamos algunas de índo-
le literaria:* Lima fundada o La Conquista del Perú *(1732),*
Lima triunfante *(1708),* El cielo en el Parnaso. Cartel de
certamen poético *(1728),* Obras dramáticas *(1937),* Obras
dramáticas cortas *(1964).*

FIN DE FIESTA DE LA COMEDIA
"AFECTOS VENCEN FINEZAS"
(*Fragmento*)

(Salen Don Cosme, Doña Laura y Doña Eufrasia)

Doña Laura. —Cierto que es elegante.

Doña Eufrasia. —No se ha visto epigrama semejante.

Don Cosme. —¡Eh! ¿qué os ha parecido?
Cosa es que hasta ahora nadie ha discurrido.

Doña Laura. —Los conceptos en él están al tope;
no lo metrificó más alto Lope.
Góngora no libó tales cadencias,
ni dio en tan breves ritmos más sentencias.

Don Cosme. —¡Oh! No puedo negar que un hombre sabe
esto que es componer dulce y suave;
que el verso ha de rodar bonitamente
como una cosa así que no se siente.

Doña Laura. —¿Qué es rodar?

Don Cosme. —Que aun en una copla sola
el verso ha de rodar como una bola,
y caer con destreza por precepto
hasta dar de cabeza en el concepto;
ha de tener follaje, aunque esté hueco,
porque basta dejar solo el buen eco,
de suerte que, como él haga ruido,
no estribe en la razón sino en el oído.
Ello no se han de traer erudiciones,
que ésas son faramallas de coplones;
que, para ver un hombre celebrado,
no es menester poner mucho cuidado,

pues lo que ser no puede pensamiento,
basta que sea cuento,
y lo que hace adquirir glorias Febeas,
hurtar conceptos y formar ideas,
si la envidia molesta, es cosa sabia
hacer la risa capa de la rabia;
si se hace una comedia,
aunque un hombre no sepa ni la media,
decir que es arenal y sin enredo,
es cosa que a pie quedo
da una gloria que al alma la reboza;
y cátalo un Solís y cátalo un Mendoza.

Doña Laura. —Es un preclaro ingenio y gran maestrazo.

Doña Eufrasia. —Con su ingenio el de Horacio fue un pelmazo.

Doña Laura. —Mas volvamos a ver ese soneto
que abisma de cadente y de discreto.

Don Cosme. —Doña Eufrasia gentil, mi doña Laura,
me hacéis volar de vuestro aplauso al aura.

Doña Laura. —¡Vaya, don Cosme!

Doña Eufrasia. —¡Vaya!

Don Cosme. —Me resuelvo
a obedeceros, y a decirlo vuelvo
soneto a la sangría
de la marquesa Urania, así decía:
"Nadando breve barca un pie de plata
en el golfo de un vaso, atroz piloto
le hace arrojar por leve rumbo roto
vivo carmín de venas escarlata."

Doña Laura. —¡Tened, por Dios, que asombra;
no hay cosa que le limite, ni por sombra!

Doña Eufrasia. —¡Vivo carmín de venas escarlata!

Doña Laura. —¡Golfo de un vaso! Es cosa que me encanta;
mucho es lo que promete aquesta planta.

Don Cosme. —¿Y qué os parece lo de atroz piloto;
y el leve rumbo roto?

Doña Laura. —Para eso no hay palabras; mas, prosiga
vuestro camino, y lo demás nos diga.

Don Cosme. —"La hermosa fiebre pronto se desata,
dejando el interior viviente coto;
mas, que se vaya que mi amante voto,
es que nunca les des entrada grata."

Doña Laura. —¡Poco a poco, señor, que no respiro!
¡Aquel mas, que se vaya es lo que admiro!
¡Mas, que se vaya encierra mil primores;
es uno de los énfasis mejores
que he oído!

Doña Eufrasia. —¡Mas, que se vaya! ¡Qué discreto!
solo puede valer todo el soneto.
¿Cuánto tiempo estuviste en formarlo?

Don Cosme. —¡Oh! que me costó mucho redondearlo.

Doña Laura. —La hermosa fiebre, es rasgo muy galeno.

Doña Eufrasia. —Lo del coto es concepto soberano.

Doña Laura. —Pues vayan los tercetos,
si algo les han dejado los cuartetos.

Don Cosme. —"Dejadla ir infeliz, y al enemigo
soberbio achaque, vuestro pie luciente
le haga puente de plata, como digo.
Su desesperación eternamente,

será tal que en tal grande desabrigo
del todo ha de morir redondamente."

Doña Laura. —¡Válgame Dios! ¡que el pie luciente
le haga puente de plata! heroicamente.

Doña Eufrasia. —El como digo pasma en un soneto.

Doña Laura. —Yo amo el último verso de terceto:

Doña Eufrasia. —¡Su desesperación eternamente!
¡Donde está aquel morir redondamente
no hay cosa que le llegue; diera un brazo
por haber yo pensado este golpazo!

Don Cosme. —Merced es que me hacéis; que a vuestro influjo
todo lo que hay sublime se produjo.
Pero todo el Parnaso está clamando,
y ya con tanta lengua está esperando
ver cuando abrís vuestra Academia ilustre.

Doña Laura. —¡Oh! que ha de ser de la Helicona el
lustre
pues ¿no sabéis que hoy es prescrito el dar
a la primera sesión de su harmonía?

Doña Eufrasia. —Y yo soy quien sustento conclusiones
de las más singulares opiniones,
según las más miríficas sentencias
en todas artes y de todas ciencias.

Doña Laura. —Y yo se las presido,
y para esto la tabla he repartido.

Don Cosme. —Quitarme a mí una réplica; en tal caso
fuera en razón quitarla del Parnaso.

Doña Laura. —Ya van viniendo los señores.

Doña Eufrasia. —Y todos son ingenios superiores.

De *Obras dramáticas cortas* (1964)

CONCOLORCORVO
(Alonso Carrió de la Vandera)

Hoy sabemos que fue éste, y no Calixto Bustamante Carlos Inca, el autor del divertido Lazarillo *de ciegos caminantes. Carrió nació en Gijón (Asturias), en fecha que se sitúa entre 1714 y 1716, y murió en Lima en 1783. Pasó a América hacia 1735 y de México viajó a Lima en 1746. Fue visitador de correos y en ejercicio de este cargo viajó (1771-1773) entre Buenos Aires y Lima. Este despercudido "Concolorcorvo" nos va soltando el hilo de sus observaciones y filosos comentarios, en los que su ironía y sentido crítico, no menos que sus fobias, toman parte decisiva. Las páginas del* Lazarillo *bullen con la vida de tipos y costumbres de la época y lugares del itinerario y proporcionan interesantes noticias científicas, todo a través de una prosa amena, personal, animada de criolla malicia. Luis Alberto Sánchez llama a Carrió "inductor de novelistas" y "conato de novela" a su* Lazarillo.

Según Emilio Carilla, hoy se tiene la certeza de que fue impreso en Lima en 1775 o 1776.

FIESTA SAGRADA

La gran fiesta de Dios da principio en todo el mundo católico en el mes de junio y se concluye en su octava. En el pueblo más pobre de toda España y las Indias se celebran estos días con seriedad jocosa. La seriedad se observa en las iglesias, al tiempo de celebrarse los divinos oficios, y asimismo en las procesiones, que acompañan con ricos ornamentos los señores capitulares eclesiásticos, siguiendo las sagradas religiones, con los distintivos de sus grados e insignias del Santo Tribunal de la Inquisición. Sigue el Cabildo secular y toda la nobleza con sus mejores trajes. Estas tres dobladas filas llevan sus cirios encendidos, de la más rica cera, y observan una seriedad correspondiente. Carga la sagrada custodia el obispo, o deán por justo impedimento, y las varas del palio o dosel las dirigen los eclesiásticos más dignos, y en algunas partes los seculares. En el centro de estas tres filas van, a corta distancia, varios sacerdotes incensando al Señor, y las devotas damas, desde sus balcones, arrojan sahumadas, flores y aguas olorosas, en obsequio del Santo de los santos. Todas las calles por donde pasa están toldadas, y los balcones, puertas y ventanas colgados de los más ricos paramentos, y las paredes llenas de pinturas, y espejos los más exquisitos, y a cortos trechos unos altares suntuosos, en donde hace mansión el obispo y deposita la sagrada custodia, para que se hinquen y adoren al Señor mientras los sacerdotes cantan sus preces, las que acompaña el público, según su modo de explicarse, aunque devoto y edificante. De suerte que todo el tránsito de la procesión es un altar continuado, y hasta el fin de las primeras tres filas una seriedad y silencio en que sólo se oyen las divinas alabanzas.

La segunda parte de la procesión es verdaderamente jocosa, pero me parece que imita a la más remota antigüedad, por lo que no se puede graduar por obsequio ridículo, y mucho menos supersticioso: las danzas de los indios, que concurren de todas las parroquias y provincias inmediatas son muy serias en la sustancia, porque esta nación lo es por su naturaleza. Sus principales adornos son de plata maciza, que alquilan a varios mestizos, que tienen en este trato su utilidad, como en los lienzos, espejos, láminas y cornucopias. La *tarasca* y *gigantones,* cuando no tengan conexión con los ritos de la Iglesia católica, están aprobados con el uso común de las ciudades y villas más autorizadas de España, porque contribuyen a la alegría del pueblo, en obsequio de la gran fiesta. Ésta, en El Cuzco, se repite por los indios en todas sus parroquias, a cuya grandeza concurren todos recíprocamente, y hasta los españoles ven con complacencia en sus barrios estas fiestas que particularmente hacen los indios, con un regocijo sobrenatural.

FIESTA PROFANA

Da principio ésta con el año, que es cuando eligen los alcaldes y demás justicias. Con antelación se previenen *damas* y *galanes* de libreas costosas y caballos ricamente enjaezados. Los exquisitos dulces, como son de cosecha propia, en azúcar y frutas las mejores de todo el reino, es provisión de las señoras principales, como asimismo la composición de bebidas, frías y calientes. Éstas las mantienen todo el año en sus frasqueras para obsequiar a los alumnos de Baco, y las frías las disponen solamente con mandar traer el día antes la nieve necesaria para helarlas, en que son muy pródigas. Las fiestas, en rigor, se reducen a corridas de toros, que duran desde el primer día del año hasta el último de carnestolendas, con intermisión de algunos días, que no son feriados. Estas corridas de toros las costean los cuatro alcaldes, a que, según creo, concurre también el alférez real. Su gasto pasa a profusión, porque además de enviar refrescos a todas las señoras y caballeros que están en la gran plaza del regocijo, envían muchas salvillas de helados y grandes fuentes de dulce a los que no pudieron concurrir a los balcones de esta gran plaza, que es adonde no falta un instante toro de soga, que luego que afloja de los primeros ímpetus se suelta por las demás calles, para diversión del público, y a muchas personas distinguidas les envían toro particular para que se entretengan y gocen de sus torerías desde los balcones de sus casas. No hay toreros de profesión, y sólo se exponen inmediatamente algunos mayordomos de haciendas en ligeros caballos y muchos mozos de a pie, que por lo regular son indios, que corresponden a los *chulos* de España.

Salen varios toros vestidos de glasé, de plata y oro, y con muchas estrellas de plata fina clavadas superficialmente en su piel, y éstos son los más infelices, porque todos tiran a matarlos para lograr sus despojos. Toda la nobleza del Cuzco sale a la plaza en buenos caballos, ricamente enjaezados de terciopelo bordado de realce de oro y plata. Los vestidos de los caballeros son de las mejores telas que se fabrican en León de Francia y en el país, pero cubren esta grandeza con un manto que llaman poncho, hecho con lana de alpaca, a listas de varios colores. Ropaje verdaderamente grosero para funciones de tanto lucimiento. Estos caballeros forman sus cuadrillas acompañando al corregidor y alcaldes, que se apostan en las bocas de las calles para ver las corridas de los toros y correr a una y otra parte para defenderse de sus acometidas y ver sus suertes, como asimismo para saludar a las damas y recoger sus favores en grajeas y aguas olorosas, que arrojan desde los balcones, a que corresponden según la pulidez de cada uno, pero lo regular es cargarse de unos grandes *cartuchos de confite grueso* para arrojar a la gente del *bronce,* que corresponde con igual *munición* o *metralla,* que recoge del suelo la gente plebeya y vuelve a vender a la caballería. Al fin de la función, que es cuando suena la campana para la salutación angélica, sueltan dos o tres toros encohetados, y disparando varios artificios de fuego, y al mismo tiempo tremolando los pañuelos de las damas y varias banderas de los balcones, se oye un victoreo de una confusión agradable, aunque en parte semejante al *tiroteo* de los *gansos* de la Andalucía, porque del uno y otro resultan *contusiones* y heridas con pocas muertes. Por las noches hay en las casas del corregidor y alcaldes agradables *serenatas,* que concluyen en *opíparas cenas,* hasta la última noche de *carnestolendas,* en que todos se recogen casi al amanecer del Miércoles de Ceniza.

El visitador celebró mi descripción, pero no le pareció bien que yo comparase el *victoreo* con el *tiroteo* porque este término sólo lo usan los jaques de escalera abajo cuando echan mano a las armas cortas, que llaman títeres, y como otros dicen *chamusquina,* éstos dicen *tiroteo,* de cuyo término no se valió el gran Quevedo en sus célebres *Jácaras,* porque el tal terminillo sólo le usan los gitanos. Las contusiones, que

111

paran en apostemas, resultan de los porrazos que reciben de los toros mochos, y mucho más de las borracheras de los indios, que se entregan ciegamente por ver los despuntados. El ruido y resplandor que causan los fuegos artificiales, el sonido de las cajas y clarines y los gritos populares, enloquecen a aquellos soberbios animales, y con su hocico y testa arrojan cholos por el alto con la misma facilidad que un huracán levanta del suelo las pajas. No sienten las contusiones hasta el día siguiente, que aparecen diez o doce en el hospital, porque la exaltación del licor en su barómetro no impide la circulación de la sangre.

Otras infinitas fiestas se celebran en esta gran ciudad, pero ninguna igual a ésta, que fuera infinitamente más lucida si se transfiriera a las octavas de San Juan y San Pedro, en que se han levantado las aguas y dos meses antes están los campos llenos de sazonados pastos, y toros y caballos gordos y lozanos, y la serenidad del cielo convidaría a los caballeros a arrojar ponchos y capas para lucir sus costosos vestidos y evitar muchos resbalones de caballos y peligrosas caídas, con otros muchísimos inconvenientes que resultan de las muchas e incesantes lluvias de los meses de enero y febrero, como he experimentado siempre que concurrí a estas fiestas; pero en los *carnavales* todo el mundo enloquece, por lo que es ocioso persuadir a la nobleza del Cuzco el que conserve su juicio en tales días. Ya es tiempo de salir de Huamanga para pasar a Huancavelica, por las postas siguientes.

De *El lazarillo de ciegos caminantes* (Segunda parte, cap. XXII)

ESTEBAN DE TERRALLA Y LANDA

Poeta satírico y panegirista andaluz que llegó al Perú hacia 1787 donde residiría hasta 1797. Manejó con igual soltura el verso adulatorio (celebrando a monarcas y virreyes) y el mordaz, lindante con la procacidad, tal como los que se dan en su Lima por dentro y fuera en consejos económicos, saludables, políticos y morales que da un amigo a otro con motivo de querer dejar la ciudad de México por pasar a la de Lima (que con el seudónimo de "Simón Ayanque" publicó en 1797), obra en la que no sólo la sociedad limeña sino la de todo el Perú es blanco de su punzante befa. Terralla tuvo ojos para el vivo colorido popular, lo cual se percibe en pasajes de vena definidamente criollista. Como Caviedes y otros más, está en deuda con el genial don Francisco de Quevedo.

Algunas de sus obras: Lamento métrico general... (1790), Alegría universal... (1790), El sol en el medio día... (1790).

[OPORTUNISMO LIMEÑO]

Verás que si las convidas
a cenar te aceptan luego,
llevando más comitiva
que el ejército de Creso.
Que sales aquella noche
con los parientes supuestos,
sin que puedas alcanzar
dónde viene el parentesco.

. . . . .

Y aunque seas gentilhombre
vas sólo el pagano hecho,
pues has de pagar las culpas
que los otros cometieron.
Pone la madama el rumbo
hacia el café lo primero,
adonde pagas la farda,
si no fuere fardo entero.
La niña nada apetece,
porque es muy corta de genio,
siendo capaz de tragarse
hasta el mismo cafetero.
Una de ellas pide helados,
otra vino y bizcochuelos,
el padre pide sangría,
el doctor, ponche de huevos.
El colegial, limonada,
horchata quiere el minero,
barquillos quiere el vecino,
la primita dulces secos
dejándote seco, y tanto,
en un punto todos ellos,
que de pura sequedad
agua pides al intento.
Acabóse esta estación,
y la prosa ponen luego,
a una fonda donde quedas
desfondado en un momento.
Concurren luego al instante
los satélites corriendo,

extendiendo los manteles
y poniendo los cubiertos.
Ponen varias ensaladas,
pichones, pollos rellenos,
leche, crema, huevos fritos,
pescado, vaca, carnero,
camarones, ropa vieja,
estofado, pasas, queso,
vino, dulce, almendras, nueces,
y otros manjares diversos.
De los que todos unidos
van a cual más engullendo,
de manera que parece
que del hospital salieron.
Una negra se transtorna
un platón en un puchero,
otra afianza una pieza,
y se la mete en el seno.
Y mientras estás cenando
eres un gran caballero
muy franco, muy comedido,
muy bizarro y muy atento.
Muy prudente y primoroso,
muy astuto y muy discreto;
y en acabando la gorra
dicen entre sí: ¡Qué puerco!
¡Qué corto! ¡Qué desdichado!
¡Qué mentecato! ¡Qué necio!
¡Qué salvaje! ¡Qué borrico!
¡Qué chapetón tan grosero!

Después que de mancomún,
te cenaron, te comieron,
te almorzaron, merendaron
y luego te digerieron.

De *Lima por dentro y fuera* (1797)

LITERATURA DE LA EMANCIPACIÓN Y LA REPÚBLICA

JOSÉ HIPÓLITO UNANUE PABÓN

Nació en Arica en 1755 y murió en Lima en 1833. Médico, naturalista, matemático, político. Gran exponente de la ciencia en América y reformador de la enseñanza médica a la que enrumbó por los caminos de la observación, apartándola del terreno especulativo de la escolástica. Secretario de la Sociedad de Amantes del País y colaborador del Mercurio Peruano, Unanue *se cuenta entre los más notables forjadores de nuestra nacionalidad. Es autor de una monografía* (Observaciones sobre el clima de Lima, 1806) *que es un modelo tanto por la riqueza de observaciones y conocimientos como por la elegancia de su estilo. Otras obras suyas son* Decadencia y restauración del Perú (1796) *y* Obras científicas y literarias del Dr. J. Hipólito Unanue (3 vols., 1914).

IDEA GENERAL DE LOS MONUMENTOS
DEL ANTIGUO PERÚ

APENAS el hombre empieza a vivir cuando todo le anuncia su próxima ruina. Los elementos destinados a alimentarle se conjuran para su destrucción; y el mismo globo que habita no cesa, con violentas convulsiones, de intentar sacudirse de una carga que parecía oprimirle. La inmortalidad, entre tanto, es la que más inquieta su corazón mortal. El deseo de sobrevivir a su caduca existencia y trasmitir a la pos-

119

teridad sus heroicos hechos es un ídolo a quien ofrece los últimos holocaustos. Este entusiasmo, tan antiguo como el hombre, le ha hecho siempre buscar mil recursos, para eludir en cierto modo el término doloroso del hado inevitable y vengarse de sus insultos. Los aromas, el bálsamo, el cedro, el bronce y el mármol, por una parte; por la otra, las composiciones armoniosas, los recitados brillantes, los emblemas y las bellas imágenes, que tienen un imperio eficaz para atraer la atención y el asombro, han sido el obstáculo que la soberbia de los humanos ha opuesto a la voracidad del tiempo. De allí nacieron las momias, que se conservan millares de años, a pesar de su originaria corruptibilidad, los mausoleos que las cubren, los obeliscos, las pirámides, las estatuas y todos aquellos monumentos en que el cincel y el buril explayan sus primores para perpetuar la memoria póstuma del héroe y del poderoso. De este mismo principio emanó la poesía, la historia tradicionaria o cifrada en símbolos, todos los rasgos en que muestra el pincel su energía.

Estos preciosos trofeos de la vanidad y grandeza de los hombres y de las naciones, destinados a inmortalizar los triunfos del valor, de la virtud, o a veces del fanatismo, forman, sin duda, un objeto dignísimo de la consideración y estudio de un literato. Sin ellos, ¿cuál será la luz que nos esclarezca aquellos siglos de tinieblas, en que nacieron las monarquías, las artes y las ciencias, y se arreglaron las costumbres? ¿Aquellos siglos en que la lira y el canto domaron los tigres feroces, los leones rabiosos y conmovieron los duros peñascos? Un poeta filósofo negaba la eternidad del mundo, sólo porque antes de la guerra de Tebas y destrucción de Troya no se encontraban poemas, ni monumentos en los que la fama hubiese sellado la memoria de aquellos insignes acaecimientos que ilustran todas las edades.[1] Aun en los tiempos posteriores y en las naciones que poseyeron el arte de escribir en toda su perfección, la falta de prensa para renovar las hojas carcomidas ha hecho indispensable la paleosofía, a fin de llenar los huecos que ellas dejan o comentar las fábulas que nos trasmiten. ¿Cuánto no ha servido a rectificar la cronología y la historia el examen de los jeroglíficos y enigmas del egipcio supersticioso, las ruinas de Palmira, las odas y retratos de los griegos, los bustos y pirámides de Roma, etc.?

Esta misma materia contraída al Perú, adquiere un nuevo grado de interés y preciosura. Desde su conquista, perdidos para siempre los archivos del Cuzco, Cajamarca y Quito; reducidos a polvo los frágiles quipos; alterada la tradición de los hechos memorables del reino, por la ignorancia o descuido de los depositarios, se ve un observador obligado a recurrir al cotejo, o llamémosle interpretación de los fragmentos y ruinas antiguas, para completar el imperfecto retrato que nos trazó Garcilaso de su antiguo imperio. Por este mismo camino pueden descifrarse las fábulas adoptadas por los demás historiógrafos en cuanto a su religión y policía. El estudio de los monumentos que erigieron los peruanos para ostentar su poder y recordar su existencia; los recitados de sus glorias; las tradiciones y reliquias de sus antiguos usos y costumbres, que

[1] Lucr., lib. V, v. 325.

aún permanecen entre los indios modernos, que tenazmente conservan y rescatan sus antiguallas; el reconocimiento de las obras que erigieron por magnificencia o por necesidad, ofrecen ciertamente una nueva luz capaz de esclarecer la oscuridad en que yace sumergida la parte histórica y civil de la monarquía peruana, en todo el tiempo que precedió a su conquista. Por eso nuestra sociedad, persuadida de que sus indagaciones en esta línea deben remontarse hasta aquellos siglos, ha pensado valerse de semejantes recursos para desempeñarlas con acierto y proporcionar al Mercurio este nuevo mérito.

Si el furor de la codicia y ambición se hubiese contentado con desentrañar la tierra, multiplicadas e íntegras las memorias del antiguo Perú, sería más fácil el delinearlo y más hermosa la copia. Pero la execrable hambre del oro llevó la desolación hasta los sepulcros que, siendo el último asilo de los mortales, no sirvieron ni aun a las cenizas, respetadas por el derecho de las gentes. No obstante, así como las iras de Cambises no pudieron impedir llegasen hasta nuestros días muchos restos inestimables de la sabiduría egipcia, tampoco han visto su última aniquilación los monumentos de los Incas. Sus ruinas nos rodean todavía, y en medio de su destrozo ofrecen materiales suficientes para computar las artes, ciencias y policía de sus artífices.

De *Obras científicas y literarias*, volumen II (1914)

JOSÉ JOAQUÍN OLMEDO

Nació en Guayaquil en 1780 (a la sazón integrante del Perú) y murió en esta misma ciudad en 1847. Eligió la ciudadanía ecuatoriana al independizarse el Ecuador en 1830. Pero tanto por sus años universitarios en Lima como por su participación en la vida política del Perú, su legado es común a ambos países. De su obra destaca "A la victoria de Junín. Canto a Bolívar", oda heroica cabal dentro del canon clasicista, cuyo encendido estro cívico convoca las glorias del Libertador a la vez que el grandioso escenario de las recién emancipadas tierras americanas.

Sus obras: "A la victoria de Junín. Canto a Bolívar" (1826), Obras completas (1945), Poesías completas (1949).

A LA VICTORIA DE JUNÍN
(Fragmento)

El trueno horrendo que en fragor revienta
y sordo retumbando se dilata
por la inflamada esfera,
al Dios anuncia que en el cielo impera.

Y el rayo que en Junín rompe y ahuyenta
la hispana muchedumbre
que, más feroz que nunca, amenazaba,
a sangre y fuego, eterna servidumbre,
y el canto de victoria
que en ecos mil discurre, ensordeciendo
el hondo valle y enriscada cumbre,

123

proclaman a Bolívar en la tierra
árbitro de la paz y de la guerra.

Las soberbias pirámides que al cielo
el arte humano osado levantaba
para hablar a los siglos y naciones,
—templos de esclavas manos
deificaban en pompa a sus tiranos—
ludibrio son del tiempo, que con su ala
débil, las toca y las derriba al suelo
después que en fácil fuego el fugaz viento
borró sus mentirosas inscripciones;
y bajo los escombros confundido
entre la sombra del eterno olvido,
—¡oh de ambición y miseria ejemplo!—
el sacerdote yace, el dios y el templo.

Mas los sublimes montes cuya frente
a la región etérea se levanta,
que ven las tempestades a su planta
brillar, rugir, romperse, disiparse,
los Andes, las enormes, estupendas
moles sentadas sobre bases de oro,
la tierra con su peso equilibrando,
jamás se moverán. Ellos, burlando
de ajena envidia y del protervo tiempo
la furia y el poder, serán eternos
de libertad y de victoria heraldos,
que con eco profundo,
a la postrema edad dirán del mundo:

"Nosotros vimos de Junín el campo,
vimos que al desplegarse
del Perú y de Colombia las banderas,
se turban las legiones altaneras,
huye el fiero español despavorido,
o pide paz rendido.
Venció Bolívar, el Perú fue libre,
y en triunfal pompa libertad sagrada
en el templo del Sol fue colocada."

¿Quién me dará templar el voraz fuego
en que ardo todo yo? Trémula, incierta,
torpe la mano va sobre la lira
dando discorde son. ¿Quién me liberta
del Dios que me fatiga...?

Siento unas veces la rebelde Musa,
cual bacante en furor, vagar incierta
por medio de las plazas bulliciosas,
o sola por las selvas silenciosas,
o las risueñas playas
que manso lame el caudaloso Guayas;
otras el vuelo arrebatado tiende
sobre los montes, y de allí desciende
al campo de Junín, y ardiendo en ira,
los numerosos escuadrones mira,
que el odiado pendón de España arbolan,
y en cristado morrión y peto armada,
cual amazona fiera,
se mezcla entre las filas la primera
de todos los guerreros,

y a combatir con ellos se adelanta,
triunfa con ellos y sus triunfos canta.

De Poesías completas (1949)

MARIANO MELGAR

Nació en Arequipa en 1791. Después de la batalla de Humachiri, en la que tomó parte y fuera derrotado el ejército patriota, fue fusilado en 1815 por los realistas españoles. En este mártir de la Emancipación peruana se dio un fino y pasajero retoño del yaraví, pues en esta especie de nuestra lírica vernacular virtió su íntimo sentir amoroso, logrando tiernos y duraderos acentos elegiacos que su pueblo ha adivinado suyos y ha sabido hacerlos tal. Melgar fue traductor del Arte de olvidar *de Ovidio (1821). Sus obras originales son* Carta a Silvia *(1827) y* Poesías *(1878).*

(*Yaravíes*)

TODO MI AFECTO PUSE EN UNA INGRATA...

Todo mi afecto puse en una ingrata,
Y ella inconstante me llegó a olvidar.

Si así, si así se trata
Un afecto sincero,
Amor, amor no quiero,
No quiero más amar.

Juramos ser yo suyo y ella mía:
Yo cumplí, y ella no se acordó más.

Mayor, mayor falsía
Jamás hallar espero,
Amor, amor no quiero,
No quiero más amar.

Mi gloria fue otro tiempo su firmeza;
Y hoy su inconstancia vil me hace pensar.

Fuera, fuera bajeza
Que durara mi esmero,
Amor, amor no quiero,
No quiero más amar.

DONDEQUIERA QUE VAYAS...

"Dondequiera que vayas
Te seguiré, mi dueño."
Así en eco halagüeño
Mi bien me consoló.
¡Oh suave, oh dulce acento!
Pero ¿para qué canto?
Callado, placer tanto
Guste mi corazón.

VUELVE, QUE YA NO PUEDO...

Vuelve que ya no puedo
Vivir sin tus cariños:

Vuelve, mi palomita,
Vuelve a tu dulce nido.

Mira que hay cazadores
Que con intento inicuo
Te pondrán en sus redes
Mortales atractivos;
Y cuando te hagan presa
Te darán cruel martirio:
No sea que te cacen,
Huye tanto peligro.

Vuelve, mi palomita,
Vuelve a tu dulce nido.

Ninguno ha de quererte
Como yo te he querido,
Te engañas si pretendes
Hallar amor más fino.
Habrá otros nidos de oro,
Pero no como el mío:
Por quien vertió tu pecho
Sus primeros gemidos.

Vuelve, mi palomita,
Vuelve a tu dulce nido.

Bien sabes que yo siempre
En tu amor embebido,
Jamás toqué tus plumas,
Ni ajé tu albor divino;

Si otro puede tocarlas
Y disipar su brillo,
Salva tu mejor prenda,
Ven al seguro asilo.

Vuelve, mi palomita,
Vuelve a tu dulce nido.

¿Por qué, dime, te alejas?
¿Por qué con odio impío
Dejas un dueño amante
Por buscar precipicios?
¿Así abandonar quieres
Tu asiento tan antiguo?
¿Con que así ha de quedarse
Mi corazón vacío?

Vuelve, mi palomita,
Vuelve a tu dulce nido.

No pienses que haya entrado
Aquí otro pajarillo:
No, palomita mía,
Nadie toca este sitio.
Tuyo es mi pecho entero,
Tuyo es este albedrío;
Y por ti sola clamo
Con amantes suspiros.

Vuelve, mi palomita,
Vuelve a tu dulce nido.

Yo sólo reconozco
Tus bellos coloridos,
Yo sólo sabré darles
Su aprecio merecido,
Yo sólo así merezco
Gozar de tu cariño;
Y tú sólo en mí puedes
Gozar días tranquilos.

Vuelve, mi palomita,
Vuelve a tu dulce nido.

No seas, pues, tirana:
Haz ya paces conmigo:
Ya de llorar cansado
Me tiene tu capricho.
No vuelvas más, no sigas
Tus desviados giros;
Tus alitas doradas
Revuelvan, que ya expiro.

Vuelve, que ya no puedo
Vivir sin tus cariños:
Vuelve, mi palomita,
Vuelve a tu dulce nido.

ES POSIBLE, VIDA MÍA...

¿Es posible, vida mía,
Que aun la nieve se deshaga,

Con ser de hielo?

¿Y cómo, pues, no se ablanda
Con el fuego del amor
    Tu duro pecho?

¿Cómo permites, bien mío,
Que el infeliz que te adora
    Viva muriendo?

¿Qué es de vuestra compasión;
Dónde está vuestra ternura;
    Qué la habéis hecho?

¿Habéis con otro agotado
El cáliz de la esperanza
    Hasta el extremo
De no dejar para mí,
Entre tu seno, un lugar,
    El más pequeño?

Acaba, pues, de una vez
De arrancarme la existencia
    Con el veneno
Que otra mano preparó,
A la tuya reservando
    Darme a beberlo.

Que yo beberé gustoso
La copa que ajeno labio
    Probó primero,

Sin considerar que aquél
Para vivir probó el cáliz
Por el cual muero.

De *Poesías completas* (1971)

MANUEL ASCENSIO SEGURA

Nació en Lima en 1805 y murió en la misma ciudad en 1871. Fue sucesivamente militar, empleado público y representante al Congreso; fundó diversos diarios donde vieron la luz sus artículos políticos y de costumbres, así como sus letrillas. Mestizo y de la clase media, simpatizó con su pueblo, sus tipos y costumbres; siendo por ello el fundador del teatro popular, criollista. Sus versos son más festivos que satíricos.

Obras: El sargento Canuto, La Saya y manto, La moza mala, Ña Catita *(1858);* Lances de Amancaes, El santo de Panchita, El cacharpari *(1869);* Artículos, poesías y comedias *(1885);* Comedias *(2 vols., 1924).*

DE "EL SARGENTO CANUTO"

[*Escena 4*]

(Jacoba, Nicolasa [Al paño] y dichos.)

Nicolasa. —Háblale como una loca.
Jacoba. —Nico, pero...
Nicolasa. —¡Qué manzana!

132

Háblale sin miedo, hermana,
cuanto te venga a la boca.

JACOBA. —Señor don Canuto.

CANUTO. —Aquí estaba dando,
Jacoba, y cavando
en tu ingratitud,
y en que yo disfruto
sólo tu desprecio,
y un mocoso necio
tu solicitud.
Cual real enemigo
mi pecho destrozas,
y fiera te gozas
en tu proceder.
¿Un mozo mendigo
a un hombre prefieres?
De tan mal gusto eres,
cual toda mujer.
Yo que no respeto,
en una batalla,
la espesa metralla
que arroja el cañón
¿he de estar sujeto
a ser el despojo
de un pérfido antojo
de tu corazón?
Pues sabe, tirana,
que mientras desdeñas
mi amor y te empeñas
en burlarme así;
con furia inhumana

odio y abandono,
señoras de tono
que rabian por mí.
Vamos, Jacobita,
tú me amas, no hay duda;
por eso se muda
tu hermoso color.
¿Tu pecho palpita?
¡Diana! ¡Qué victoria!
Cubierto de gloria
me tiene el amor.
Yo soy un sargento,
en el fuego loco;
y dentro de poco
bien seré oficial.
Diez batallas cuento
a cual más sangrienta
sin que entre en la cuenta
la del Gramadal.
Mira, en Yanacocha,
con sólo estas manos,
ochenta peruanos
al cielo mandé.
Yo y el cabo Rocha
heridos salimos;
pero así seguimos
diez leguas a pie.
Lo que hice en Ananta,
Jacoba, lo oculto,
porque dificulto
no lo sepas tú.

¡Y en Pampas! ¡Y en Huanta!
¡Vaya, es excusado...!
Yo soy el soldado
mejor del Perú.

JACOBA. —Basta de simplezas,
Señor don Canuto,
que es usted muy bruto
para enamorar.
Ponga esas finezas
y su real persona
en una rabona,
y no me haga hablar.
Yo tengo ofrecida
ha tiempo mi mano,
y a un hombre tan vano
como lo es usted,
jamás de mi vida
podré hacer el dueño;
y seré a su empeño
como la pared.

CANUTO. —Nada, nada avanza
tu genio iracundo;
a pesar del mundo
mi esposa serás;
que no hay esperanza,
juro por mi nombre,
porque no soy hombre
que me vuelvo atrás.

JACOBA. —¡Vaya, que usted sueña!
Para mi marido,
es usted, querido,

muy muñeco ¡guá!
un daca la seña,
un simple, un mangajo;
un sucio estropajo
que hasta asco me da.

CANUTO. —Si yo me incomodo
verás, Jacobita,
lo que es si se irrita
un hombre cual yo.
Y si de ese modo,
y con tanta furia,
se apoda y se injuria
sólo porque amó.
Escucha, estoy hecho
a esas rabietas,
y son bayonetas
que al desprecio doy.

JACOBA. —Jamás este pecho
Será de Canuto.

CANUTO. —Basta; no disputo:
lo veremos hoy.

De *El sargento Canuto* (1858)

FELIPE PARDO Y ALIAGA

*Nació en Lima en 1806 en el seno de una familia aristo-
crática y murió en esta misma ciudad en 1868. Se educó
en España dentro de estrictos cánones clasicistas: condiciones que explican su posición crítica ante la naciente democracia peruana. Con tajante ironía, Pardo arremetió contra*

los defectos y costumbres nacionales en El espejo de mi
tierra, *periódico que fundó en 1840. Escribió artículos de
costumbres, poesías satíricas, comedias; obras en las que se
destaca su estilo atildado y su humor vivaz y mordiente.*

Su producción se reunió bajo el título de Poesías y escritos en prosa de don Felipe Pardo *(1869) y volvió a pu-
blicarse en 1898.*

UN VIAJE

El niño Goyito está de viaje. El niño Goyito va a cumplir cincuenta y dos años; pero cuando salió del vientre
de su madre le llamaron niño Goyito; y niño Goyito le
llaman hoy; y niño Goyito le llamarán treinta años
más; porque hay muchas gentes que van al panteón
como salieron del vientre de su madre.

Este niño Goyito, que en cualquier otra parte sería
un don Gregorión de buen tamaño, ha estado recibiendo por tres años enteros cartas de Chile, en que
le avisan que es forzoso que se transporte a aquel país
a arreglar ciertos negocios interesantísimos de familia,
que han quedado embrollados con la muerte súbita de
un deudo.

Los tres años los consumió la discreción gregoriana
en considerar cómo se contestarían estas cartas y cómo
se efectuaría este viaje. El buen hombre no podía de-
cidirse ni a uno ni a otro. Pero el corresponsal me-
nudeaba sus instancias; y ya fue preciso consultarse
con el confesor, y con el médico y con los amigos.
Pues señor; asunto concluido: el niño Goyito se va
a Chile.

La noticia corrió por toda la parentela; dio conversación y quehaceres a todos los criados, afanes y devociones a todos los conventos; y convirtió la casa en una Liorna. Busca costureras por aquí, sastres por allá, fondista por acullá. Un hacendado de Cañete mandó tejer en Chincha cigarreras. La madre Transverberación del Espíritu Santo se encargó en un convento de una parte de los dulces; sor María en Gracia fabricó en otro su buena porción de ellos; la madre Salomé, abadesa indigna, tomó a su cargo en el suyo las pastillas; una monjita recoleta mandó de regalo un escapulario; otra dos estampitas; el padre Florencio de San Pedro corrió con los sorbetes; y se encargaron a distintos manufactores y comisionados, sustancias de gallina, botiquín, vinagre de los cuatro ladrones para el mareo, camisas a centenares, capingo (don Gregorio llamaba capingo a lo que llamamos capote), chaqueta y pantalón para los días fríos, chaqueta y pantalón para los días templados, chaquetas y pantalones para los días calurosos. En suma, la expedición de Bonaparte a Egipto no tuvo más preparativos.

Seis meses se consumieron en ellos, gracias a la actividad de las niñas (hablo de las hermanitas de don Gregorio, la menor de las cuales era su madrina de bautismo) quienes, sin embargo del dolor de que se hallaban atravesadas con este viaje, tomaron en un santiamén todas las providencias del caso.

Vamos al buque. Y ¿quién verá si este buque es bueno o malo? ¡Válgame Dios!, ¡qué conflicto! —¿Se ocurrirá al inglés don Jorge, que vive en los altos? Ni pensarlo: las hermanitas dicen que es un bárbaro, capaz de embarcarse en un zapato. Un catalán pulpero, que ha navegado de condestable en la Esmeralda, es por fin el perito. Le costean caballo: va al Callao: practica su reconocimiento: y vuelve diciendo que el barco es bueno, y que don Goyito irá tan seguro como en un navío de la Real Armada. Con esta noticia calma la inquietud.

Despedidas. La calesa trajina por todo Lima. ¿Conque se nos va Ud.? ¿Conque se decide Ud. a embarcarse? ¡Buen valorazo! Don Gregorio se ofrece a la disposición de todos; se le bañaban los ojos en lágrimas a cada abrazo; encarga que le encomienden a Dios; a él le encargan jamones, dulces, lenguas y cobranzas; y ni a él le encomienda nadie a Dios; ni él se vuelve a acordar de los jamones, de los dulces, de las lenguas, ni de las cobranzas.

Llega el día de la partida. ¡Qué bulla! ¡Qué jarana! ¡Qué Babilonia! Baúles en el patio, cajones en el dormitorio, colchones en el zaguán, diluvios de canastos por todas partes. Todo sale por fin, y todo se embarca, aunque con bastantes trabajos. Marcha don Gregorio, acompañado de una numerosa caterva, a la que pertenecen también, con pendones y cordón de San Francisco de Paula, las amantes hermanitas, que sólo por el buen hermano pudieron hacer el horrendo sacrificio de ir por primera vez al Callao. Las infelices no se quitan el pañuelo de los ojos y lo mismo sucede al viajero. Se acerca la hora del embarque, y se agravan los soponcios.

—¿Sí nos volveremos a ver?... Por fin, es forzoso partir; el bote aguarda. Va la comitiva al muelle: abrazos generales: sollozos: los amigos separan a los hermanos. —¡Adiós hermanitas mías! —¡Adiós, Goyito de mi corazón! La alma de mi mamá Chombita te lleve con bien.

Este viaje ha sido un acontecimiento notable en la familia: ha fijado una época de eterna recordación; ha constituido una era, como la cristiana, como la de la Hégira, como la de la fundación de Roma, como el Diluvio Universal, como la era de Nabonasar.

Se pregunta en la tertulia: "¿Cuánto tiempo lleva fulana de casada?"

—"Aguarde Ud.: fulana se casó estando Goyito para irse a Chile..."

—"¿Cuánto tiempo hace que murió el guardián de tal convento?"

—"Yo le diré a Ud.; al padre guardián le estaban tocando las agonías, al otro día del embarque de Goyito. Me acuerdo todavía que se las recé, estando enferma en cama, de resultas del viaje al Callao."

—"¿Qué edad tiene aquel jovencito?"

—"Déjeme Ud. recordar. Nació en el año de... Mire Ud.: este cálculo es más seguro: son habas contadas: cuando recibimos la primera carta de Goyito estaba mudando dientes. Conque, saque Ud. la cuenta..."

Así viajaban nuestros abuelos; así viajarían, si se determinasen a viajar, muchos de la generación que acaba, y muchos de la generación actual, que conservan el tipo de los tiempos del virrey Avilés; y ni aun así viajarían otros, por no viajar de ningún modo.

Pero las revoluciones hacen del hombre, a fuerza de sacudirlo y pelotearlo, el mueble más liviano y portátil; los infelices que desde la infancia las han tenido por atmósfera, han sacado de ellas, en medio de mil males, el corto beneficio siquiera de una gran facilidad locomotiva. ¿La salud, o los negocios, o cualesquiera otras circunstancias aconsejan un viaje? A ver los periódicos. Buques para Chile. —Señor consignatario, ¿hay camarote? —Bien. —¿Es velero el bergantín? —Magnífico. —¿Pasaje? —Tanto más cuanto. —Estamos convenidos. —Chica, acomódame una docena de camisas y un almofrez. Esta ligera apuntación al abogado, esta otra al procurador. Cuenta, no te descuides con la lavandera, porque el sábado me voy. Cuatro letras por la imprenta, diciendo adiós a los amigos. Eh: llegó el sábado. Un abrazo a la mujer, un par de besos a los chicos, y agur. Dentro de un par de meses estoy de vuelta. Así me han enseñado a viajar, mal de mi grado, y así me ausento, lectores míos, dentro de muy pocos días.

De *El espejo de mi tierra* (1840)

CARLOS AUGUSTO SALAVERRY

Nació en Piura en 1830 y murió en París en 1891. Su ingreso a la milicia no fue obstáculo para su actividad creadora tanto en el teatro como en la poesía. Fue el mejor poeta del Romanticismo peruano —lo que no significaría mucho, dado el limitado valor de esta escuela en nuestro medio, si no fuera por poemas sin duda alguna notables, entre los que se destaca "Acuérdate de mí" que aquí se incluye.

Sus libros poéticos son Diamantes y perlas *(1869)*, Albores y destellos *(1871)*, Misterios de la tumba *(1883)*, Poesía *(1958)*.

ILUSIONES

Venid a mí sonriendo y placenteras,
visiones que en la infancia he idolatrado:
¡oh recuerdos, mentiras del pasado!
¡oh esperanzas, mentiras venideras!

Ya que huyen mis lozanas primaveras
quiero ser por vosotras consolado,
en un mundo fantástico, poblado
de delirios, de sombras y quimeras.

Mostradle horrible la verdad desnuda
a los que roben, de su ciencia ufanos
a todo lo ideal su hermoso aliño;

pero apartadme de su estéril duda;
y aunque me cubra de cabellos canos
dejadme siempre el corazón de un niño.

ACUÉRDATE DE MÍ

¡Oh! ¡cuánto tiempo silenciosa el alma
mira en redor su soledad que aumenta:
como un péndulo inmóvil, ya no cuenta
las horas que se van!

Ni siente los minutos cadenciosos
al golpe igual del corazón que adora
aspirando la magia embriagadora
    de su amoroso afán!

Ya no late, ni siente, ni aun respira
petrificada el alma allá en lo interno:
tu cifra en mármol con buril eterno
    quedó grabada en mí!
No hay queja al labio ni a los ojos llanto;
muerto para el amor y la ventura,
está en tu corazón mi sepultura
    y el cadáver aquí!

En este corazón ya enmudecido
cual la ruina de un templo silencioso,
vacío, abandonado, pavoroso,
    sin luz y sin rumor;
embalsamadas ondas de armonía
elevábanse un tiempo en sus altares,
y vibraban melódicos cantares
    los ecos de tu amor.

¡Parece ayer!... De nuestros labios mudos
el suspiro de "¡Adiós!" volaba al cielo,
y escondías la faz en tu pañuelo
    para mejor llorar.
Hoy... nos apartan los profundos senos
de dos inmensidades que has querido,
y es más triste y es más hondo el de tu olvido
    que el abismo del mar!

Pero ¿qué es este mar? ¿qué es el espacio?
¿qué la distancia, ni los altos montes?
¿Ni qué son esos turbios horizontes
    que miro desde aquí;
si al través del espacio y de las cumbres,
de ese ancho mar y de ese firmamento,
vuela por el azul mi pensamiento
    y vive junto a ti?

¡Sí: yo tus alas invisibles veo,
te llevo dentro el alma, estás conmigo,
tu sombra soy, y adonde vas te sigo
    de tus huellas en pos!
Y en vano intentan que mi nombre olvides;
nacieron nuestras almas enlazadas,
y en el mismo crisol purificadas
    por la mano de Dios!

Tú eres la misma aún: cual otros días
suspéndense tus brazos de mi cuello;
veo tu rostro apasionado y bello
    mirarme y sonreír;
aspiro de tus labios el aliento
como el perfume de claveles rojos,
y brilla siempre en tus azules ojos
    mi sol, mi porvenir!

Mi recuerdo es más fuerte que tu olvido;
mi nombre está en la atmósfera, en la brisa,
y ocultas al través de tu sonrisa
    lágrimas de dolor;

pues mi recuerdo tu memoria asalta,
y a pesar tuyo por mi amor suspiras,
y hasta el ambiente mismo que respiras
te repite ¡mi amor!

¡Oh! cuando vea en la desierta playa,
con mi tristeza y mi dolor a solas,
el vaivén incesante de las olas,
me acordaré de ti;
cuando veas que un ave solitaria
cruza el espacio en moribundo vuelo,
buscando un nido entre la mar y el cielo,
¡acuérdate de mí!

VISTA DE MI VENTANA

Bajo cortinas de oro el sol desmaya
entre sombras que un túmulo semejan.
En sus sudarios húmedos, se quejan
ondas que lamen las desiertas playas.

Del occidente en la purpúrea raya
como blancas gaviotas se bosquejan,
barcas de pescadores que se alejan
y aproan al final de la atalaya.

¡Qué cuadro! ¡Qué pincel! ¡qué poesía!
el cielo, el mar, la luz, la onda, la estrella,
la nave audaz que el marinero guía.

Y más viva que el mar, como él sin calma,
y más viva que el sol, como él tan bella,
¡la inmensidad de Dios que surge en mi alma!

De *Albores y destellos* (1871)

RICARDO PALMA

*Nació en Lima en 1833 y murió en Miraflores, balneario
próximo a Lima, en 1919. Narrador, poeta, dramaturgo,
lexicógrafo. Creador de un género —la* tradición *— que
nos lleva de la mano a los predios (imagen y atmósfera)
de la historia por los amenos senderos de la anécdota y
con "una cierta conciencia escenográfica" como acertada-
mente señala Luis Jaime Cisneros. Así, los sucesos que
con tanta gracia y desenfado nos cuenta son los menudos, incidentales y equidistantes de las cimas heroicas y
de las chaturas rutinarias, aderezados siempre con humor
y poética fantasía. Palma escribió también versos al uso y
gusto de la época, siendo los mejores aquellos que reflejan su zumbona sonrisa y malicioso guiño.*

Algunas de sus obras: Poesías *(1885),* Anales de la Inquisición de Lima *(1863, 1872, 1897),* Armonías *(1865,
1912),* Pasionarias *(1870),* Verbos y gerundios *(1877),* El
Demonio de los Andes *(1883, 1911),* Papeletas lexicográ-
ficas *(1903),* La bohemia de mi tiempo *(1899),* Tradiciones peruanas completas *(1952).*

EL ALACRÁN DE FRAY GÓMEZ

Estaba una mañana fray Gómez en su celda entregado
a la meditación, cuando dieron a la puerta unos discre-

tos golpecitos, y una voz de quejumbroso timbre dijo:

—Deo gratias... ¡Alabado sea el Señor!

—Por siempre jamás, amén. Entre, hermanito —contestó fray Gómez.

Y penetró en la humildísima celda un individuo algo desarrapado, vera efigie del hombre a quien acongojan pobrezas, pero en cuyo rostro se dejaba adivinar la proverbial honradez del castellano viejo.

Todo el mobiliario de la celda se componía de cuatro sillones de vaqueta, una mesa mugrienta, y una tarima sin colchón, sábanas ni abrigo, y con una piedra por cabezal o almohada.

—Tome asiento, hermano, y dígame sin rodeos lo que por acá le trae —dijo fray Gómez.

—Es el caso, padre, que soy hombre de bien a carta cabal...

—Se le conoce y que persevere deseo, que así merecerá en esta vida terrena la paz de la conciencia, y en la otra la bienaventuranza.

—Y es el caso que soy buhonero, que vivo cargado de familia y que mi comercio no cunde por falta de medios, que no por holgazanería y escasez de industria en mí.

—Me alegro, hermano, que a quien honradamente trabaja Dios le acude.

—Pero es el caso, padre, que hasta ahora Dios se me hace el sordo y en socorrerme tarda...

—No desespere, hermano; no desespere.

—Pues es el caso que a muchas puertas he llegado en demanda de habilitación por quinientos duros, y todas las he encontrado con cerrojo y cerrojillo. Y es el caso que anoche, en mis cavilaciones, yo mismo me dije a mí mismo:

—¡Ea!, Jeromo, buen ánimo y vete a pedirle el dinero a fray Gómez, que si él lo quiere, mendicante y pobre como es, medio encontrará para sacarte del apuro. Y es el caso que aquí estoy porque he venido y a su paternidad le pido y ruego que me preste esa puchuela por seis meses, seguro que no será por mí por quien se diga:

> En el mundo hay devotos
>   de ciertos santos;
> la gratitud les dura
>   lo que el milagro;
>   que un beneficio
> da siempre vida a ingratos
>   desconocidos.

—¿Cómo ha podido imaginarse, hijo, que en esta triste celda encontraría ese caudal?

—Es el caso, padre, que no acertaría a responderle, pero tengo fe en que no me dejará ir desconsolado.

—La fe lo salvará, hermano. Espere un momento.

Y paseando los ojos por las desnudas y blanqueadas paredes de la celda, vio un alacrán que caminaba tranquilamente sobre el marco de la ventana. Fray Gómez arrancó una página de un libro viejo, dirigióse a la ventana, cogió con delicadeza a la sabandija, la envolvió en el papel, y tornándose hacia el castellano viejo, le dijo:

—Tome, buen hombre, y empeñe esta alhajita; no olvide, sí, devolvérmela dentro de seis meses.

El buhonero se deshizo en frases de agradecimiento, se despidió de fray Gómez y más que de prisa se encaminó a la tienda.

La joya era espléndida, verdadera alhaja de reina morisca, por decir lo menos. Era un prendedor figurando un alacrán. El cuerpo lo formaba una magnífica esmeralda engarzada sobre oro, y la cabeza un grueso brillante con dos rubíes por ojos.

El usurero, que era hombre conocedor, vio la alhaja con codicia, y ofreció al necesitado adelantarle dos mil duros por ella; pero nuestro español se empeñó en no aceptar otro préstamo que el de quinientos duros por seis meses, y con un interés judaico se entiende. Extendiéronse y firmáronse los documentos o papeletas de estilo, acariciando el agiotista la esperanza de que a la postre el dueño de la prenda acudiría por más dinero, que con el recargo de intereses lo convertiría en propietario de joya tan valiosa por su mérito intrínseco y artístico.

Y con este capitalito fuele tan prósperamente en su comercio, que a la terminación del plazo pudo desempeñar la prenda, y, envuelta en el mismo papel en que la recibiera, se la devolvió a fray Gómez.

Éste tomó el alacrán, lo puso sobre el alféizar de la ventana, le echó una bendición y dijo:

—Animalito de Dios, sigue tu camino.

Y el alacrán echó a andar libremente por las paredes de la celda.

A Monseñor Manuel Tovar

El liberal obispo de Arequipa, Chaves de la Rosa, a quien debe esa ciudad, entre otros beneficios, la fundación de la casa de expósitos, tomó gran empeño en el progreso del seminario, dándole un vasto y bien meditado plan de estudios, que aprobó el rey, prohibiendo sólo que se enseñase derecho natural y de gentes.

Rara era la semana, por los años de 1796, en que su señoría ilustrísima no hiciera por lo menos una visita al colegio, cuidando de que los catedráticos cumplieran con su deber, de la moralidad de los escolares y de los arreglos económicos.

Una mañana encontróse con que el maestro de latinidad no se había presentado en su aula, y por consiguiente los muchachos, en plena holganza, andaban haciendo de las suyas.

El señor obispo se propuso remediar la falta, reemplazando por ese día al profesor titular.

Los alumnos habían descuidado por completo aprender la lección. *Nebrija* y el *Epítome* habían sido olvidados.

Empezó el nuevo catedrático por hacer declinar a uno *musa, musae*. El muchacho se equivocó en el acusativo del plural, y el señor Chaves le dijo:

—¡Al rincón! ¡Quita calzón!

En esos tiempos regía por doctrina aquello de que *la letra con sangre entra*, y todos los colegios tenían un empleado o bedel cuya tarea se reducía a aplicar tres, seis y hasta doce azotes sobre las posaderas del estudiante condenado a ir al rincón.

Pasó a otro. En el nominativo de *quis vel quid* ensartó un despropósito, y el maestro profirió la tremenda frase:

—¡Al rincón! ¡Quita calzón!

Y ya había más de una docena arrinconados, cuando le tocó su turno al más chiquitín y travieso de la clase, uno de esos tipos llamados *revejidos,* porque a lo sumo representaba tener ocho años, cuando en realidad doblaba el número.

—*Quit est oratio?* —le interrogó el obispo.

El niño o *conato* de hombre alzó los ojos al techo (acción que involuntariamente practicamos para recordar algo, como si las vigas del techo fueran un tónico para la memoria) y dejó pasar cinco segundos sin responder. El obispo atribuyó el silencio a ignorancia, y lanzó el inapelable fallo:

—¡Al rincón! ¡Quita calzón!

El chicuelo obedeció, pero rezongando entre dientes algo que hubo de incomodar a su ilustrísima.

—Ven acá, trastuelo. Ahora me vas a decir qué es lo que murmuras.

—Yo nada, señor... nada —y seguía el muchacho gimoteando y pronunciando a la vez palabras entrecortadas.

Tomó a capricho el obispo saber lo que el escolar murmuraba, y tanto le hurgó que al fin le dijo el niño:

—Lo que hablo entre dientes es que, si su señoría ilustrísima me permitiera, yo también le haría una preguntita y había de verse moro para contestármela de corrido.

Picóle la curiosidad al buen obispo, y sonriéndose ligeramente, respondió:

—A ver, hijo, pregunta.

—Pues con venia de su señoría, y si no es atrevimiento, yo quisiera que me dijese cuántos *Dominus vobiscum* tiene la misa.

El señor Chaves de la Rosa, sin darse cuenta de la acción, levantó los ojos.

—¡Ah! —murmuró el niño pero no tan bajo que no lo oyese el obispo—. También él mira al techo.

La verdad es que a su señoría ilustrísima no se le había ocurrido hasta ese instante averiguar cuántos *Dominus vobiscum* tiene la misa.[1]

Encantóle, y esto era natural, la agudeza de aquel arrapiezo, que desde ese día le cortó, como se dice, el ombligo.

Por supuesto que hubo amnistía general para los arrinconados.

El obispo se constituyó en padre y protector del niño, que era de una familia pobrísima de bienes, si bien rica en virtudes, y le confirió una de las becas del seminario.

Cuando el señor Chaves de la Rosa, no queriendo transigir con abusos y fastidiado de luchar sin fruto con su Cabildo y hasta con las monjas, renunció en 1804 el obispado, llevó entre los familiares que lo

[1] Mi amigo el presbítero español don José María Sbarbi, ocupándose en "El Averiguador", periódico madrileño, de esta tradición, asegura que son ocho los *Dominus vobiscum*.

acompañaron a España al cleriguito del *Dominus vobiscum*, como cariñosamente llamaba a su protegido.

Andando los tiempos aquel niño fue uno de los
prohombres de la Independencia, uno de los más pres-
tigiosos oradores de nuestras Asambleas, escritor gala-
no y robusto, habilísimo político y orgullo del clero
peruano.

¿Su nombre?

¡Qué! ¿No lo han adivinado ustedes?

En la bóveda de la Catedral hay una tumba que
guarda los restos del que fue Francisco Javier de Luna
Pizarro, vigésimo arzobispo de Lima, nacido en Arequipa en diciembre de 1780 y muerto el 9 de febrero de 1855.

De *Tradiciones peruanas completas* (1952)

CLEMENTE ALTHAUS

*Nació en Lima en 1835, descendiente de un barón ale-
mán que se había distinguido en las campañas napoleó-
nicas. Su cultura y buen gusto se perciben en la elegante
contención de su poesía, íntima, tierna. Murió en Lima,
enajenado, en 1881.*

Son sus libros: Poesías patrióticas y religiosas *(1862),*
Poesías varias *(1862)* y Obras poéticas, 1852-1871 *(1872).*

AL PETRARCA

¡Bendita sea la feliz tibieza
con que, celosa de su pura fama,

pagó tu amor la aviñonense dama
que igualó su virtud con su belleza!

¡Benditos el rigor y la esquiveza
que acrisolaron tu amorosa llama,
y te valieron la gloriosa rama
que hoy enguirnalda tu feliz cabeza!

Así Apolo que a Dafne perseguía,
cuando a abrazarla llega, sus congojas
siente de un árbol la corteza fría.

Mas en sus ramas la deidad doliente
halla las verdes premiadoras hojas,
digna corola de su altiva frente.

A ELENA

Labios tienes cual púrpura rojos,
tez de rosa y nevado azahar,
y rasgados dulcísimos ojos
del color de los cielos y el mar.

Oro es fino la riza madeja
que hollar puede el brevísimo pie,
y flor tierna tu talle semeja
que temblar al favonio se ve.

La hija misma del Cisne y de Leda,
te pudiera envidiar cuerpo tal;
pero en él más bella alma se hospeda
que no empaña ni sombra de mal.

Prole extraña tal vez me pareces
de himeneo entre dios y mujer:
¡Ah! ¡dichoso, dichoso mil veces
quien amado de ti logre ser!

No yo, indigno de tanta ventura,
a cuya alma pesó, cada vez
que te viera, no ser ya tan pura
cual lo fue en su primera niñez.

De *Obras poéticas* (1872)

JUAN DE ARONA
(Seudónimo de Pedro Paz Soldán y Unanue)

*Pedro Paz Soldán y Unanue nació en la hacienda "Aro-
na" de Cañete, en 1839. De allí el seudónimo de este
escritor esencialmente anticonformista. Madurado en Europa, ya en el país se entregó a las tareas literarias, de traducción y lingüística (su Diccionario de peruanismos es
libro vital y sabroso). Poeta incisivo, sobresale en la sátira y en el epigrama, especie ésta a la que denominó "chis-
pazo". Murió en 1895. Su vasta obra en verso se ha publicado con el título de Poesías completas (tomo I, 1975;
tomo II, 1976).*

LA COSTA PERUANA

Dizque Dios al pasar la costa nuestra
—¡Quita allá! dijo, y la pasó de un tranco,

155

y es por esta razón página en blanco
de natura en la obra tan maestra.

¿Qué importa que jamás nube siniestra
borde de fuego de su cielo el flanco,
si la arena, el desierto y el barranco
del olvido de Dios dan triste muestra?

África es ésta sin camello y palma,
ni hay montes, ríos, árboles ni lagos,
grandes asaz para elevar el alma.

Pobreza, desnudez, contornos vagos,
y un bello clima y una dulce calma
que dan la muerte entre embriaguez y halagos.

A LAS LETRAS

Si no supiera yo que ha de ser vana
de mi parte cualquiera despedida,
porque la más resuelta y decidida
sólo querrá decir: —hasta mañana:
He aquí el momento en que de buena gana
un adiós lanzaría por la vida
a esta afición ingrata y desmedida
que fomenté desde la edad temprana.

¡Oh Letras, Letras, que cual firme báculo
a tanto poetastro, rudo y pieza,
llevasteis del poder hasta el pináculo!

Para mí quebradero de cabeza
fuisteis no más, y rémora y obstáculo,
y origen de dolor y de pobreza!

Pero en las nocturnas horas,
el sitio en que rabio tanto,
tiene su mágico encanto
si el fondo del mar exploras.

Descubres las hondas fraguas
de la gran fosforescencia,
y estar juzgas en presencia
del incendio de las aguas.

Desenvuélvense las olas
y esparcen diamantes vívidos
entre relámpagos lívidos
y cárdenas aureolas.

Ya son fulgurosas hebras,
ya de zafiros corrientes,
cascadas fosforescentes
y matizadas culebras.

Ya es franja cerúlea o verde;
ya el muelle borda de plata;
ya es orla que se dilata
y finalmente se pierde.

Ya son quebrados espejos,
ya fosfóricas pajuelas,
ya sartas de lentejuelas
que chispean allá lejos.

Amatistas a granel,
de pedrería diluvio,
erupciones de un Vesubio,
bocanadas de Luzbel.

Ya ruedan como abalorios,

ya cruzan como saetas,
ya son crines de cometas...

¡Salve, ardientes infusorios,
microscópicos moluscos
que de Neptuno en las urnas,
arrojáis flamas nocturnas
de vuestros cuerpos coruscos!

¡Salve, resplandores fríos,
simulacros de la gloria
que alumbráis con luz mortuoria
los campos del mar sombríos!

¡Salve, resplandores yertos,
salve lumbreras heladas,
espectros de llamaradas,
luminarias de los muertos!

Vuestras submarinas huellas
sugieren que el cielo mismo
con sus millones de estrellas
se ha despeñado al abismo.

EPITAFIO MUNICIPAL

Aquí yace un buen señor,
que de sed de gloria lleno,
dejaba intacto lo peor,
y deshacía lo bueno
para ponerlo mejor.

LA TROMPETA DEL JUICIO

Ve por los pueblos desiertos,
ve por la ciudad difunta,
ve por doquier y pregunta
quién resucita a los muertos,
y quién los pone de punta
vivarachos y despiertos:
La voz de la conveniencia,
que en el despoblado atroz
donde ha muerto la conciencia
tiene más grandilocuencia
que de Jehová la voz.

LA PASIÓN POLÍTICA

Dizque en la pasión política
gasta un hombre una fortuna,
pues lo que es aquí, se hace una
en esa pasión mefítica.

POETA CONTRA TODO SU GUSTO

El verso suele hallarse, aunque no franco,
hasta en el mero aviso comercial,
vaya éste entre otros que al acaso arranco:
*"Las letras aceptadas por el Banco
se descuentan al seis por ciento anual."*

De *Poesías completas* (t. II, 1976)

MANUEL GONZÁLEZ PRADA

*Nació en Lima en 1848 y murió en la misma ciudad en
1918. Poeta, ensayista, polemista, pensador social y político, su formación intelectual fue ajena a las aulas universitarias. De una ideología predominantemente positivista, derivó al credo anarquista. En sus últimos años, se
acrecentó en él un acre sentimiento —como observa Jorge Basadre— de "asco frente a la vida y a la especie a
que pertenecemos". En una época y en un país en los que
hubo y hay tanto que enmendar, González Prada sentó
plaza de implacable censor contra esto y aquello, mediante una prosa plástica y enfática, de frases lapidarias e
inflexiones oratorias. Como poeta, fue innovador de metros y estrofas, y sabio y original técnico del verso.*

Principales obras: Páginas libres *(1894, 1915 y 1946),*
Minúsculas *(1901, 1909, 1928)* Exóticas *(1911),* Horas de
lucha *(1908, 1924),* Baladas peruanas *(1935),* Nuevas páginas libres *(1937),* Propaganda y ataque *(1939).*

NUESTROS INDIOS
(Fragmento)

III

Bajo la República ¿sufre menos el indio que bajo la dominación española? Si no existen corregimientos ni encomiendas, quedan los trabajos forzosos y el reclutamiento. Lo que le hacemos sufrir basta para descargar
sobre nosotros la execración de las personas humanas.
Le conservamos en la ignorancia y la servidumbre, le
envilecemos en el cuartel, le embrutecemos con el alcohol, le lanzamos a destrozarse en las guerras civiles

y de tiempo en tiempo organizamos cacerías y matanzas como las de Amantani, Ilave y Huanta.

No se escribe pero se observa el axioma de que el indio no tiene derecho sino obligaciones. Tratándose de él, la queja personal se toma por insubordinación, el reclamo colectivo por conato de sublevación. Los realistas españoles mataban al indio cuando pretendía sacudir el yugo de los conquistadores, nosotros los republicanos nacionales le exterminamos cuando protesta de las contribuciones onerosas, o se cansa de soportar en silencio las iniquidades de algún sátrapa.

Nuestra forma de gobierno se reduce a una gran mentira, porque no merece llamarse república democrática un estado en que dos o tres millones de individuos viven fuera de la ley. Si en la costa se divisa un vislumbre de garantías bajo un remedo de república, en el interior se palpa la violación de todo derecho bajo un verdadero régimen feudal. Ahí no rigen Códigos ni imperan tribunales de justicia, porque hacendados y gamonales dirimen toda cuestión arrogándose los papeles de jueces y ejecutores de las sentencias. Las autoridades políticas, lejos de apoyar a débiles y pobres, ayudan casi siempre a ricos y fuertes. Hay regiones donde jueces de paz y gobernadores pertenecen a la servidumbre de la hacienda. ¿Qué gobernador, qué subprefecto ni qué prefecto osaría colocarse frente a frente de un hacendado?

Una hacienda se forma por la acumulación de pequeños lotes arrebatados a sus legítimos dueños, un patrón ejerce sobre sus peones la autoridad de un barón normando. No sólo influye en el nombramiento de gobernadores, alcaldes y jueces de paz, sino hace matrimonios, designa herederos, reparte las herencias, y para que los hijos satisfagan las deudas del padre, les somete a una servidumbre que suele durar toda la vida. Impone castigos tremendos como la *corma*, la flagelación, el cepo de campaña y la muerte; risibles, como el rapado del cabello y las enemas de agua fría. Quien no respeta vidas ni propiedades realizaría un milagro si guardara miramientos a la honra de las mujeres: toda india, soltera o casada, puede servir de blanco a los deseos brutales del señor. Un rapto, una violación y un estupro no significan mucho cuando se piensa que a las indias se las debe poseer de viva fuerza. Y a pesar de todo, el indio no habla con el patrón sin arrodillarse ni besarle la mano. No se diga que por ignorancia o falta de cultura los señores territoriales proceden así: los hijos de algunos hacendados van niños a Europa, se educan en Francia o Inglaterra y vuelven al Perú con todas las apariencias de gentes civilizadas; mas apenas se confinan en sus haciendas, pierden el barniz europeo y proceden con más inhumanidad y violencia que su padre: con el sombrero, el poncho y las roncadoras, reaparece la fiera. En resumen: las haciendas constituyen reinos en el corazón de la República, los hacendados ejercen el papel de autócratas en medio de la democracia.

IV

Para cohonestar la incuria del Gobierno y la inhumanidad de los expoliadores, algunos pesimistas a lo

Le Bon marcan en la frente del indio un estigma infamatorio; le acusan de refractario a la civilización. Cualquiera imaginaría que en todas nuestras poblaciones se levantan espléndidas escuelas, donde bullen eximios profesores muy bien rentados y que las aulas permanecen vacías porque los niños, obedeciendo las órdenes de sus padres, no acuden a recibir educación. Imaginaría también que los indígenas no siguen los moralizadores ejemplos de las clases dirigentes o crucifican sin el menor escrúpulo a todos los predicadores de ideas levantadas y generosas. El indio recibió lo que le dieron: fanatismo y aguardiente.

Veamos ¿qué se entiende por civilización? Sobre la industria y el arte, sobre la erudición y la ciencia, brilla la moral como punto luminoso en el vértice de una gran pirámide. No la moral teológica fundada en una sanción póstuma, sino la moral humana que no busca sanción ni la buscaría lejos de la Tierra. El súmmum de la moralidad, tanto para los individuos como para las sociedades, consiste en haber transformado la lucha de hombres contra hombres en el acuerdo mutuo para la vida. Donde no hay justicia, misericordia ni benevolencia, no hay civilización; donde se proclama ley social la *struggle for life*, reina la barbarie. ¿Qué vale adquirir el saber de un Aristóteles cuando se guarda el corazón de un tigre? ¿Qué importa poseer el don artístico de un Miguel Ángel cuando se lleva el alma de un cerdo? Más que pasar por el mundo derramando la luz del arte o de la ciencia, vale ir destilando la miel de la bondad. Sociedades altamente civilizadas merecerían llamarse aquéllas donde practicar el bien ha pasado de obligación a costumbre, donde el acto bondadoso se ha convertido en arranque instintivo. Los dominadores del Perú ¿han adquirido ese grado de moralización? ¿Tienen derecho de considerar al indio como un ser incapaz de civilizarse?

La organización política y social del antiguo imperio incaico admira hoy a reformadores y revolucionarios europeos. Verdad, Atahualpa no sabía el padrenuestro ni Calcuchima pensaba en el misterio de la Trinidad; pero el culto del Sol era quizá menos absurdo que la Religión católica, y el gran Sacerdote de Pachacamac no vencía tal vez en ferocidad al padre Valverde. Si el súbdito de Huaina-Cápac admitía la civilización, no encontramos motivo para que el indio de la República la rechace, salvo que toda la raza hubiera sufrido una irremediable decadencia fisiológica. Moralmente hablando, el indio de la República se muestra inferior al indígena hallado por los conquistadores; más depresión moral a causa de servidumbre política no equivale a imposibilidad absoluta para civilizarse por constitución orgánica. En todo caso ¿sobre quién gravitaría la culpa?

[.....]

Si la educación suele convertir al bruto impulsivo en un ser razonable y magnánimo, la instrucción le enseña y le ilumina el sendero que debe seguir para no extraviarse en las encrucijadas de la vida. Mas divisar una senda no equivale a seguirla hasta el fin; se necesita firmeza en la voluntad y vigor en los pies. Se requiere también un ánimo de altivez y rebeldía, no de sumisión y respeto como el soldado y el monje. La instrucción puede mantener al hombre en la bajeza y la servidumbre: instruidos fueron los eunucos y gramáticos de Bizancio. Ocupar en la Tierra el puesto que le corresponde en vez de aceptar el que le designan: pedir y tomar su bocado: reclamar su techo y su pedazo de terruño, es el derecho de todo ser racional.

Nada cambia más pronto ni más radicalmente la psicología del hombre que la propiedad: al sacudir la esclavitud del vientre, crece en cien palmos. Con sólo adquirir algo, el individuo asciende algunos peldaños en la escala social, porque las clases se reducen a grupos clasificados por el monto de la riqueza. A la inversa del globo aerostático, sube más el que más pesa. Al que diga: *la escuela* respóndasele: *la escuela y el pan.*

La cuestión del indio, más que pedagógica, es económica, es social. ¿Cómo resolverla? No hace mucho que un alemán concibió la idea de restaurar el Imperio de los Incas: aprendió el quechua, se introdujo en las indiadas del Cuzco, empezó a granjearse partidarios, y tal vez habría intentado una sublevación, si la muerte no le hubiera sorprendido al regreso de un viaje por Europa. Pero ¿cabe hoy semejante restauración? Al intentarla, al querer realizarla, no se obtendría más que el empequeñecido remedo de una grandeza pasada.

La condición del indígena puede mejorar de dos maneras: o el corazón de los opresores se conduele al extremo de reconocer el derecho de los oprimidos, o el ánimo de los oprimidos adquiere la virilidad suficiente para escarmentar a los opresores. Si el indio aprovechara en rifles y cápsulas todo el dinero que desperdicia en alcohol y fiestas, si en un rincón de su choza o en el agujero de una peña escondiera un arma, cambiaría de condición, haría respetar su propiedad y su vida. A la violencia respondería con la violencia, escarmentando al patrón que le arrebata las lanas, al soldado que le recluta en nombre del Gobierno, al montonero que le roba ganado y bestias de carga.

Al indio no se le predique humildad y resignación sino orgullo y rebeldía. ¿Qué ha ganado con trescientos o cuatrocientos años de conformidad y paciencia? Mientras menos autoridad sufra, de mayores daños se liberta. Hay un hecho revelador: reina mayor bienestar en las comarcas más distantes de las grandes haciendas, se disfruta de más orden y tranquilidad en los pueblos menos frecuentados por las autoridades.

En resumen: el indio se redimirá merced a su esfuerzo propio, no por la humanización de sus opresores. Todo blanco es, más o menos, un Pizarro, un Valverde o un Areche.

De *Horas de lucha* (1924)

LA NUBE

Con el primer aliento de la aurora,
abre la nube su cendal de nieve,
las frescas aguas de los mares bebe
y de rosado tinte se colora.

Ora impelida por los vientos, ora
acariciada por el aura leve,
con serpentina ondulación se mueve
y la serena inmensidad devora.

Al divisar en bonancible suelo
olas de mieses y tapiz de flores,
sonríe, goza y encadena el vuelo;

Mas, al mirar asolación y espanto,
odios y guerras, muertes y dolores,
lanza un gemido y se deshace en llanto.

TRIOLET

Los bienes y las glorias de la vida
o nunca vienen o nos llegan tarde.
Lucen de cerca, pasan de corrida,
los bienes y las glorias de la vida.
¡Triste del hombre que en la edad florida
coger las flores del vivir aguarde!
Los bienes y las glorias de la vida
o nunca vienen o nos llegan tarde.

CANCIÓN

Un dolor jamás dormido,
una gloria nunca cierta,
una llaga siempre abierta,
es amar sin ser querido.

Corazón que siempre fuiste
bendecido y adorado,
tú no sabes ¡ay! lo triste
de querer no siendo amado.

A la puerta del olvido,
llama en vano el pecho herido:
muda y sorda está la puerta;
que una llaga siempre abierta
es amar sin ser querido.

PÁNTUM

Alzando el himno triunfal de la vida,
muge el torrente en los fértiles llanos;
yo siento mi alma de júbilo henchida;
viendo en las mieses cuajarse los granos.

Muge el torrente: en los fértiles llanos,
templa la sed ardorosa del trigo;
viendo en las mieses cuajarse los granos,
yo al sembrador de la tierra bendigo.

Templa la sed ardorosa del trigo,
huye, y al mar el torrente se lanza;
yo al sembrador de la tierra bendigo,
yo me estremezco de amor y esperanza.

Huye, y al mar el torrente se lanza;
dando a las mieses un ay de partida;
yo me estremezco de amor y esperanza,
alzando el himno triunfal de la vida.

RONDEL

Aves de paso que en flotante hilera,
recorren el azul del firmamento,
exhalan a los aires un lamento,
y se disipan en veloz carrera,
son el amor, la gloria y el contento.

¿Qué son las mil y mil generaciones
que brillan y descienden al ocaso,
que nacen y sucumben a millones?
        Aves de paso.

Inútil es, oh pechos infelices,
al mundo encadenarse con raíces.
Impulsos misteriosos y pujantes
nos llevan entre sombras, al acaso,
que somos ¡ay! eternos caminantes,
        Aves de paso.

RONDEL

La música del alma ¡cómo suena
en mar y bosque su murmullo vago!
¡Cómo suspende, arroba y enajena!
¡Con qué divino, irresistible halago
aduerme los clamores de la pena!

Desierto de aridez, región inerte,
sin río ni ave, sin aduar ni palma,
resuena en el silencio de tu muerte
la música del alma.

Dejadme, si a deshoras, sin testigo,
el mudo vuelo de los astros sigo;
que en la nocturna sombra y en la calma,
entre el dormido resbalar del viento,
yo escucho descender del firmamento
la música del alma.

TRIOLET

Desde el instante de nacer, soñamos;
y sólo despertamos, si morimos.
Entre visiones y fantasmas vamos:
Desde el instante del nacer, soñamos.
El bien seguro, por el mal dejamos;
y hambrientos de vivir, jamás vivimos:
desde el instante del nacer, soñamos;
y sólo despertamos, si morimos.

De *Minúsculas* (1901)

170

GACELA

Viento en la verde soledad nacido
¿Por qué la sombra dejas de tu nido?
¿Huyes en pos de blancas mariposas?
¿Sigues la huella de un amor perdido
o buscas por los montes y los mares
el silencioso reino del olvido?
Ven que desmaya de placer la rosa
al soplo de tu aliento enardecido.
Mas no: revuela tras mi fiel amada,
dile dulces lisonjas al oído
y exhala en derredor de su hermosura
todo el aroma del jardín florido.

De *Exóticas* (1911)

ABELARDO GAMARRA

Nació en Huamachuco en 1857 y murió en 1924. Escritor satírico y costumbrista. Se dedicó al periodismo al que contribuyó con numerosos artículos firmados con el seudónimo de "El Tunante". En 1884 funda La Integridad, *diario donde colaboró cerca de dos décadas. Gamarra entreteje agudas acotaciones críticas en las animadas páginas en que caricaturiza los mil vicios y miserias de tipos y costumbres —más allá de los limeños— de la vida provinciana, del país entero. Son especialmente sabrosas las páginas dedicadas a zaherir los hábitos y manejos de la política pueblerina. Su lenguaje está salpimentado de pintorescos provincialismos y su prosa, aunque no se erija en modelo artístico, se mantiene clara y expresiva.*

Algunas de sus obras: Rasgos de pluma *(1899),* Cien años de vida perdularia *(1921),* Algo del Perú y mucho de Pelagatos *(1905),* Artículos de costumbres *(1910).*

LAS LEYES EN PELAGATOS

El pueblo que tiene más leyes para todo es Pelagatos; y el pueblo que no tiene ley para nada es también Pelagatos.

En Pelagatos sólo se vive haciendo leyes; y en Pelagatos no se pasa sino infringiéndolas.

Los Congresos se reúnen cada quince días, con el objeto de largar quince salchichones de leyes por día: los Gobiernos se suceden cada veinticuatro horas, con el objeto de dar, veinticuatro decretos por minuto.

Hay tantas leyes que cada hombre es un leguleyo.

Las leyes de Pelagatos son muy bonitas cuando se proyectan y cacarean; pero apenas se expiden, comienzan a ser muy divertidas.

Las leyes de Pelagatos se asemejan mucho a los teatros, por sus infinitas puertas de escape.

Cada ley tiene por lo menos doscientas o quinientas salidas; de tal manera que con el mismo artículo del mismo artículo se le puede llevar a Ud. a la gloria o conducir a los infiernos.

En Pelagatos todo el mundo tiene su código y en cada casa hay lo menos cuatro abogados; y con código y todo, y con toda la carga de abogados que tenga usted, el día en que se le antoje al celador de una esquina lo coge, lo enfardela y lo despacha para cualquiera de los cuatro puntos cardinales de la otra vida.

En todas partes llevan diferentes títulos los encargados de hacer cumplir las leyes, en Pelagatos los encargados de las leyes se llaman prestidigitadores.

Ustedes habrán visto colocar agua en una botella y convertirla en vino, romper un pañuelo, atacarlo en una pistola, hacer fuego y salir el pañuelo ileso; pues bien, en Pelagatos se agarra la Constitución íntegra, se le mete en una jeringa y se le saca ilesa, después de haberla hecho pedazos, a los ojos de todo el mundo.

El Decálogo, o las leyes divinas, fueron promulgadas en el Monte Sinaí, en medio de truenos y relámpagos: las leyes de Pelagatos se promulgan en medio de sonrisas, risas y carcajadas.

Los mandamientos se encierran en dos: en servir y amar a Dios y al prójimo como a sí mismo.

Los de Pelagatos se encierran en uno: en servir y amar al Gobierno, suprimiendo al prójimo y a sí mismo.

Las leyes de las demás partes del mundo merecen el calificativo de severas, sabias, etc. En Pelagatos se califican de este modo: curiosas, divertidas, originales, amoladas, tontas e inútiles.

¿Quiere usted vivir de un modo raro, de un modo estrambótico, así como en el aire y con una soga al pescuezo, oyendo que le dicen: "estamos en la gloria, ahora es hora; como esto sí que no se ha visto desde la creación del mundo"? vaya usted a Pelagatos, donde estará usted mirando a más de un prójimo con la lengua afuera, los ojos inyectados de sangre, saltados de sus órbitas, el semblante pálido amoratado, pataleando y con los últimos estertores de la agonía y le dirán a usted: aprensiones, todo lo que usted ve no son sino las naturales conmociones de la aplicación de la ley para mejor salud de ese individuo.

Las leyes en Pelagatos se hacen para la exportación. Pelagatos, como usted sabe, vive como Cantón encerrado en su gran muralla, dentro de la cual fríen al prójimo a su gusto, lo desuellan como a San Bartolomé, lo pistan, pero sobre la muralla, de trecho en trecho, están los grandes prestidigitadores de pluma, gritando a voz en cuello: éste es el país de la aplicación de las leyes.

Fenómeno raro, sin embargo: nadie quiere venir a este país.

Parece que se hallan tan acostumbrados en los otros a vivir fuera de toda ley, que apenas saben que en Pelagatos se camina como un cronómetro, huyen las gentes aterradas.

Hacen bien: Pelagatos se hizo para los bienaventurados, para los que están en olor de santidad, para aquellos que se llaman almas de cántaro: aquí deben venir los que padecen persecuciones por la justicia, porque aquí no se persigue a nadie; en seguida los misericordiosos, porque se reelegirán hasta viejos en las Beneficencias; los que lloran, por aquello de que el que no llora no mama y aquí se mama más que en la lechería Suiza; los que han hambre y sed de justicia, porque los hartarán a palos; los mansos porque para ellos es con particularidad esta tierra; los pobres de espíritu, porque de ellos es el reino de Pelagatos: todos los que le deben al santo o a los que les falta un tornillo, los venteados, los opas.

¡Las leyes! En Pelagatos son un verdadero costeo;

174

todas han sido elaboradas exclusivamente para los cándidos: es por eso que a Pelagatos se le aguarda una inmigración especial; la inmigración de los más... benditos.

Medida sabia, desde luego, porque no hay país que no trate de mejorar lo que posee: perfeccionar la cría en Pelagatos es una medida previsora: de los de calilla se trata de llegar a los de cirio pascual.

Figúrense ustedes lo que será un país de... inocentes, un país patriarcal.

El estado de inocencia es el estado más perfecto.

Devolver al hombre su primitiva inocencia, es devolverle su original belleza.

Un país de... inocentes tiene que ser un país perfecto.

Pues a eso se encaminan todas las leyes y todos los esfuerzos de los hombres públicos de Pelagatos.

De *Algo del Perú y mucho de Pelagatos* (1905)

CARLOS GUZMÁN AMÉZAGA

Nació en Lima en 1862, donde murió en 1906. Escribió teatro, y poesía en la que hay muestras de galana expresión tal como el madrigal que aquí se incluye.

Sus Poesías completas se publicaron en 1948.

La flor del tropical algodonero
    no es más blanca que tú,
ni ante el cristal movible de tus ojos,
    el cielo es más azul.
El cielo... ¡todos hablan de este cielo!,
    inspiración común,
nada dice en favor de una belleza
.   cual la que tienes tú.
Al cielo un claro sol presta sus rayos;
    ya es negro, ya es azul...
En tus ojos no hay noche, ellos son astros,
y al cielo de tu rostro le dan luz.

De *Poesías completas* (1948)

ENRIQUE LÓPEZ ALBÚJAR

*Nació en Chiclayo en 1872 y murió en Lima en 1966.
Narrador, periodista y autor de poemas de inspiración regional y cívica. En Piura fundó un semanario; ejerció
la judicatura en varias ciudades de provincias. Sus cuentos se resienten de las distorsiones que su condición de
juez le impuso. Tuvo que tratar con el indio caído en la
abyección y el delito, y de allí procede la imagen lamen-
table de sus personajes, no exentos, pese a ello, de torva
grandeza. López Albújar, en cambio, se abstiene de tomar partido en pro o en contra de éstos o de moralizar
a propósito de sus hechos. Los epítetos de fuerte, recio,*

vigoroso —que suelen aplicársele ritualmente— no provienen de la bondad de su estilo cuyo acabado es imperfecto.

Entre sus obras: Cuentos andinos *(1920),* De mi casona *(1924),* Matalaché *(1928),* Nuevos cuentos andinos *(1938).*

EL CAMPEÓN DE LA MUERTE
(Fragmento)

La mujer de Tucto, lo primero que hizo, después de saludar humildemente al terrible *illapaco*, fue sacar un puñado de coca y ofrecérselo con estas palabras:

—Para que endulces tu coca, taita.

—Gracias, abuela; siéntate.

Juan Jorge aceptó la coca y se puso a *chacchar* lentamente, con la mirada divagante, como embargado por un pensamiento misterioso y solemne. Pasado un largo rato, preguntó:

—¿Qué te trae por aquí, Martina?

—Vengo para que me desaparezcas a un hombre malo.

—¡Hum! Tu coca no está muy dulce...

—Tomarás más, taita. Yo la encuentro muy dulce. Y también más, traigo *ishcay-realgota.*

Y sacando la botella de agua florida llena de *chacta* se la pasó al *illapaco.*

—Bueno, beberemos.

Y ambos bebieron un buen trago, paladeándole con una fruición más fingida que real.

—¿Quién es el hombre malo y qué ha hecho?, porque tú sabrás que yo no me alquilo sino para matar

177

criminales. Mi máuser es como la vara de la justicia.

—Hilario Crispín, de Patay-Rondos, taita, que ha matado a mi Fausta.

—Lo conozco bien; buen cholo. Lástima que haya matado a tu hija, porque es un indio valiente y no lo hace mal con la carabina. Su padre tiene terrenos y ganados. ¿Y estás segura de que Crispín es el asesino de tu hija?

—Como de que ayer la enterramos. Es un perro rabioso, es un mostrenco.

—Y ¿cuánto vas a pagar porque lo mate?

—Hasta dos toros me manda a ofrecerle Liberato.

—No me conviene. Ese cholo vale cuatro toros; ni uno menos.

—Se te darán, taita. También me encarga Liberato decirte que han de ser diez tiros los que le pongas al mostrenco, y que el último sea el que le despene.

Juan Jorge se levantó bruscamente y exclamó:

—¡Tatau! pides mucho. Pides una cosa que nunca he hecho, ni se ha acostumbrado jamás por aquí.

—Se te pagará, taita. Tiras bien y te será fácil.

Juan Jorge volvió a sentarse, se echó un poco de coca a la boca y después de meditar un gran rato en quién sabe qué cosas, que le hicieron sonreír, dijo:

—Bueno; diez, quince y veinte si quieres. Pero te advierto que cada tiro va a costarle a Liberato un carnero de *yapa*. Los tiros de máuser están hoy muy escasos y no hay que desperdiciarlos en caprichos. Que pague su capricho Tucto. Además, haciéndole tantos tiros a un hombre, corro el peligro de desacreditarme, de que se rían de mí hasta los escopeteros.

178

—Se te darán las yapas, taita. De lo demás no tengas cuidado. Yo haré saber que lo has hecho así por encargo.

Juan Jorge se frotó las manos, sonrió, diole una palmadita a Martina y resolvióse a sellar el pacto con estas palabras:

—De aquí a mañana haré averiguar con mis agentes si es verdad que Hilario Crispín es el asesino de tu hija, y si así fuera, mandaré por el ganado como señal de que acepto el compromiso.

V

Cuatro días después comenzó la persecución de Hilario Crispín. Jorge y Tucto se metieron en una aventura preñada de dificultades y peligros, en que había que marchar lentamente, con precauciones infinitas, ascendiendo por despeñaderos horripilantes, cruzando sendas inverosímiles, permaneciendo ocultos entre las rocas, horas enteras, descansando en cuevas húmedas y sombrías, evitando encuentros sospechosos, esperando la noche para proveerse de agua en los manantiales y quebradas. Una verdadera cacería épica, en la que el uno dormía mientras el otro avizoraba, lista la carabina para disparar. Peor que si se tratara de cazar a un tigre.

Y el *illapaco*, que a previsor no lo ganaba ya ni su maestro Ceferino, había preparado el máuser, la víspera de la partida, con un esmero y una habilidad irreprochables. Porque Juan Jorge, fuera de saber el peligro que corría si llegaba a descuidarse y ponerse a tiro del Indio Crispín, feroz y astuto, estaba obsedido por una preocupación, que sólo por orgullo se había atrevido a arrostrarla: tenía una superstición suya, enteramente suya, según la cual un *illapaco* corre gran riesgo cuando va a matar a un hombre que completa cifra impar en la lista de sus víctimas. Lo que no pasa con los de la cifra par. Tal vez por eso siempre la primera víctima hace temblar el pulso más que las otras, como decía el maestro Ceferino. Y Crispín, según su cuenta, iba a ser el número sesentinueve. Esta superstición la debía a que en tres o cuatro ocasiones había estado a punto de perecer a manos de sus victimados, precisamente al añadir una cifra impar a la cuenta.

Por esta razón sólo se aventuraba en los desfiladeros después de otear largamente todos los accidentes del terreno, todas las peñas y recovecos, todo aquello que pudiera servir para una emboscada.

Así pasaron tres días. En la mañana del cuarto, Juan Jorge, que ya se iba impacientando y cuya inquietud aumentaba a medida que transcurría el tiempo, dijo, mientras descansaba a la sombra de un peñasco:

—Creo que el cholo ha tirado largo, o estará metido en alguna cueva, de donde sólo saldrá de noche.

—El mostrenco está por aquí, taita. En esta quebrada se refugian los asesinos y ladrones que persigue la fuerza. Cunce Maille estuvo aquí un año y se burló de todos los gendarmes que lo persiguieron.

—Peor entonces. No vamos a encontrar a Crispín ni en un mes.

—No será así, taita. Los que persiguen no saben

buscar; pasan y pasan y el perseguido está viéndoles. Hay que tener mucha paciencia. Aquí estamos en buen sitio y te juro que no pasará el día sin que aparezca el mostrenco por la quebrada, o salga de alguna cueva de las que ves al frente. El hambre o la sed le harán salir. Esperemos quietos.

Y tuvo razón Tucto al decir que Crispín no andaba lejos, pues a poco de callarse, del fondo de la quebrada surgió un hombre con la carabina en la diestra, mirando a todas partes recelosamente y tirando de un carnero, que se obstinaba en no querer andar.

—Lo ves, taita —dijo levemente el viejo Tucto, que durante toda la mañana no había apartado los ojos de la quebrada—, es Crispín. Cuando yo te decía... Apúntale, apúntale; asegúralo bien.

Al ver Juan Jorge a su presa se le enrojecieron los ojos, se le inflaron las narices, como al llama cuando husmea cara al viento, y lanzó un hondo suspiro de satisfacción. Revisó en seguida el máuser y después de apreciar rápidamente la distancia, contestó:

—Ya lo vi; se conoce que tiene hambre, de otra manera no se habría aventurado a salir de día de su cueva. Pero no voy a dispararle desde aquí; apenas habrá unos ciento cincuenta metros y tendría que variar todos mis cálculos. Retrocedamos.

—¡Taita, que se te va a escapar!

—¡No seas bruto! Si nos viera, más tardaría él en echar a correr que yo en meterle una bala. Ya tengo el corazón tranquilo y el pulso firme.

Y ambos, arrastrándose felinamente y con increíble

rapidez, fueron a parapetarse tras una blanca peño-
lería que semejaba una reventazón de olas.

—Aquí estamos bien —murmuró Juan Jorge—. Doscientos metros justos; lo podría jurar.

Y, después de quitar el seguro y levantar el librillo,
se tendió con toda la corrección de un tirador de ejército, que se prepara a disputar un campeonato, al mismo tiempo que musitaba:

—¡Atención, viejito! Ésta en la mano derecha para
que no vuelva a disparar más. ¿Te parece bien?

—Sí, taita, pero no olvides que son diez tiros los que
tienes que ponerle. No vayas a matarlo todavía.

Sonó un disparo y la carabina voló por el aire y el
indio Crispín dio un rugido y un salto tigresco, sacudiendo furiosamente la diestra. En seguida miró
a todas partes, como queriendo descubrir de dónde
había partido el disparo, recogió con la otra mano el
arma y echó a correr en dirección a unas peñas; pero
no habría avanzado diez pasos cuando un segundo
tiro lo hizo caer y rodar al punto de partida.

—Ésta ha sido en la pierna derecha —dijo sonriente el feroz *illapaco*— para que no pueda escapar, veo
que completaré con felicidad mi sesentinueve. Y volvió a encararse el arma y un tercer disparo fue a rom-
perle al infeliz la otra pierna. El indio trató de incorporarse, pero solamente logró ponerse de rodillas. En
esta actitud levantó las manos al cielo, como deman-
dando piedad, y después cayó de espaldas, convulsivo,
estertorante, hasta quedarse inmóvil.

—¡Lo has muerto, taita!

—No, hombre. Yo sé dónde apunto. Está más vivo

182

que nosotros. Se hace el muerto por ver si lo dejamos allí, o cometemos la tontería de ir a verlo, para aprovecharse él del momento y meternos una puñalada. Así me engañó una vez José Illatopa y casi me vacía el vientre. Esperemos que se mueva.

Y Juan Jorge encendió un cigarro y se puso a fumar, observando con interés las espirales de humo.

—¿Te fijas, viejo? El humo sube derecho; buena suerte.

—Va a verte Crispín, taita; no fumes.

—No importa. Ya está al habla con mi máuser.

El herido, que al parecer había simulado la muerte, juzgando tal vez que había transcurrido ya el tiempo suficiente para que el asesino lo hubiera abandonado, o quizás por no poder ya soportar los dolores que, seguramente, estaba padeciendo, se volteó y comenzó a arrastrarse en dirección a una cueva que distaría unos cincuenta pasos.

Juan volvió a sonreír y volvió a apuntar, diciendo:

—A la mano izquierda...

Y así fue: la mano izquierda quedó destrozada. El indio, descubierto en su juego, aterrorizado por la certeza y ferocidad con que le iban hiriendo, convencido de que su victimador no podía ser otro que el *illapaco* de Pampamarca, ante cuyo máuser no había salvación posible, lo arriesgó todo y comenzó a pedir socorro a grandes voces y a maldecir a su asesino.

Pero Juan Jorge, que había estado siguiendo con el fusil encarado todos los movimientos del indio, aprovechando del momento en que éste quedara de perfil, disparó el quinto tiro, no sin haber dicho antes:

—Para que calles...

El indio calló inmediatamente, como por ensalmo, llevándose a la boca las manos semimutiladas y sangrientas. El tiro le había destrozado la mandíbula inferior. Y así fue hiriéndole el terrible *illapaco* en otras partes del cuerpo, hasta que la décima bala, penetrándole por el oído, le destrozó el cráneo.

Había tardado una hora en este satánico ejercicio; una hora de horror, de ferocidad siniestra, de refinamiento inquisitorial, que el viejo Tucto saboreó con fruición y que fue para Juan Jorge la hazaña más grande de su vida de campeón de la muerte.

En seguida, descendieron ambos hasta donde yacía destrozado por diez balas, como un andrajo humano, el infeliz Crispín. Tucto lo volvió boca arriba de un puntapié, desenvainó su cuchillo y diestramente le sacó los ojos.

—Éstos —dijo, guardando los ojos en el *huallqui*— para que no me persigan; y ésta —dándole una feroz tarascada a la lengua— para que no avise.

—Y para mí el corazón —añadió Juan Jorge—. Sácalo bien. Quiero comérmelo porque es de un cholo muy valiente.

Illapaco, tirador; *chacchar*, mascar coca; *chacta*, aguardiente de caña.

De *Cuentos andinos* (1920)

JOSÉ MARÍA EGUREN

*Nació en Lima en 1874 y murió en esta misma ciudad
en 1942. Gran parte de los elementos de su poesía surgen de las motivaciones primarias de la naturaleza y de
la infancia que supo trasmutar en imágenes emblemáticas, en representaciones analógicas de sucesos y estados
de alma, en símbolos sutiles. Su arte no es sólo refinado
sino notablemente original. En un solo pareado ("Con
figuras encendida / la pantalla de la vida"), Eguren expre-
sa la esencia de su poética: visiones de quien contempla
y sueña el rostro invisible de la existencia.*

*Grande e impar simbolista, Eguren es autor de textos
en prosa* (Motivos) *de una delicada textura musical en
la que meditación y sentimiento obedecen a un mismo
impulso lírico.*

Son sus libros: Simbólicas *(1911),* La canción de las figuras *(1916) y* Poesías *(1929) que incluyó parcialmente,
al lado de los anteriores, los hasta entonces inéditos* Sombra *y* Rondinelas, *además de* Obras completas *(1974).*

LIED I

Era el alba,
cuando las gotas de sangre en el olmo
exhalaban tristísima luz.

Los amores
de la chinesca tarde fenecieron
nublados en la música azul.

Vagas rosas

ocultan en ensueño blanquecino
señales de muriente dolor.

Y tus ojos
el fantasma de la noche olvidaron,
abiertos a la joven canción.

Es el alba;
hay una sangre bermeja en el olmo
y un rencor doliente en el jardín.

Gime el bosque,
y en la bruma hay rostros desconocidos
que contemplan el árbol morir.

LAS SEÑAS

Del parterre en la roja banca
brilló con las dos Señas,
que de la tumba asiria, blanca
son vesperales dueñas.

Allí, sentada junto al quino,
se mira azul y muerta;
y el candor mago, bizantino
boga en la luz desierta.

De fronda triste me han llamado
¡dulce horror! las dos Señas;
y hay un peligro desolado
en las flores risueñas.

Abre antiguo betel su broche
que verde luz destella...
¡Ah, purpúrea, festiva noche,
te pasaré con ella!

LOS REYES ROJOS

Desde la aurora
combaten dos reyes rojos,
con lanza de oro.

Por verde bosque
y en los purpurinos cerros
vibra su seño.

Falcones reyes
batallan en lejanías
de oro azulinas.

Por la luz cadmio,
airadas se ven pequeñas
sus formas negras.

Viene la noche
y firmes combaten foscos
los reyes rojos.

SYHNA LA BLANCA

De sangre celeste
Syhna la blanca,

sueña triste
en la torre de ámbar.

Y sotas de copas
verdelistadas
un obscuro
vino le preparan.

Sueños azulean
la bruna laca;
mudos rojos
cierran la ventana.

El silencio cunde,
las elfas vagan;
y huye luego
la mansión cerrada.

LOS ROBLES

En la curva del camino
dos robles lloraban como dos niños.

Y había paz en los campos,
y en la mágica luz del cielo santo.

Yo recuerdo la rondalla
de la onda florida de la mañana.

En la noria de la vega,
las risas y las dulces pastorelas.

Por los lejanos olivos,
amoroso canto de caramillos.

Con la calma campesina,
como de incienso el humo subía.

Y en la curva del camino
los robles lloraban como dos niños.

EL DOMINÓ

Alumbraron en la mesa los candiles,
moviéronse solos los aguamaniles,
y un dominó vacío, pero animado,
mientras ríe por la calle la verbena,
se sienta, iluminado,
y principia la cena.

Su claro antifaz de un amarillo frío
da los espantos en derredor sombrío
esta noche de insondables maravillas,
y tiende vagas, lucífugas señales
a los vasos, las sillas
de ausentes comensales.

Y luego en horror que nacarado flota,
por la alta noche de voluptad ignota,
en la luz olvida manjares dorados,
ronronea una oración culpable, llena
de acentos desolados,
y abandona la cena.

LIED III

En la costa brava
suena la campana,
llamando a los antiguos
bajeles sumergidos.

Y con tamiz celeste
y al luminar de hielo,
pasan tristemente
los bajeles muertos.

Carcomidos, flavos,
se acercan vagando...
y por las luces dejan
obscuras estelas,

Con su lenguaje incierto,
parece que sollozan,
a la voz de invierno,
preterida historia.

En la costa brava
suena la campana,
y se vuelven las naves
al panteón de los mares.

De *Simbólicas* (1911)

En la orilla contemplo
suaves, ligeras,
con sus penachos finos,
las cañaveras.

Las totoras caídas,
de ocre pintadas,
el verde musgo adornan,
iluminadas.

Campanillas presentan
su dulce poma
que licores destila,
de fino aroma.

En parejas discurren
verdes alciones,
que descienden y buscan
los camarones.

Allí, gratos se aduermen
los guarangales,
y por la sombra juegan
los recentales.

Ora ves largas alas,
cabezas brunas,
de las garzas que vienen
de las lagunas.

Y las almas campestres,
con grande anhelo,
en la espuma rosada
miran su cielo.

Mientras oyen que cunden
tras los cañares,
la canción fugitiva
de esos lugares.

De *La canción de las figuras* (1916)

LA MUERTE DE MARFIL

Contemplé en la mañana,
la tumba de una niña;
en el sauce lloroso gemía tramontana,
desolando la amena, brilladora campiña.
Desde el túmulo frío, de verdes oquedades,
volaba el pensamiento
hacia la núbil áurea, bella de otras edades,
ceñida de contento.
Al ver obscuras flores,
libélulas moradas, junto a la losa abierta,
pensé en el jardín claro, en el jardín de amores,
de la beldad despierta.
Como sombría nube, al ver la tumba rara,
de un fluvión mortecino en la arena y el hielo,
pensé en la rubia aurora de juventud que amara
la niña, flor de cielo.

Por el lloroso sauce, lilial música de ella,
modula el aura sola en el panteón de olvido.
Murió canora y bella;
y están sus restos blancos como el marfil pulido.

De *Sombra* (1924)

LA NOCHE DE LAS ALEGORÍAS

Es la noche, celosías,
fondo obscuro, alegorías.

Caperuzas y oropeles,
mariposas moscateles.

La falena y el fantoche
de la caja de la noche.

Se ha sentido la avionera,
de las sombras pasajera.

Se percibe de hora en hora
la mantide rezadora.

Se ven sombras capuchinas
en el hall de las neblinas.

Al panteón de la ladera
vuelve el ánima enfermera.

No es violeta de los faros
es la noche de ojos claros.

Con figuras encendida
la pantalla de la vida.

De Rondinelas (1929)

JOSÉ SANTOS CHOCANO

*Nació en Lima en 1875 y murió asesinado en Santiago
de Chile en 1934. El modernismo peruano tuvo en él
su máxima figura. La grandilocuencia, el énfasis retórico
hincharon su verbo. En sus poemas de aliento épico exal-
tó a América en su historia y naturaleza, y en su producción lírica alienta una fresca y colorida sensualidad no
exenta de delicadeza.*

Algunas de sus obras: En la aldea (1895), Los cantos
del Pacífico (1904), Alma América (1906), Oro de Indias (1939-1941), Obras completas (1954).

BLASÓN

Soy el cantor de América autóctono y salvaje:
mi lira tiene un alma, mi canto un ideal.
Mi verso no se mece colgado de un ramaje
con un vaivén pausado de hamaca tropical...

Cuando me siento Inca, le rindo vasallaje

194

al Sol, que me da el cetro de su poder real;
cuando me siento hispano y evoco el Coloniaje,
parecen mis estrofas trompetas de cristal.

Mi fantasía viene de un abolengo moro:
los Andes son de plata, pero el León de oro;
y las dos castas fundo con épico fragor.

La sangre es española e incaico es el latido;
¡y de no ser Poeta, quizás yo hubiese sido
un blanco Aventurero o un indio Emperador!

De *Alma América* (1906)

EL POEMA DE LAS FRUTAS

Simbólico festín. Amplia y espesa
enramada de vides forma el techo;
y de la yerba húmeda en el lecho,
tendida se halla la silvestre mesa.

Sobre los hombros de un gran Atlas pesa
un recipiente, para tanto estrecho,
en donde saltan del montón deshecho
la piña enorme y la menuda fresa...

Corona la alta torre una partida
manzana de oro, que a gustar provoca
frescas corrientes de ignorada vida;

y empinándose así la torre ufana,
se hace una torre de Babel que toca
el cielo del amor con la manzana.

De *En la aldea* (1895)

DE VIAJE

Ave de paso,
fugaz viajera desconocida:
fue sólo un sueño, sólo un capricho, sólo un acaso;
duró un instante, de los que llenan toda una vida.

No era la gloria del paganismo,
no era el encanto de la hermosura plástica y recia.
Era algo suave, nube de incienso, luz de idealismo.
¡No era la Grecia:
era la Roma del Cristianismo!

Ida es la gloria de sus encantos,
pasado el sueño de su sonrisa.
Yo, lentamente, sigo la ruta de mis quebrantos;
ella ha fugado como un perfume sobre la brisa.

Quizás ya nunca nos encontremos;
quizás ya nunca veré a mi errante desconocida;
quizás la misma barca de amores empujaremos,
ella de un lado, yo de otro lado, como dos remos,
¡toda la vida bogando juntos y separados toda la vida...!

De *La selva virgen* (1896)

Entre las manos de mi madre anciana
la cabellera de su nieto brilla:
es puñado de trigo, áurea gavilla,
oro de sol robado a la mañana...

Luce mi madre en tanto —espuma vana
que la ola del tiempo echó a la orilla—
a modo de una hostia sin mancilla,
su relumbrante cabellera cana.

Grupo de plata y oro, que en derroches
colmas mi corazón de regocijo:
no importa nada que el rencor me ladre;

porque para mis días y mis noches,
tengo el Sol en los bucles de mi hijo
y la Luna en las canas de mi madre.

De *El fin de Satán y otros poemas* (1901)

NOCTURNO Núm. 18

Era un camino negro.
La noche estaba loca de relámpagos. Yo iba
en mi potro salvaje
por la montaña andina.
Los chasquidos alegres de los cascos,
como masticaciones de monstruosas mandíbulas,

destrozaban los vidrios invisibles
de las charcas dormidas.
Tres millones de insectos
formaban una como rabiosa inarmonía.

Súbito, allá, a lo lejos,
por entre aquella mole doliente y pensativa
de la selva,
vi un puñado de luces como tropel de avispas.
¡La posada! El nervioso
látigo persignó la carne viva
de mi caballo, que rasgó los aires
con un largo relincho de alegría.

Y como si la selva
lo comprendiese todo, se quedó muda y fría.

Y hasta mí llegó, entonces,
una voz clara y fina
de mujer que cantaba. Cantaba. Era su canto
una lenta... muy lenta... melodía:
algo como un suspiro que se alarga
y se alarga y se alarga... y no termina.

Entre el hondo silencio de la noche
y a través del reposo de la montaña, oía
los acordes
de aquel canto sencillo de una música íntima,
como si fueran voces que llegaran
desde la otra vida...

Sofrené mi caballo;
y me puse a escuchar lo que decía:
—Todos llegan de noche,
todos se van de día...

y, formándole dúo,
otra voz femenina
completó así la endecha
con ternura infinita:

—El amor es tan sólo una posada
en mitad del camino de la Vida...
y, después las dos voces
a la vez repitieron con amargura rítmica:
—Todos llegan de noche,
todos se van de día...

Entonces, yo bajé de mi caballo
y me acosté en la orilla
de una charca.
Y fijo en ese canto que venía
a través del misterio de la selva,
fui cerrando los ojos al sueño y la fatiga.
Y me dormí arrullado; y, desde entonces,
cuando cruzo las selvas por rutas no sabidas,
jamás busco reposo en las posadas
y duermo al aire libre mi sueño y mi fatiga,
porque recuerdo siempre
aquel canto sencillo de una música íntima:
—Todos llegan de noche,
todos se van de día.

El amor es tan sólo una posada
en mitad del camino de la Vida...

De *Alma América* (1906)

FRANCISCO GARCÍA CALDERÓN

*Nació en Valparaíso en 1883 y murió en Lima en 1953.
Escritor, sociólogo y diplomático. La mayor parte de su
vida transcurrió en París donde gozó, al igual que su hermano Ventura, de grande y merecida fama. Su cultura
europea, sindéresis y capacidad reflexiva y analítica dieron
—como frutos primeros y ya maduros— libros medula-
res, de excelente prosa, en los que indagó, con amor y
hondura, sobre la realidad y el destino del Perú y América Latina. Así su* Le Pérou contemporain *(1907), según
la autorizada opinión de Jorge Basadre, es antecedente de
estudios tales como* La realidad nacional *de Víctor Andrés
Belaúnde y germen de los* Siete ensayos de interpretación
de la realidad peruana *de José Carlos Mariátegui. A estos libros le siguieron, ya con perspectiva americanista, los
de más amplia fama:* Les Démocraties latines de l'Amérique
(1912) y La creación de un continente *(1913).*

Otros libros suyos: El Panamericanismo, su pasado y su
porvenir *(1916),* Ideologías *(1917),* Ideas e impresiones
(1919), El Wilsonismo *(1920),* Europa inquieta *(1926).*

INTRODUCCIÓN

Ni líricas frases, ni gallardos sistemas, ni acentos de
fervor tribunicio nos conmueven tan religiosamente

como la emoción de la raza. Cuando sentimos que un grave pasado, que nimban doradas leyendas, sostiene nuestra limitada individualidad, adquieren nuestros actos una significación trascendental. Colaboradores en el tiempo de una obra centenaria, agregamos afanosamente la obra propia a la herencia común. Por nosotros pasa una larga trepidación que viene de la tierra profunda. Repetimos la antigua leyenda, y del contacto del suelo nutricio donde duermen épicos abuelos, derivamos fuerzas de restauración o motivos de esperanza.

Estudiando la suntuosa historia del Perú en un libro devoto, hallé que el territorio materno era sólo un fragmento de un mundo uniforme. En el subsuelo se juntaban las raíces imperiosas de árboles fraternales. Desde el siglo heroico de la conquista española una tenaz solidaridad agrupa a estas naciones semejantes: primero, la continuidad del régimen político; después la común inquietud y la batalla unánime por la libertad. En la perspectiva del continente, sólo difieren los pueblos afines por una originalidad provincial. Cuando un magno director de hombres domina el vasto escenario, reconstituyen las partes su antigua unidad, y del seno de la aparente discordia surge una vasta sinfonía. El patriotismo se une al americanismo en el nuevo mundo español. Si los antagonismos parciales oscurecen el pensamiento de las necesidades colectivas, disminuye la energía moral de la raza. En la inmensa caja sonora, notas hostiles disuelven el himno emersoniano de la Concordia

The foe long since in silence slept
Alike the conqueror silent sleeps;
And Time the ruined bridge has swept
Down the dark stream which seaward creeps.

En la variedad de naciones desconcertadas, descubrimos una antigua armonía. Existe un continente, confederación sin pactos escritos, liga moral sin rudas sanciones, fatal congregación impuesta por el territorio y la raza. Trabajan contra la unión los hombres impotentes, consagran al odio piedras evocadoras; pero una presión formidable que llega de las tumbas subterráneas empuja a la raza anarquizada hacia la final agrupación. En el doliente crepúsculo de los Libertadores sólo la futura unidad consolaba sus ojos moribundos. Los grandes muertos tutelares reviven en nosotros y nos imponen, sobre provisionales disgregaciones, la visión del continente unificado.

Profesores de utopía, ambicionan para el antiguo mundo dividido esa imponente congregación de pueblos. Empero, Europa es solamente una expresión geográfica sin proyecciones morales. La historia es allí conflicto de hegemonías, tumulto de invasiones, hostilidad de credos, babélica diversidad de lenguas, complicación infinita de castas. Hallamos en Francia claro lenguaje, razón sutil, democracia niveladora, religión imperial, sonriente escepticismo; en Alemania, individualismo religioso que florece en activas sectas, feudalismo autoritario, lengua compleja y difusa, inquieto misticismo. La historia ha creado entre dos pueblos vecinos un antagonismo esencial. El mar circundante da a Inglaterra una hostilidad insular. Sólo la voluntad previsora de los políticos ha podido maridar el Austria teocrática y la Italia liberal.

Imitando el divorcio europeo, renuncian los americanos a la originalidad de su territorio y de su historia. En el Plata hallan la gravedad del problema balkánico; en el Pacífico, el conflicto ineludible de latinos y germanos. Si los Libertadores se comparaban perpetuamente con Napoleón y Washington y aspiraban a reproducir exóticas hazañas; si nuestros románticos se desesperaban a la manera byroniana; pretenden exasperar sus querellas los americanos, reflejando extranjeras divisiones o creando oposiciones artificiales. Los chilenos se consideran teutones por la voluntad. Pero ¿qué significa el germanismo sin Faustos desencantados, sin herencia mística, sin filosofías vastas y complicadas como catedrales góticas, sin propia ciencia ni orgullosa tradición de imperio? En armamentos, en barcos majestuosos, consumen mediocres presupuestos estas naciones imprevisoras. Construyen fervorosamente la paz armada, el equilibrio, buscan zonas de influencias en vecinos estados, cuando en el propio territorio inmensos desiertos reclaman una política creadora.

En frente del imperialismo vigilante, sólo la fusión de intereses complementarios puede dar a América la definitiva independencia. Roto el Istmo panameño, será el continente meridional un imponente bloque geográfico. Sobre esa base territorial se constituirá fácilmente la unión económica, intelectual y moral de pueblos solidarios. Comprendieron el beneficio de la unificación los más grandes caudillos, señores del caos:

Rosas, Santa Cruz, Mosquera, Morazán. El dictador neroniano aspira a reconstruir el disuelto virreinato del Plata. Santa Cruz funde transitoriamente los destinos homogéneos del Perú y Bolivia. Mosquera sueña con la Gran Colombia, cuya magnífica herencia se han dividido generales impíos. Morazán batalla hasta la muerte por la unidad centroamericana. Y Bolívar, guerrero vidente, comprende que, sin la unión, la autonomía es un don estéril y, después de ser el héroe magnífico de una Ilíada, se convierte en pacífico director de congresos de pueblos.

En América y en Europa, la historia exalta a los creadores de unidad: Cavour, Lincoln, Bismarck. Sobre las querellas dantescas de principados ambiciosos, levantó Cavour la fuerte unidad italiana. Cuando guerreaban los hombres del Norte y los hombres del Sur en pro y en contra de la esclavitud de una raza proscrita, Lincoln reunió a los Estados discordes y dio broncínea solidez a la obra washingtoniana. Bismarck fundó la hegemonía de Prusia y hundió en sangre enemiga, de la Francia elegante o del Austria señorial, las rudas columnas de una federación saludable. En todas partes, a la feudal división sucede la unidad moderna. Callan los exclusivismos locales ante la majestad de las fusiones realizadas. Como en la visión bíblica, al impulso de graves músicas, se juntan armoniosamente las piedras dispersas y forman el edificio futuro.

Nuestra edad organiza fuerzas aisladas en todos los órdenes del pensamiento y de la acción: la síntesis es su empeño tenaz. En la ciencia, no se satisface con análisis parciales; construye ambiciosas teorías, la evolución o la lucha darwiniana, y quiere encerrar el universo en fórmulas inflexibles. Las más extrañas disciplinas se confederan, y la filosofía sólo es, según la definición de Spencer, el saber completamente unificado. Grandes movimientos internacionales tienden a destruir las fronteras: el socialismo y el sindicalismo, las uniones de clases, los *Trusts* del capitalismo feudal, desinteresadas agrupaciones científicas, florecen en un siglo hostil a la antigua división. Aspiran las razas a definir sus intereses y a conservar su unidad moral. Un libre imperio sajón, saludado por las olas sonoras de todos los océanos, es la más vasta construcción política de los tiempos modernos. Sólo nuestra América desconoce el universal beneficio de la unidad. Lucha contra la tierra y los muertos, sagradas presiones a que obedecen los pueblos vigorosos. Dentro de las repúblicas, combaten provincias y familias; en el Continente, se disputan los Estados el dominio ancestral. Antes de poblar las tristes soledades o de construir la fortuna nacional, ambicionan estas democracias agresivas el fraccionamiento atómico, la dispersión suicida o el caos final.

Cien años ha durado la obra disolvente de los patriotismos exacerbados. Mientras se formaba en el norte un coherente Estado tutelar, perpetuaban la inicial dispersión las naciones meridionales. El primer centenario de la libertad, pomposamente celebrado de Venezuela al Plata, impone una nueva actitud. Es la hora severa del examen de conciencia. En el horizonte indeciso, se percibe ya el negro vuelo de aves crepusculares. ¿Será el ocaso de la independencia conquistada, el término de una fraternidad eficaz? De las próximas direcciones de la política americana dependerá el futuro de la raza. Ellas crearán un continente sobre el polvo de hostiles naciones o prepararán la final disgregación, trágicos colaboradores del desierto que aísla, de la cordillera que separa, de los instintos que aniquilan.

Este libro condena la enemistad artificial y renuncia a la utopía. Respeta los intereses creados, los límites centenarios y sugiere la formación de un continente armonioso. Traduce, en el orden moral, el imperativo geográfico. Aspira modestamente a continuar la obra de los que unificaron, con vigor formidable, la raza y la lengua, el derecho y la moral, la familia y la fe, el sistema político y el ideal necesario; de los Conquistadores y de los Libertadores, de los graves juristas y de los doctores minuciosos, de cuantos lucharon, con ardor quijotesco, a través de la hirsuta montaña, de los ríos violentos y de la planicie infinita, por la América, dueña y querida ideal.

Estudiamos primero la unificación en sus formas diversas: congresos americanos y asambleas que presiden los Estados Unidos; y analizamos dos grandes corrientes de acercamiento económico y moral: el panamericanismo y el paniberismo (Libro I). Una nueva raza, original, autónoma, crece en los territorios de ultramar: el americanismo es su firme ambición contra todas las influencias. Distinguimos esta fuerte tendencia de los excesos del espíritu nacional, agente de peligrosas divisiones (Libro II).

La América, celosa de su libertad política, no ha alcanzado aún la independencia intelectual y económica. Imita hasta el servilismo, endiosa al extranjero, olvida su actual originalidad. Sucesivamente, establecemos las bases de la autonomía en religión, en política, en educación, en literatura y arte (Libro III).

Surgen de nuestro examen conclusiones optimistas. No la vulgar satisfacción panglosiana, sino la precisa lección de Voltaire: cultivemos amorosamente nuestro jardín y hagamos de él un pequeño universo. El cielo clemente, la raza sutil, la libertad invencible, las riquezas de la tierra y de la piedra, de los bosques oscuros y de los ríos tumultuosos, constituyen un preciadísimo legado para la futura gente que levante frente al desierto millonarias ciudades fraternales.

De *La creación de un continente* (1912)

VENTURA GARCÍA CALDERÓN

Nació en París en 1885 y murió en esa misma ciudad en 1959. Narrador, ensayista, poeta, crítico literario, diplomático. Vivió gran parte de su vida en Europa, aunque sin jamás perder de vista al Perú, fuente de su inspiración creadora y de sus ensayos críticos y libros de carácter antológico. Sus cuentos constituyen lo más valioso de su obra. En ellos, García Calderón ofrece una imagen literaria del hombre y la vida andinos que ciertamente no se ajusta a su realidad, pero lo hace con arte alquitarado, valiéndose de una prosa —modernista— que es dócil instrumento de su sensibilidad. Esos cuentos

207

tienen, además, el mérito de haber revelado al mundo, bien que a su modo, por vez primera, la existencia del pueblo indígena. Escribió valiosas obras en francés que gozaron de la estimación de los autores galos de su época.

Algunas de sus obras: Del romanticismo al modernismo *(1910),* La literatura peruana *(1914),* Cantilenas *(1920),* La venganza del cóndor *(1924),* Danger de mort, récits peruviens *(1926),* Couleur de sang *(1931),* Vale un Perú *(1939). Dirigió la* Biblioteca de Cultura Peruana *(1938), de indispensable consulta.*

COCA

Apenas hubieron llegado a la puna, el guía indígena quiso volver atrás con un temor inexplicable. Fue en vano que Jacinto Vargas le ofreciera la más reluciente de sus libras de oro peruano. El indio designó el sol declinante sobre una montaña andina: en la nieve de la cumbre tenía color y chorreras de sangre. Como no le bastara al amo tan seguro indicio de muerte próxima, cogió en la alforja algunas hojas de coca y las masticó un momento hasta que su sabor amarguísimo le hubo indicado el peligro de seguir adelante. Sin mayores comentarios, volvió grupas, espoleando con el talón desnudo a su mula, que trotaba sin ruido por la blanda grama de la puna.

Cuando Jacinto Vargas lo alcanzó a galope tuvo que levantar el látigo para que volviera el indio sumiso, gimoteando y mostrando la luna, pues entraba ya la noche. Se detuvieron a dormir en una arruinada cabaña de la cima.

Todo el paisaje desamparado y monótono de las laderas de los Andes se divisaba desde allí; su vegetación amarillenta y rala hasta la cumbre, en que destellaban los últimos fuegos de la tarde. Un frío súbito bajó de la nieve cuando el día se hubo apagado.

Envuelto en un poncho como en una frazada, Jacinto Vargas se tendió en el suelo a dormir, después de haber atrancado la puerta de la choza con las riendas de su cabalgadura. El indio se acurrucó contra el lomo de su mula para que la tibieza animal le preservara del frío nocturno. Ocho horas de jornada por las montañas andinas son el mejor remedio conocido para curar insomnios, sin contar con la chicha excelente, que ayuda a bien dormir.

Pero a las dos de la mañana el frío le hizo tiritar, y pensó, desperezándose, que había cogido una terciana. Llamó al guía en vano. Despertar a un indio encogido como una momia es obra tan difícil, que se disponía a buscar en la sombra el frasco de quinina, cuando le pareció notar que de su mano chorreaban gotas tibias: la lluvia seguramente, el súbito chubasco. ¡Caramba! Su poncho estaba lleno de sangre. Saltó a la puerta para cortar las riendas con su cuchillo, y la halló entreabierta. Una amplia luna remontaba como las cometas de los niños serranos, suavemente hinchada de viento. Entonces, mirando la choza y la extensión infinita, Jacinto Vargas, perfectamente despierto, se estremeció con un largo calofrío. El indio truhán se había fugado con las mulas; le abrió, al partir, con el cuchillo de monte una vena del brazo, y a la chicha vertida añadió seguramente un poco de *chamico* para que el sueño fuera invencible.

El terror súbito le anudó la garganta. Estaba solo en el fin del mundo, en la más tremenda soledad humana, la de esta serie de colinas que van llevando su vegetación de ruina por los antiguos andenes de los Incas hasta el blanco monumento de las nieves eternas. Jacinto Vargas se sintió perdido sin remisión. Pocas gentes transitan por allí, y puede decirse que de repente no hay camino, puesto que se cruza la puna por cualquier lado sin que el paso de las cabalgaduras deje rastro.

Entonces una idea súbita le hizo subir los colores al rostro. La alforja que el guía dejó al huir estaba llena de hojas de coca. Puesto que los indios pueden vivir algunos días sólo *chacchando*, ¿por qué no iba a imitarlos? Más de una vez los viera preparar la mixtura de hojas con un poco de cal y masticarla horas enteras, sin probar otro alimento, a pesar de las rudas jornadas.

El sabor amarguísimo le hizo escupir dos o tres veces la masa triturada por los dientes. Ensayó de nuevo. El aguardiente con que se enjuagaba la boca le pareció menos fuerte que de costumbre, y se tendió un instante con la cabeza en la montura. Afortunadamente, el indio había dejado los aperos de montar, desdeñoso de estas complicaciones civilizadas, pues él cabalgaba "en pelo".

A lo largo de las lejanas montañas, el camino relucía como la planta nueva. Las tunas mismas, tan negruzcas, recibían un reflejo argentino en sus brazos velludos de candelabro. Masticando afanosamente, Jacinto Vargas, comenzó a sentir una extraña dulzura en los nervios, y el silencio que le aterrorizaba poco antes parecióle calmante. Con alegre lucidez empezó a pensar que las mulas del correo no pasarían lejos. Iba a esperar, por supuesto, dos o tres días; pero, en fin, la coca podría alimentarlo, y la herida del brazo, cicatrizada con un coágulo negro, le dolía apenas.

Sin sorpresa alguna comprendió de pronto que estaba en la vecindad de una aldea de indios, pues sonaron las *quenas* en la oscura oquedad de las montañas. De las más lejanas sombras llegaba su latir, tan armoniosamente difundido y nocturno que parecía el quejido mismo de la luna. Jacinto Vargas se arrastró hasta la puerta para escuchar mejor. Vio claramente el rebaño de llamas a cincuenta pasos, cuando más. Eran doscientas, eran trescientas, no se podían contar, todas blancas como el astro. Hubiera podido llamar al pastor, que seguramente no estaba lejos tañendo su flauta de caña; ¡pero sentía tal pereza de hablar! Era mejor seguir aspirando en silencio la frescura que baja de las nieves. Hasta esa cumbre ascendían las llamas, ondulando, meneando apenas la barra de mineral atada en el lomo. Venían de las minas de la sierra probablemente. ¡Qué de ellas, caramba! Hasta el horizonte no se veían sino llamas en pie que miraban la luna, y su lomo confundíase con la línea indecisa de los Andes. Iban a beberse toda la nieve. ¡Qué delicia! Nunca las vio danzar. Sí, danzaban al compás de las *quenas*, apoyando alternativamente en la blanda grama una y otra pata delanteras, según el ritmo del *yaraví*. Jacinto Vargas sonreía de gozo, arrastrándose poco a poco sobre la hierba húmeda. Se acer-

211

caría así, sin ruido alguno, hasta las llamas blancas para acariciarles el vellón esponjado en la noche. Una necesidad de paz entrañable le suavizaba las venas, y en el sudor de la frente ¡era tan suave el viento helado! Sí, iba a quedarse dos noches más aquí, dos noches enteras antes de que cualquier caminante viniera a turbar su deliquio. Miró con recelo las primeras luces del alba, que ostentaban los colores de su propio poncho en el prisma de la alta nieve. Al sentir que un ave oscura le rozaba el rostro, levantó una mano titubeante para acariciarle el plumón de la cabeza, murmurando una palabra tierna. Pero el ave desperezó las alas inmensas, reflejando la aurora cercana en el plumaje. Con la mano izquierda, ya muy torpe, Jacinto Vargas arrancó el coágulo del brazo para que respirara mejor la herida. ¡Qué bienestar aquél! Era como si tuviera dos bocas entreabiertas. ¡Iba a dormir tan bien, con el sabor de la coca en los labios, mientras resbalaba dulcemente la sangre tibia! Ya escuchaba con precisión un ruido de cascabeles: la reata de mulas del correo en la montaña. Pero él no quiso mostrarse. Inclinó la frente sobre la montura y sonrió al morir.

El cóndor, que aguardaba, se le trepó a la cabeza y picoteó largo rato los ojos abiertos.

De *La venganza del cóndor* (1924)

EL PERÚ, NOVELA DE CABALLERÍAS

Circunstancia peregrina y coincidencia histórica extraordinaria de la cual quisiera deducir algunas moralejas.

El primer cronista oficial de nuestros portentos, el primero que va a solivianta a Europa con el relato minucioso de prodigios vividos, es autor de un libro de caballerías. Ni más ni menos. Y qué libro, ¡Dios santo! Una de las más típicas novelas del género, con sus príncipes de Armenia o de Irlanda, sus caballeros desinteresados y jactanciosos que atraviesan el Continente para defender la honra de una princesa injustamente acusada de alevosía en amor, con sus nigromantes que miran en un espejo cada día del mundo y saben lo que está pasando en todas partes, con sus gigantes tan fieros que no bastan mil caballeros a resistirlos.

Siete años antes de que Oviedo publique en Toledo el libro *De la natural historia de las Indias* (1526), siete años antes de iniciar aquella serie de obras reeditadas, traducidas a todas las lenguas, que iban a inflamar, a encandecer la imaginación europea más que libros de Esplandianes y Amadises, publican las prensas de Valencia, en 1519, el *Libro de muy esforzado e invencible caballero de la fortuna, propiamente llamado Don Claribalte.*

Estamos casi a un siglo de distancia del Quijote (publicado en 1605), y ya la atmósfera es perfectamente quijotesca. Don Claribalte, alias el Caballero de la Rosa, se conduce como el loco sublime. "Mi empresa —dice antes de combatir al adversario— es defender que la dama que más quiero es más hermosa y valerosa que la vuestra y cuantas viven: esto, si vos lo confesárades de vuestro grado, cesarán las armas; y si no, en verdad de mi justa demanda y de ellas entiendo ha-

213

céroslo conocer por fuerza, como lo he hecho decir a muchos caballeros de más edad y experiencia que vos."

Minuto emocionante en que el genio realista de España, distraído en Arcadias bellacas, se da de bruces con una realidad de América, más fabulosa que sus fábulas. ¿Han leído los conquistadores este libro de su primer cronista, lo leyó acaso Cervantes? Tanto o más que el Quijote puede haber contribuido a la ruina de los libros de caballerías la irrupción portentosa de América, y será divertido estudiar un día en los demás y en el propio Oviedo esta crisis moral cuando el que comienza narrando aventuras de hidalgos estrafalarios y de mágicos que se llaman don Olivante del Aura, don Florambel de Luna o el Caballero del Febo, no quiere ser en adelante sino el cronista estupefacto de una comarca de oro. Ahí Claribaltes y Palmerines no serán príncipes, sino hidalgos pobres, españoles de capa raída que vivan, prosperen, se transformen, sin magia alguna, en muy magníficos señores y adelantados.

Un poco de bruma novelesca queda, sin duda alguna, flotando en la imaginación de los recién llegados cuando al toparse con extraños príncipes de ajorcas de oro, Atalibas o Moctezumas, quieren hacerles confesar que España y la religión católica son princesas más hermosas que las suyas. No suelen ser muy letrados estos Esplandianes que van al Perú con la misma inquietud ambulatoria que la Europa de las Cruzadas nos trasmite en los libros de caballerías, pero lo que ven ahí, lo que encuentran, supera de tal modo a lo imaginado que nuestro honrado novelista y cronista, excelente urdidor de mentiras caballerescas, teme no ser creído por sus lectores cuando ya no inventa, sino pinta. En su *Crónica de las Indias* (1547), al fin de la cual incluye el relato de Jerez, vemos el recelo de que no le presten crédito sus paisanos. Y ocurre entonces la más plausible de las paradojas si estas dos palabras pueden andar juntas: el indio del Perú, tan refractario a adoptar las divinidades del conquistador, se enamora prodigiosamente de sus dos maneras de embriagarse, que son dos maneras de evadirse: el alcohol y las fábulas europeas.

Apenas empiezan a chapurrar el castellano estos indios haravicus y amautas, que pintan ya en el Cuzco Dolorosas y Crucificados de tan genial primitivismo, cuando se ponen a devorar los centones góticos en que se relatan combates con el dragón o se insertan cartas del Caballero feliz a su Serenísima. Precursores del indio Rubén, que olvidó a Nicaragua por los cisnes y las marquesas Rosalindas de un Versalles quimérico, estos paisanos míos se ponen tan pronto a la escuela de Europa que los monarcas se alarman. Una real cédula fechada en Valladolid en septiembre de 1543 los llama al orden: "Sabed que de llevarse a las dichas Indias libros de romance y materias profanas y fábulas, ansí como son libros de Amadises y otros desta calidad de mentirosas historias, se siguen muchos inconvenientes, porque los indios que supieren leer, dándose a ellos dejarán los libros de sana y buena doctrina, y leyendo los de mentirosas historias deprenderán en ellos malas costumbres y vicios."

Mentirosas historias no escribe ya Fernández de

215

Oviedo. Concluye el novelista, comienza el historiador. Este mismo columbra que pudieran dudar de su veracidad, y adelanta el temor de que "no pareciere fábula ni hablar de gracia lo que en adelante se dirá en esta materia de las cosas de tierra firme". Y el veedor de las fundiciones regias acumula entonces, para pasmo del mundo, esos primeros inventarios del oro captado en el Perú "en un día sólo", con la prisión del rey Atabaliba. "Cuatrocientos mil pesos de oro y plata en sólo el quinto del rey, y un millón seiscientos mil para partir entre los pocos españoles que allí se hallaron. Y ved cuán pocos en número fueron estos cristianos, que caballero cupo a nueve mil castellanos de oro."

Los conquistadores han vivido estos libros de caballerías, pero sólo Oviedo acertó a escribirlos. De la aventura soñada y escrita a la aventura vivida el tránsito es tan brusco que un cronista puede resumirlo en una vida. Otra vez, como decía Balzac, la vida real nos hace competencia a los novelistas.

La tragedia del soñador es descubrir un día que la existencia de cada día supera sus mejores invenciones y es más fértil en recursos que su caprichosa imaginación. La tragedia de España fue América.

De *Páginas escogidas* (1947)

JOSÉ DE LA RIVA–AGÜERO

Nació en Lima en 1885 y murió en la misma ciudad en 1944. Historiador, ensayista, crítico, profesor univer-

*sitario, político. De aristocrático origen, su posición ideo-
lógica fue conservadora. Riva-Agüero es el fundador de
la crítica literaria en el Perú del presente siglo. Sus estudios literarios e históricos le han ganado sólida fama
tanto por la seriedad y amplitud de su versación como
por su lenguaje claro, preciso, muy cuidado y parsimonio-
so, y con un cierto dejo arcaizante.*

Entre sus obras: Carácter de la literatura del Perú independiente *(1905),* La historia en el Perú *(1910),* Por
la verdad, la tradición y la patria *(2 vols., 1937, 1938),*
Paisajes peruanos *(1955). Libros antológicos:* Historia del
Perú *(2 vols., 1953) y* Afirmación del Perú *(2 vols., 1960).*

PAISAJES PERUANOS

Cuando de estas melancólicas serranías se desciende a
la Costa, hay que atravesar una de las regiones más
áridas y devastadas del mundo. Los cerros pierden su
leve manto de labranzas y grama, y descubren la lú-
gubre desnudez de sus riscos; desaparece el arbolado;
los magueyes se adelgazan y achican; la quebrada se
ahonda, estrechísima, reducida toda al río, escaso y sonoro, que bate y ruge entre cascajales y barrancas, y
algún huarango nudoso; cortan el camino a cada instante las hoces de las lloclas, cauces secos de antiguas
torrenteras, testimonio de cataclismos seculares; y sobre los grises peñascos, tostados por el sol, se arrastran
las víboras. Tras largas jornadas, va templándose la
horrible esterilidad. En la quebrada angosta, por los
recodos del río, se suceden los cultivos y los pastos.
El viento marino disipa el bochorno. Alegran el mon-

te parleras bandadas de loros. Al cabo, el valle se ensancha; aparecen los algodonales, de flores gualdas y rojas, y las hazas de caña, de un verde dorado; se divisan las casas de los pueblos y las haciendas; y si es tiempo de verano, en el horizonte se distingue la mancha azul del mar.

Los paisajes de la Costa difieren sustancialmente de los serranos. Hay en los ribereños perspectiva, espacioso panorama, sobre todo cuando se contemplan las últimas estribaciones de la Cordillera; pero la luz en ninguna estación alcanza la pureza y diafanidad incomparables del refulgente invierno andino. Es la costeña una luz mate y velada, húmedo toldo de siesta, plomizo en los días invernales, blanco y celeste en los de estío. Aun en los de sol más claro, tiene siempre matices perlados y reflejos opalinos, por la niebla difusa. En las raras mañanas muy calurosas, algunas veces ofrece el ambiente una limpidez de acuarela; mas pasado el mediodía, la fresca brisa del sur amontona nubes, como vellones o densos copos de algodón, que enturban el aire y empañan los colores vivos. Sólo junto a los grandes arenales del norte, o mejor aún junto a los de Ica, la extrema sequedad de los veranos da lugar a un azul vibrante y profundo, que, sobre los médanos áureos y blanquecinos, y la vegetación de algarrobos, higueras, cinamomos y palmares de dátiles, evoca fielmente cuadros de Arabia y Mesopotamia.

El mar, en la temporada brumosa, presenta toda la gama del claroscuro, desde el tinte pizarroso y pavonado, y el de estaño fundido, en los días de fulgor incierto y resolana, hasta el gris verdeante en los de

218

cerrazón y garúa. Los morros y los acantilados se encubren en los mojados y tediosos pliegues de la pálida *camanchaca*. Del opaco cristal de las aguas, movido por recias marejadas, se alza innumerable cantidad de aves, patillos, huanayos, flamencos, alcatraces, que al levantar el vuelo forman una cinta de espumas en los neblinosos confines.

De Diciembre a Mayo, el sol transfigura estas borrosas y crepusculares marinas. Entonces los islotes y farallones resaltan nítidos, entre el claror del agua y de la atmósfera y las animadas volutas del oleaje; chispea la mica en las rocas y tablazos de las playas; la arena reverbera como bordada de lentejuelas; el mar, glauco o zafíreo, relumbra suave y lustroso como la seda más fina; sobre las encañadas del valle y sus arboledas, apenas se tiende una gasa sutil de vapores; y en el fondo se yergue la sierra violeta, de firme trazo, idealizada y aterciopelada por la distancia.

Pájaros acuáticos, gaviotas o pelícanos, revolotean en el cielo sereno. Hay en la bahía escasos buques, y varios botes de albo y triangular velamen. En el desembarcadero, de muy fuerte resaca, reposan alineadas las canoas, lanchas y balsas, y los caballitos de totora de los indios pescadores. Más allá de la ensenada que va desde una punta a los arrecifes, protegida por la barra o *lasca*, se hace en determinados días y por crecidas cuadrillas de gente el trabajo de la *cala*, primitiva y curiosa manera de pesca en común, sin auxilio de embarcaciones y sólo desde la orilla.

En las pampas del desierto inmediato, suelen existir ruinas, famosas para los arqueólogos, y vetustísimas sepulturas; y la pesada majestad de las arenas oprime y esconde muros de adobes anaranjados, dispuestos en rectángulos y terraplenes, que fueron palacios, castillos y ciudades, asiento de extrañas civilizaciones, hermanas de la Maya y de la China. Donde empiezan los sembríos, entre el desmayado verdor de las cañas de azúcar y las *chalas*, y el verdor sombrío de los campos de algodón, sobresalen los artificiales collados de las *huacas*, sepulcros contemporáneos de los Incas y del Gran Chimú; y por cuyos despedazados y ocres paredones trepan las lozanas viñas. En esas huacas u otras eminencias, están edificadas las casas de los fundos, pintadas de azul o rojo, con arquerías y corredores. Llevan por nombres los antiguos apellidos de las familias criollas coloniales, ya extinguidas. El camino se dirige al pueblo desde los gramadales de la playa, ceñido por tapias, saucerías y ruidosas acequias. Transitan chalanes, carreteros, fruteras montadas en burros con anchos serones. Por fin, en medio de hortalizas, parras, camotales, pacayares y paltos, aparece, no lejos del mar, la aldea costeña.

Es en su mayor parte un hacinamiento de ranchos de caña, enlucidos de tierra, desvencijados, ladeados y a punto de caerse. Bullen entre esas quinchas, en regocijada confusión negros y zambos, chinos asiáticos y mestizos. Lo central y aseado en el pueblo, lo constituyen calles derechas, empedradas a veces, con viviendas de un piso y terrados chatos, embadurnados al temple, de colores chillones. La plaza, sombreada de ficos, se engalana con la Iglesia Matriz, de estilo jesuístico y barroco, cuya portada ostenta a menudo redondas claraboyas, barandales, conchas de yeso, agujas y bolas de ladrillo y estuco, habituales adornos a principios del siglo XVII español. Diríase un viejo cortesano, de espadín y empolvada peluca, asombrado y perdido en el destierro de esta comarca exótica y olvidadiza; o un pomposo galeón de hace centurias, que encalló en puerto remoto, y se destruye en el silencio y el abandono. En la abultada medianaranja y los gruesos campanarios, anidan las santarrositas. Cierta casa vieja, en el rincón de la plaza, conserva el balcón cerrado, con celosías adufadas a la arábiga, y las ventanas de salientes alféizares y rejas de ensortijados dibujos; en el zaguán se ven aún las labraduras y artesones del techo. Calle adelante, un lienzo de pared se ha venido abajo, y pone al descubierto el inculto jardín, en que subsisten matas de albahaca, ñorbos y arirumas, frente a un muladar y al hospital derruido. Quizá una huerta, más extensa que las otras, se llama todavía la *Huerta del Curaca*. En las afueras quedan pocos olivos, resto muy menoscabado de los del tiempo de los Españoles, porque nadie los cuida, y no se reponen los que mueren. Cerca del río hay ciénagas y tupidas malezas de *pajarobobos*. Algún pino, radiado y severo, se enhiesta en la lejanía. Un callejón de álamos altísimos, entrada de la vecina hacienda, luce su follaje temblador sobre el fondo azul plateado de los cerros, primeros escalones de los Andes. Las nubes que pasan, arrojan, sobre los montículos claros y arenosos que limitan al norte y al sur el valle, sombras que parecen las manchas de un tigre. Y siempre el cielo benigno, ya soleado, ya cubierto, según las épo-

221

cas, influye sobre estas campiñas igual tibieza muelle y sedante. Los mezclados y morenos pobladores son indolentes, ladinos y graciosos, propensos a los fugaces entusiasmos y los decaimientos súbitos. Su dejo blando se inclina al ceceo. Las mujeres, en la mirada y la sonrisa, manifiestan una amable y perpetua languidez.

Estos valles, sanos, frescos y plácidos, de laxitud encantadora, son islas de fertilidad cercadas por el mar, los arenales y las secas breñas de la vertiente andina. Al oriente se halla la estrecha e irregular faja de *Las Lomas*, con laderas, colinas y vegas en donde las garúas y aguaceros del invierno engendran pastos naturales temporarios, hacen florecer los *amancaes*, y ocasionan en diminutivo las pintorescas escenas de los ganados trashumantes. Por los demás lados se tienden las estériles pampas de arena, con sus africanos espejismos y sus torbellinos sofocantes; con las movedizas dunas, que en algunos parajes cantan bajo los rayos del sol como esfinges egipcias; los oasis de palmas y algarrobos; los delgados hilos de agua de los jagüeyes; los pequeños cultivos de los *mahamaes* y las hoyas, alimentados por corrientes subterráneas y semejantes en todo a los *anadíes* arábigos; las cegadoras salinas; y, en la aridez maldita, las inacabables sendas marcadas por los blancos huesos de los animales que en la travesía perecieron de sed. Hasta que al fin de la jornada abrasadora, se descubre entre la monotonía de los médanos, la hondura de una grieta verde y frondosa que es otro tibio y regalado valle, lugar de refrigerio y voluptuoso descanso.

Por tales condiciones físicas, que obligan a la discontinuidad de cultivos y población, la zona de la Costa ha de reputarse como un verdadero archipiélago en el territorio peruano; y sus civilizaciones, desde los tiempos aborígenes, han tenido, constantemente, carácter *insular* por su delicadeza relativa y la tenuidad y ámbito estrecho de sus influencias naturales. No es ni puede ser cuerpo suficiente para una gran nacionalidad. Hoy mismo, mientras la Sierra cuenta con tres millones y medio de habitantes, no llegan los costeños a un millón. La Costa ha suplido siempre sus inferioridades con la óptima calidad de sus pocas tierras de labor, y el precoz desarrollo social, debido a su posición geográfica y al vivaz ingenio de sus hijos. Así, las dos regiones tradicionales, Costa y Sierra (porque la Montaña no significa sino el Perú nuevo y futuro), predominando alternadamente, han formado, con sus primacías sucesivas, el ritmo de la historia peruana.

De *Paisajes peruanos* (1955)

ALBERTO URETA

Nacido en Ica en 1885 y muerto en Lima en 1966, fue, además de poeta, profesor universitario y diplomático. Ureta impregna su verso de una sustancia melancólica, encendida por la meditación y la remembranza, y de una música lánguida cuya sugestión embarga inevitablemente a quien la escucha.

Entre las voces coetáneas de Chocano, Eguren y Vallejo, la de Ureta se deja oír con acento diverso y elegiaco.

Son sus libros de poesía: Rumor de almas *(1911),* El dolor pensativo *(1917),* Las tiendas del desierto *(1933),* Elegías a la cabeza loca *(1937) y* Antología poética *(1946).*

SE QUEMA EL TIEMPO...

Se quema el tiempo sin cesar. Las horas
caen hechas cenizas,
y ruedan al abismo de la nada
las dichas y las penas confundidas.
Cada hora que se quema es una lágrima,
alguna vez —muy rara— una sonrisa,
y siempre una amenaza que nos sigue,
y nos acecha al borde de la vida.

Si es que sufres más tarde,
si el Destino de una ilusión te priva,
piensa —el poeta te lo dice— piensa
que al volar de los días
cuando el pasado sea ante tus ojos
como una flor marchita,
han de quedar tan sólo
de todos tus dolores y alegrías,
un recuerdo muy tenue que se esfuma
y un puñado de tiempo hecho ceniza.

NO IMPORTA QUE EN LA VIDA...

No importa que en la vida deje el dolor su huella
que en toda pena el germen de una sonrisa existe:

el lago más oscuro acaricia una estrella,
y la estrella más dulce es la estrella más triste.

Deja tu peso en tierra y aprovecha la calma
que viene entre la sombra del dolor escondida,
para sentarte al borde del río de tu alma
a ver pasar los sueños que corren con la vida.

Será, tal vez, la tarde, casi la noche, la hora
del misterio en que el alma se torna evocadora.
Y entonces, cuando todo pase ante tu mirada,

besa el agua en que flota tu dulce desvarío,
si, acaso, ves la imagen familiar de la amada,
cruzar sobre las ondas fugitivas del río.

De *El dolor pensativo* (1917)

BALADA DE LA FLECHA CAUTIVA

Prisionera en el árbol del camino,
pobre flecha cautiva,
tú conoces la ruta que señalas,
y no puedes seguirla.

Callada en el bullicio
y en el afán tranquila,
sólo tu sueño alcanza
a redimir la inútil
vanidad de tu vida.

Tú sabes el secreto
de todos los caminos que te invitan,
el mal de las alturas y el peligro
de la honda sima.

Tú sabes dónde nace la luz
y dónde se aniquilan
sus rayos.

Sin embargo, no puedes,
pobre flecha cautiva,
ni huir la sombra
ni buscar el día.

De *Las tiendas del desierto* (1933)

CUANDO ESTÉ YA EN LA BARCA...

Cuando esté ya en la barca
que me ha de conducir a la otra orilla,
sabrás que te esperé para este viaje
toda la vida.

Yo no sé si vendrás, ni si mi anhelo
despertará tu sueño de otro día.
Pero yo estaré allí con la misma ansia
de amor y paz que me dejó tu enigma.

Yo estaré allí, norte a la luz. Entonces
el misterio que oculta la porfía

de tu loca aventura hará lumbre, y acaso
otra vez serás mía.

De *Elegías a la cabeza loca* (1937)

ABRAHAM VALDELOMAR

*Nació en Ica en 1888 y murió trágicamente en Ayacucho
en 1919. Escritor múltiple, pese a su corta existencia,
produjo en todos los géneros —narrativa, poesía, ensayo y
teatro— y, por si fuera poco, fue, en torno de la revista
Colónida, un notable animador cultural. Su hondo arraigo
sentimental en el terruño, su indeclinable profesión de fe
estética, su virtuosismo, son los agentes que, obrando al
unísono, lo llevaron a escribir cuentos y poemas de encanto penetrante. La gravitación de sus modelos literarios
(un dannunzismo de credo y ademanes) no causó afortunadamente su divorcio con su medio y su gente. Aunque
escasos, sus poemas, donde palpita el recuerdo de su infancia provinciana, son testimonio suficiente de su melancólica y envolvente vivencia poética. Valdelomar cultivó
además, con elegancia, el dibujo caricaturesco.*

*La totalidad de sus escritos, con excepción de algunos
artículos periodísticos, se han reunido en Obras. Textos
y dibujos (1979).*

EL CABALLERO CARMELO

Un día, después del desayuno, cuando el sol empezaba a calentar, vimos aparecer, desde la reja, en el fondo de la plazoleta, un jinete en bellísimo caballo de
paso, pañuelo al cuello que agitaba el viento, *sampe-*

drano pellón de sedosa cabellera negra, y henchida alforja, que picaba espuelas en dirección a la casa.

Reconocímosle. Era el hermano mayor que, años corridos, volvía. Salimos atropelladamente gritando:

—¡Roberto! ¡Roberto!

Entró el viajero al empedrado patio donde el ñorbo y la campanilla enredábanse en las columnas como venas en un brazo y descendió en los de todos nosotros. ¡Cómo se regocijaba mi madre! Tocábalo, acariciaba su tostada piel, encontrábalo viejo, triste, delgado. Con su ropa empolvada aún, Roberto recorría las habitaciones rodeado de nosotros; fue a su cuarto, pasó al comedor, vio los objetos que se habían comprado durante su ausencia, y llegó al jardín:

—¿Y la higuerilla? —dijo.

Buscaba, entristecido, aquel árbol cuya semilla sembrara él mismo antes de partir. Reímos todos:

—¡Bajo la higuerilla estás!...

El árbol había crecido y se mecía armoniosamente con la brisa marina. Tocóle mi hermano, limpió cariñosamente las hojas que le rozaban la cara, y luego volvimos al comedor. Sobre la mesa estaba la alforja rebosante; sacaba él, uno a uno, los objetos que traía y los iba entregando a cada uno de nosotros. ¡Qué cosas tan ricas! ¡Por dónde había viajado! Quesos frescos y blancos, envueltos por la cintura con paja de cebada, de la Quebrada de Humay; chancacas hechas con cocos, nueces, maní y almendras; frijoles colados, en sus redondas calabacitas, pintadas encima con un rectángulo del propio dulce, que indicaba la tapa, de Chincha Baja; bizcochuelos, en sus cajas de papel, de yema de huevo y harina de papas, leves, esponjosos, amarillos y dulces; santitos de "piedra de Guamanga" tallados en la feria serrana; cajas de manjar blanco, tejas rellenas y una traba de gallo con los colores blanco y rojo. Todos recibíamos el obsequio, y él iba diciendo al entregárnoslo:

—Para mamá... para Rosa... para Jesús... para Héctor.

—¿Y para papá? —le interrogamos, cuando terminó:

—Nada...

—¿Cómo nada para papá?...

Sonrió el amado, llamó al sirviente y le dijo:

—¡El *Carmelo*!

A poco volvió éste con una jaula y sacó de ella un gallo que ya libre, estiró sus cansados miembros, agitó las alas y cantó estentóreamente:

—¡Cocorocóoooo!...

—¡Para papá! —dijo mi hermano.

Así entró en nuestra casa este amigo íntimo de nuestra infancia ya pasada, a quien acaeciera historia digna de relato; cuya memoria perdura aún en nuestro hogar como una sombra alada y triste: el Caballero Carmelo.

II

Amanecía, en Pisco, alegremente. A la agonía de las sombras nocturnas, en el frescor del alba, en el radiante despertar del día, sentíamos los pasos de mi madre en el comedor, preparando el café para papá. Marchábase éste a la oficina. Despertaba ella a la criada, chirriaba la puerta de la calle con sus mohosos goznes:

oíase el canto del gallo que era contestado a intervalos por todos los de la vecindad; sentíase el ruido del mar, el frescor de la mañana, la alegría sana de la vida. Después mi madre venía a nosotros, nos hacía rezar, arrodillados en la cama con nuestras blancas camisas de dormir; vestíamos luego, y, al concluir nuestro tocado, se anunciaba a lo lejos la voz del panadero. Llegaba éste a la puerta y saludaba. Era un viejo dulce y bueno, y hacía muchos años, al decir de mi madre, que llegaba todos los días, a la misma hora, con el pan calientito y apetitoso, montado en su burro, detrás de los dos "capachos" de cuero, repletos de toda clase de pan: hogazas, pan francés, pan de mantecado, rosquillas.

Madre escogía el que habíamos de tomar y mi hermana Jesús lo recibía en el cesto. Marchábase el viejo, y nosotros, dejando la provisión sobre la mesa del comedor, cubierta de hule brillante, íbamos a dar de comer a los animales. Cogíamos las mazorcas de apretados dientes, las desgranábamos en un cesto y entrábamos al corral donde los animales nos rodeaban. Volaban las palomas, picoteábanse las gallinas por el grano, y entre ellas, escabullíanse los conejos. Después de su frugal comida, hacían grupo alrededor nuestro. Venía hasta nosotros la cabra, refregando su cabeza en nuestras piernas; piaban los pollitos; tímidamente se acercaban los conejos blancos, con sus largas orejas, sus redondos ojos brillantes y su boca de niña presumida; los patitos, recién "sacados", amarillos como yema de huevo, trepaban en un *panto* de agua; cantaba, desde su rincón, entrabado, el *Carmelo* y el pavo, siempre orgulloso, alharaquero y antipático, hacía por desdeñarnos, mientras los patos, balanceándose como dueñas gordas, hacían, por lo bajo, comentarios sobre la actitud poco gentil del petulante.

Aquel día, mientras contemplábamos a los discretos animales, escapóse del corral el *Pelado,* un pollón sin plumas, que parecía uno de aquellos jóvenes de diez y siete años, flacos y golosos. Pero el *Pelado,* a más de eso, era pendenciero y escandaloso, y aquel día mientras la paz era en el corral, y los otros comían el modesto grano, él, en pos de mejores viandas, habíase encaramado en la mesa del comedor y roto varias piezas de nuestra limitada vajilla.

En el almuerzo tratóse de suprimirlo, y, cuando mi padre supo sus fechorías, dijo, pausadamente:

—Nos lo comeremos el domingo...

Defendiólo mi tercer hermano, Anfiloquio, su poseedor, suplicante y lloroso. Dijo que era un gallo que haría crías espléndidas. Agregó que desde que había llegado el *Carmelo* todos miraban mal al *Pelado,* que antes era la esperanza del corral y el único que mantenía la aristocracia de la afición y de la sangre fina.

—¿Cómo no matan —decía en su defensa del gallo— a los patos que no hacen más que ensuciar el agua, ni al cabrito que el otro día aplastó un pollo, ni al puerco que todo lo enloda y sólo sabe comer y gritar, ni a las palomas que traen la mala suerte...?

Se adujo razones. El cabrito era un bello animal, de suave piel, alegre, simpático, inquieto, cuyos cuernos apenas apuntaban; además, no estaba comprobado que hubiera muerto al pollo. El puerco mofletudo había

231

sido criado en casa desde pequeño. Y las palomas, con sus alas de abanico, eran la nota blanca, subíanse a la cornisa a conversar en voz baja, hacían sus nidos con amoroso cuidado y se sacaban el maíz del buche para darlo a sus polluelos.

El pobre *Pelado* estaba condenado. Mis hermanos pidieron que se le perdonase; pero las roturas eran valiosas y el infeliz sólo tenía un abogado, mi hermano y su señor, de poca influencia. Viendo ya perdida su defensa y estando la audiencia al final, pues iban a partir la sandía, inclinó la cabeza. Dos gruesas lágrimas cayeron sobre el plato, como un sacrificio, y un sollozo se ahogó en su garganta. Callamos todos. Levantóse mi madre, acercóse al muchacho, lo besó en la frente, y le dijo:

—No llores: no nos lo comeremos...

III

Quien sale de Pisco, de la plazuela sin nombre, salitrosa y tranquila, vecina a la Estación y torna por la calle del Castillo, que hacia el sur se alarga, encuentra, al terminar, una plazuela pequeña, donde quemaban a Judas el Domingo de Pascua de Resurrección, desolado lugar en cuya arena verduguean a trechos las malvas silvestres. Al lado del Poniente, en vez de casas, extiende el mar su manto verde, cuya espuma teje complicados encajes al besar la húmeda orilla.

Termina en ella el puerto, y, siguiendo hacia el sur, se va, por estrecho y arenoso camino, teniendo a diestra el mar y a izquierda mano angostísima faja, ora fértil, ora infecunda, pero escarpada siempre, detrás de la cual, a oriente, extiéndese el desierto cuya entrada vigilan, de trecho en trecho, como centinelas, una que otra palmera desmedrada, alguna higuera nervuda y enana y los "toñuces" siempre coposos y frágiles. Ondea en el terreno la "hierba del alacrán", verde y jugosa al nacer, quebradiza en sus mejores días, y en la vejez, bermeja como sangre de buey. En el fondo del desierto, como si temieran su silenciosa aridez, las palmeras únense en pequeños grupos, tal como lo hacen los peregrinos al cruzarlo y, ante el peligro, los hombres.

Siguiendo el camino, divísase en la costa, en la borrosa y vibrante vaguedad marina, San Andrés de los Pescadores, la aldea de sencillas gentes, que eleva sus casuchas entre la rumorosa orilla y el estéril desierto. Allí, las palmeras se multiplican y las higueras dan sombra a los hogares, tan plácida y fresca, que parece que no fueran malditas del buen Dios o que su maldición hubiera caducado; que bastante castigo recibió la que sostuvo en sus ramas al traidor, y todas sus flores dan frutos que al madurar revientan.

En tan peregrina aldea, de caprichoso plano, levántanse las casuchas de frágil caña y estera leve, junto a las palmeras que a la puerta vigilan; limpio y brillante, reposando en la arena blanda sus caderas amplias, duerme, a la puerta, el bote pescador, con sus velas plegadas, sus remos tendidos como tranquilos brazos que descansan, entre los cuales yacen con su muda y simbólica majestad, el timón grácil, la calabaza que "achica" el agua mar afuera y las sogas retorcidas como serpientes que duermen. Cubre, piadosamente, la pequeña nave, cual blanca mantilla, la pescadora red circundada de caireles de liviano corcho.

En las horas del mediodía, cuando el aire en la sombra invita al sueño, junto a la nave, teje la red el pescador abuelo: sus toscos dedos añudan el lino que ha de enredar al sorprendido pez; raspa la abuela el plateado lomo de los que la víspera trajo la nave; saltan al sol, como chispas, las escamas y el perro husmea en los despojos. Al lado, en el corral que cercan enormes huesos de ballenas, trepan los chiquillos desnudos sobre el asno pensativo, o se tuestan al sol en la orilla; mientras, bajo la ramada, el más fuerte pule un remo; la moza, fresca y ágil, saca agua del pozuelo y las gaviotas alborozadas recorren la mansión humilde dando gritos extraños.

Junto al bote, duerme el hombre del mar, el fuerte mancebo, embriagado por la brisa caliente y por la tibia emanación de la arena, su dulce sueño de justo, con el pantalón corto, las musculosas pantorrillas cruzadas, y en cuyos duros pies, de redondos dedos, piérdense, como escamas, las diminutas uñas. La cara tostada por el aire y el sol, la boca entreabierta que deja pasar la respiración tranquila, y el fuerte pecho desnudo que se levanta rítmicamente, con el ritmo de la Vida, el más armonioso que Dios ha puesto sobre el mundo.

Por las calles no transitan al mediodía las personas y nada turba la paz de aquella aldea, cuyos habitantes no son más numerosos que los dátiles de sus veinte palmeras. Iglesia ni cura habían, en mi tiempo, las gentes de San Andrés. Los domingos, al clarear el alba, iban al puerto, con los jumentos cargados de corvinas frescas y luego, en la capilla, cumplían con Dios. Buenas gentes, de dulces rostros, tranquilo mirar, morigeradas y sencillas, indios de la más pura cepa, descendientes remotos y ciertos de los hijos del Sol, cruzaban a pie todos los caminos; como en la Edad Feliz del Inca, atravesaban en caravana inmensa la costa para llegar al templo y oráculo del buen Pachacamac, con la ofrenda en la alforja, la pregunta en la memoria y la Fe en el sencillo espíritu.

Jamás riña alguna manchó sus claros anales; morales y austeros, labios de marido besaron siempre labios de esposa; y el amor, fuente inagotable de odios y maldecires, era, entre ellos, tan normal y apacible como el agua de sus pozos. De fuertes padres, nacían, sin comadronas, rozagantes muchachos, en cuyos miembros la piel hacía gruesas arrugas; aires marinos henchían sus pulmones, y crecían sobre la arena caldeada, bajo el sol ubérrimo, hasta que aprendían a lanzarse al mar y a manejar los botes de piquete que zozobrando en las olas, les enseñaban a domeñar la marina furia.

Maltones, musculosos, inocentes y buenos, pasaban su juventud hasta que el cura de Pisco unía a las parejas, que formaban un nuevo nido, compraban un asno y se lanzaban a la felicidad, mientras las tortugas centenarias del hogar paterno veían desenvolverse, impasibles, las horas: filosóficas, cansadas y pesimistas, mirando con llorosos ojos desde la playa, el mar, al cual no intentaban volver nunca: y al crepúsculo de cada día, lloraban, lloraban, pero hundido el sol, metían la cabeza bajo la concha poliédrica y dejaban pasar la vida llenas de experiencia, sin Fe, lamentándose siempre del perenne mal, pero inactivas, inmóviles, infecundas, y solas...

IV

Esbelto, magro, musculoso y austero, su afilada cabeza roja era la de un hidalgo altivo, caballeroso, justiciero y prudente. Agallas bermejas, delgada cresta de encendido color, ojos vivos y redondos, mirada fiera y perdonadora, acerado pico agudo. La cola hacía un arco de plumas tornasoles, su cuerpo de color carmelo avanzaba en el pecho audaz y duro. Las piernas más fuertes que estacas musulmanas y agudas defendían, cubiertas de escamas, parecían las de un armado caballero medieval.

Una tarde, mi padre, después del almuerzo, nos dio la noticia. Había aceptado una apuesta para la jugada de gallos de San Andrés, el 28 de julio. No había podido evitarlo. Le habían dicho que el *Carmelo*, cuyo prestigio era mayor que el del Alcalde, no era un gallo de raza. Molestóse mi padre. Cambiáronse frases y apuestas; y aceptó. Dentro de un mes toparía el *Carmelo* con el *Ajiseco* de otro aficionado, famoso gallo vencedor, como el nuestro, en muchas lides singulares. Nosotros recibimos la noticia con profundo dolor. El *Carmelo* iría a un combate y a luchar a muerte, cuerpo a cuerpo, con un gallo más fuerte y más joven. Hacía ya tres años que estaba en casa, había él envejecido mientras crecíamos nosotros; ¿por qué aquella crueldad de hacerlo pelear?...

Llegó el terrible día. Todos en casa estábamos tristes. Un hombre había venido seis días seguidos a preparar al *Carmelo*. A nosotros ya no nos permitían ni verlo. El día 28 de julio, por la tarde, vino el preparador y de una caja llena de algodones sacó una media luna de acero con unas pequeñas correas: era la navaja, la espada del soldado. El hombre la limpiaba, probándola en la uña, delante de mi padre. A los pocos minutos, en silencio, con una calma trágica, sacaron al gallo que el hombre cargó en sus brazos como a un niño. Un criado llevaba la cuchilla y mis dos hermanos lo acompañaron.

—¡Qué crueldad! —dijo mi madre.

Lloraban mis hermanas; la más pequeña, Jesús, me dijo en secreto, antes de salir:

—Oye, anda junto con él... Cuídalo... ¡Pobrecito!...

Llevóse la mano a los ojos, echóse a llorar y yo salí precipitadamente y hube de correr unas cuadras para poder alcanzarlos.

Llegamos a San Andrés. El pueblo estaba de fiesta. Banderas peruanas agitábanse sobre las casas por el día de la Patria, que allí sabían celebrar con una gran jugada de gallos a la que solían ir todos los hacendados y ricos hombres del valle. En ventorrillos, a cuya entrada había arcos de sauce envueltos en colgaduras, y de los cuales pendían alegres quitasueños de cristal, vendían *chicha de bonito*, *butifarras*, pescado fresco asado en brasas y anegado en cebollones y vinagre. El pueblo los invadía, parlanchín y endomingado con sus mejores trajes. Los hombres de mar lucían camisetas nuevas de horizontales franjas rojas y blancas, sombreros de junco, alpargatas y pañuelos añudados al cuello.

Nos encaminamos a "la cancha". Una frondosa higuera daba acceso al circo, bajo sus ramas enarcadas. Mi padre, rodeado de algunos amigos, se instaló. Al frente estaba el juez y a su derecha el dueño del paladín *Ajiseco*. Sonó una campanilla, acomodáronse las gentes y empezó la fiesta. Salieron por lugares opuestos dos hombres, llevando cada uno un gallo. Lanzáronlos al ruedo con singular ademán. Brillaron las cuchillas, miráronse los adversarios, dos gallos de débil contextura, y uno de ellos cantó. Colérico respondió el otro echándose al medio del circo; miráronse fijamente; alargaron los cuellos, erizadas las plumas, y se acometieron. Hubo ruido de alas, plumas que volaron, gritos de la muchedumbre y a los pocos segundos de jadeante lucha, cayó uno de ellos. Su cabecita afilada y roja, besó el suelo, y la voz del juez:

—¡Ha enterrado el pico, señores!

Batió las alas el vencedor. Aplaudió la multitud enardecida, y ambos gallos, sangrando, fueron sacados del ruedo. La primera jornada había terminado. Ahora entraba el nuestro: el "Caballero Carmelo". Un rumor de expectación vibró en el circo.

—¡El *Ajiseco* y el *Carmelo*!

—¡Cien soles de apuesta!

Sonó la campanilla del juez y yo empecé a temblar.

En medio de la expectación general salieron los dos hombres, cada uno con su gallo. Nuestro *Carmelo* al lado del otro era un gallo viejo y achacoso; todos apostaban al enemigo, como augurio de que nuestro gallo iba a morir. No faltó aficionado que anunciara el triunfo del *Carmelo* pero la mayoría de las apuestas favorecía al adversario. Una vez frente al enemigo, el *Carmelo* empezó a picotear, agitó las alas y cantó estentóreamente. El otro, que en verdad no parecía ser un gallo fino de distinguida sangre y alcurnia, hacía cosas tan petulantes cuan humanas; miraba con desprecio a nuestro gallo y se paseaba como dueño de la cancha. Enardeciéronse los ánimos de los adversarios, llegaron al centro y alargaron sus erizados cuellos, tocándose los picos sin perder terreno. El *Ajiseco* dio la primera embestida; entablóse la lucha; las gentes presenciaban en silencio la singular batalla y yo rogaba a la Virgen que sacara con bien a nuestro viejo paladín.

Batíase él con todos los aires de un experto luchador, acostumbrado a las artes azarosas de la guerra. Cuidaba poner las patas armadas en el enemigo pecho, jamás picaba a su adversario —que tal cosa es cobardía—, mientras que éste, bravucón y necio, todo quería hacerlo a aletazos y golpes de fuerza. Jadeantes se detuvieron un segundo. Un hilo de sangre corría por la pierna del *Carmelo*. Estaba herido, mas parecía no darse cuenta de su dolor. Cruzáronse nuevas apuestas en favor del *Ajiseco* y las gentes felicitaban ya al poseedor del menguado. En un nuevo encuentro, el *Carmelo* cantó, acordóse de sus tiempos y acometió con tal furia que desbarató al otro de un solo impulso. Levantóse éste y la lucha fue cruel e indecisa. Por fin, una herida grave hizo caer al *Carmelo*, jadeante...

—¡Bravo! ¡Bravo el *Ajiseco!* —gritaron sus partidarios, creyendo ganada la prueba.

Pero el juez, atento a todos los detalles de la lucha y con acuerdo de cánones, dijo:

—¡Todavía no ha enterrado el pico, señores!

En efecto, incorporóse el *Carmelo*. Su enemigo, como para humillarlo, se acercó a él, sin hacerle daño. Nació entonces, en medio del dolor de la caída, todo el coraje de los gallos de "Caucato". Incorporado el *Carmelo*, como un soldado herido acometió de frente y definitivo sobre su rival con una estocada que lo dejó muerto en el sitio. Fue entonces cuando el *Carmelo*, que se desangraba, se dejó caer después que el *Ajiseco* había enterrado el pico. La jugada estaba ganada y un clamoreo se levantó en la *cancha*. Felicitaron a mi padre por el triunfo, y como ésa era la jugada más interesante se retiraron del circo mientras resonaba un grito entusiasta:

—¡Viva el *Carmelo!*

Yo y mis hermanos lo recibimos y lo condujimos a casa, atravesando por la orilla del mar el pesado camino, y soplando aguardiente bajo las alas del triunfador que desfallecía.

v

Dos días estuvo el gallo sometido a toda clase de cuidados. Mi hermana Jesús y yo le dábamos maíz,

240

se lo poníamos en el pico, pero el pobrecito no podía comerlo ni incorporarse. Una gran tristeza reinaba en la casa. Aquel segundo día, después del colegio, fuimos yo y mi hermana a verlo, lo encontramos tan decaído que nos hizo llorar. Le dábamos agua con nuestras manos, le acariciábamos, le poníamos en el pico rojos granos de granada. De pronto el gallo se incorporó. Caía la tarde y por la ventana del cuarto donde estaba, entró la luz sangrienta del crepúsculo. Acercóse a la ventana, miró la luz, agitó débilmente las alas y estuvo largo rato en la contemplación del cielo. Luego abrió nerviosamente las alas de oro, enseñoreóse y cantó. Retrocedió unos pasos, inclinó el tornasolado cuello sobre el pecho, tembló, desplomóse, estiró sus débiles patitas escamosas, y mirándonos, mirándonos amoroso, expiró apaciblemente.

Echamos a llorar. Fuimos en busca de mi madre, y ya no lo vimos más. Sombría fue la comida aquella noche. Mi madre no dijo una sola palabra y bajo la luz amarillenta del lamparín, todos nos mirábamos en silencio. Al día siguiente, en el alba, en la agonía de las sombras nocturnas, no se oyó su canto alegre.

Así pasó por el mundo aquel héroe ignorado, aquel amigo tan querido de nuestra niñez: el Caballero Carmelo, flor y nata de paladines, y último vástago de aquellos gallos de sangre y de raza, cuyo prestigio unánime fue orgullo, por muchos años, de todo el verde y fecundo valle de Caucato.

De *El Caballero Carmelo* (1918)

La misma mesa antigua y holgada, de nogal,
y sobre ella la misma blancura del mantel
y los cuadros de caza de anónimo pincel
y la oscura alacena, todo, todo está igual...

Hay un sitio vacío en la mesa hacia el cual
mi madre tiende a veces su mirada de miel,
y se musita el nombre del ausente; pero él
hoy no vendrá a sentarse en la mesa pascual.

La misma criada pone, sin dejarse sentir,
la suculenta vianda y el plácido manjar;
pero no hay la alegría y el afán de reír

que animaron antaño la cena familiar;
y mi madre, que acaso algo quiere decir,
ve el lugar del ausente y se pone a llorar...

TRISTITIA

Mi infancia que fue dulce, serena, triste y sola
se deslizó en la paz de una aldea lejana,
entre el manso rumor con que muere una ola
y el tañer doloroso de una vieja campana.

Dábame el mar la nota de su melancolía,
el cielo la serena quietud de su belleza,
los besos de mi madre una dulce alegría
y la muerte del sol una vaga tristeza.

En la mañana azul, al despertar, sentía
el canto de las olas como una melodía
y luego el soplo denso, perfumado, del mar,

y lo que me dijera aún en mi alma persiste;
mi padre era callado y mi madre era triste
y la alegría nadie me la supo enseñar...

EVOCACIÓN DE LAS GRANADAS

Cual risueñas cabezas coronadas
surgen entre el follaje las granadas
al tibio conjuro de abril;
en sus coronas duermen flores marchitas
y en la paz campesina son las mezquitas
donde ora el hada del bosque, gentil.

Las granadas redondas como joyeles
son ánforas que guardan purpúreas mieles
como la sangre del rubí,
y ofrecen a los ojos formas poliedras
talladas y bermejas como líquidas piedras
en rota esfera de marfil.

Triunfando en el tranquilo follaje espeso
cada fruto es un labio que ofrece un beso
bajo la sombra del jardín.

Y las que aún no maduras crecen cerradas
son los redondos senos de las amadas
que nos reserva el porvenir

De *Obra poética* (1958)

CÉSAR VALLEJO

Nació en Santiago de Chuco, capital de la provincia del mismo nombre del norteño Departamento de La Libertad, en 1892 y en hogar modesto. Murió en París en 1938.

La poesía de Vallejo posee la desconcertante originalidad de un cataclismo: disloca, subvierte el lenguaje. Sus poemas irrumpen como insólitos accidentes que descubren patéticamente la hondura de su experiencia anímica y poética. En ellos, asume no sólo el sufrimiento y la angustia propios de la condición humana sino que se identifica —recia, tierna, amorosamente— con los desheredados y oprimidos de nuestro injusto planeta. Pueblo, en Vallejo, más que una palabra hermosa y vital, es una palabra verdadera.

Son sus libros poéticos: Los heraldos negros *(1918),* Trilce *(1922),* Poemas humanos *(1939),* España, aparta de mí este cáliz *(1939) y* Obra poética completa *(1968, 1970, 1974). Escribió, además, obras narrativas y dramáticas así como diversos ensayos.*

LOS HERALDOS NEGROS

Hay golpes en la vida, tan fuertes... ¡Yo no sé!
Golpes como del odio de Dios; como si ante ellos,
la resaca de todo lo sufrido
se empozara en el alma... ¡Yo no sé!

Son pocos; pero son... Abren zanjas oscuras
en el rostro más fiero y en el lomo más fuerte.
Serán tal vez los potros de bárbaros atilas;
o los heraldos negros que nos manda la Muerte.

Son las caídas hondas de los cristos del alma,
de alguna fe adorable que el Destino blasfema.
Esos golpes sangrientos son las crepitaciones
de algún pan que en la puerta del horno se nos quema.

¡Y el hombre... Pobre... pobre! Vuelve los ojos, como
cuando por sobre el hombro nos llama una palmada;
vuelve los ojos locos, y todo lo vivido
se empoza, como charco de culpa, en la mirada.

Hay golpes en la vida, tan fuertes... ¡Yo no sé!

LA CENA MISERABLE

Hasta cuándo estaremos esperando lo que
no se nos debe... ¡Y en qué recodo estiraremos
nuestra pobre rodilla para siempre! Hasta cuándo
la cruz que nos alienta no detendrá sus remos.

Hasta cuándo la Duda nos brindará blasones
por haber padecido...
                Ya nos hemos sentado
mucho a la mesa, con la amargura de un niño
que a media noche, llora de hambre, desvelado...

Y cuándo nos veremos con los demás, al borde
de una mañana eterna, desayunados todos.
Hasta cuándo este valle de lágrimas, a donde
yo nunca dije que me trajeran.
                    De codos
todo bañado en llanto, repito cabizbajo
y vencido: hasta cuándo la cena durará.

Hay alguien que ha bebido mucho, y se burla,
y acerca y aleja de nosotros, como negra cuchara
de amarga esencia humana, la tumba...
                              ¡Y menos sabe
ese oscuro hasta cuándo la cena durará!

LOS PASOS LEJANOS

Mi padre duerme. Su semblante augusto
figura un apacible corazón;
está ahora tan dulce...
si hay algo en él de amargo, seré yo.

Hay soledad en el hogar; se reza;
y no hay noticia de los hijos hoy.
Mi padre se despierta, ausculta
la huida a Egipto, el restañante adiós.
Está ahora tan cerca;
si hay algo en él de lejos, seré yo.

Y mi madre pasea allá en los huertos,
saboreando un sabor ya sin sabor.
Está ahora tan suave,
tan ala, tan salida, tan amor.

Hay soledad en el hogar sin bulla,
sin noticias, sin verde, sin niñez.
Y si hay algo quebrado en esta tarde,
y que baja y que cruje,

son dos viejos caminos, blancos, curvos.
Por ellos va mi corazón a pie.

De *Los heraldos negros* (1918)

III

Las personas mayores
¿a qué hora volverán?
Da las seis el ciego Santiago,
y ya está muy oscuro.

Madre dijo que no demoraría.

Aguedita, Nativa, Miguel,
cuidado con ir por ahí, por donde
acaban de pasear gangueando sus memorias
dobladoras penas,
hacia el silencioso corral, y por donde
las gallinas que se están acostando todavía,
se han espantado tanto.
Mejor estemos aquí no más.
Madre dijo que no demoraría.

Ya no tengamos pena. Vamos viendo
los barcos ¡el mío es más bonito de todos!
con los cuales jugamos todo el santo día,
sin pelearnos, como debe de ser:
han quedado en el pozo de agua, listos,
fletados de dulces para mañana.

Aguardemos así, obedientes y sin más
remedio, la vuelta, el desagravio
de los mayores siempre delanteros
dejándonos en casa a los pequeños,
como si también nosotros

no pudiésemos partir.

¿Aguedita, Nativa, Miguel?
Llamo, busco al tanteo en la oscuridad.
No me vayan a haber dejado solo,
y el único recluso sea yo.

XXVIII

He almorzado solo ahora, y no he tenido
madre, ni súplica, ni sírvete, ni agua,
ni padre que, en el fecundo ofertorio
de los choclos, pregunte para su tardanza
de imagen, por los broches mayores del sonido.

Cómo iba yo a almorzar. Cómo me iba a servir
de tales platos distantes esas cosas,
cuando habrase quebrado el propio hogar,
cuando no asoma ni madre a los labios.
Cómo iba yo a almorzar nonada.

A la mesa de un buen amigo he almorzado
con su padre recién llegado del mundo,
con sus canas tías que hablan
en tordillo retinte de porcelana,

bisbiseando por todos sus viudos alvéolos;
y con cubiertos francos de alegres tiroriros,
porque estanse en su casa. ¡Así, qué gracia!
Y me han dolido los cuchillos
de esta mesa en todo el paladar.

El yantar de estas mesas así, en que se prueba
amor ajeno en vez del propio amor,
torna tierra el bocado que no brinda la

                         MADRE,
hace golpe la dura deglución; el dulce,
hiel; aceite funéreo, el café.

Cuando ya se ha quebrado el propio hogar,
y el sírvete materno no sale de la
tumba,
la cocina a oscuras, la miseria de amor.

De Trilce (1922)

LOS NUEVE MONSTRUOS

I, desgraciadamente,
el dolor crece en el mundo a cada rato,
crece a treinta minutos por segundo, paso a paso,
y la naturaleza del dolor, es el dolor dos veces
y la condición del martirio, carnívora, voraz,
es el dolor dos veces
y la función de la yerba purísima, el dolor
dos veces
y el bien de sér, dolernos doblemente.

Jamás, hombres humanos,
hubo tánto dolor en el pecho, en la solapa, en la cartera,
en el vaso, en la carnicería, en la aritmética!
Jamás tánto cariño doloroso,
jamás tan cerca arremetió lo lejos,
jamás el fuego nunca
jugó mejor su rol de frío muerto!
Jamás, señor ministro de salud, fue la salud
más mortal
y la migraña extrajo tánta frente de la frente!
Y el mueble tuvo en su cajón, dolor,
y el corazón, en su cajón, dolor,
la lagartija, en su cajón, dolor.

Crece la desdicha, hermanos hombres,
más pronto que la máquina, a diez máquinas, y crece
con la res de Rousseau, con nuestras barbas;
crece el mal por razones que ignoramos
y es una inundación con propios líquidos,
con propio barro y propia nube sólida!
Invierte el sufrimiento posiciones, da función
en que el humor acuoso es vertical
al pavimento,
el ojo es visto y esta oreja oída,
y esta oreja da nueve campanadas a la hora
del rayo, y nueve carcajadas
a la hora del trigo, y nueve sones hembras
a la hora del llanto, y nueve cánticos
a la hora del hambre y nueve truenos
y nueve látigos, menos un grito.

El dolor nos agarra, hermanos hombres,
por detrás, de perfil,
y nos aloca en los cinemas,
nos clava en los gramófonos,
nos desclava en los lechos, cae perpendicularmente
a nuestros boletos, a nuestras cartas;
y es muy grave sufrir, puede uno orar...
Pues de resultas
del dolor, hay algunos
que nacen, otros crecen, otros mueren,
y otros que nacen y no mueren, otros
que sin haber nacido, mueren, y otros
que no nacen ni mueren (son los más).
Y también de resultas
del sufrimiento, estoy triste
hasta la cabeza, y más triste hasta el tobillo,
de ver al pan, crucificado, al nabo,
ensangrentado,
llorando, a la cebolla,
al cereal, en general, harina,
a la sal, hecha polvo, al agua, huyendo,
al vino, un ecce-homo,
tan pálida a la nieve, al sol tan ardio!
¡Cómo, hermanos humanos,
no deciros que ya no puedo y
ya no puedo con tánto cajón,
tánto minuto, tánta
lagartija y tánta
inversión, tánto lejos y tánta sed de sed!
Señor Ministro de Salud: ¿qué hacer?

¡Ah! desgraciadamente, hombres humanos,
hay, hermanos, muchísimo que hacer.

CONSIDERANDO EN FRÍO, IMPARCIALMENTE...

Considerando en frío, imparcialmente,
que el hombre es triste, tose y, sin embargo,
se complace en su pecho colorado;
que lo único que hace es componerse
de días;
que es lóbrego mamífero y se peina...

Considerando
que el hombre procede suavemente del trabajo
y repercute jefe, suena subordinado;
que el diagrama del tiempo
es constante diorama en sus medallas
y, a medio abrir, sus ojos estudiaron,
desde lejanos tiempos,
su fórmula famélica de masa...

Comprendiendo sin esfuerzo
que el hombre se queda, a veces, pensando,
como queriendo llorar,
y, sujeto a tenderse como objeto,
se hace buen carpintero, suda, mata
y luego canta, almuerza, se abotona...

Examinando, en fin,
sus encontradas piezas, su retrete
su desesperación, al terminar su día atroz, borrándolo...

Considerando también
que el hombre es en verdad un animal
y, no obstante, al voltear, me da con su tristeza en la
cabeza...

Comprendiendo
que él sabe que le quiero,
que le odio con afecto y me es, en suma, indiferente...

Considerando sus documentos generales
y mirando con lentes aquel certificado
que prueba que nació muy pequeñito...

le hago una seña,
viene,
y le doy un abrazo, emocionado.
¡Qué más da! Emocionado, emocionado...

UN HOMBRE ESTÁ MIRANDO A UNA MUJER...

Un hombre está mirando a una mujer,
está mirándola inmediatamente,
con su mal de tierra suntuosa
y la mira a dos manos
y la tumba a dos pechos
y la mueve a dos hombres.

Pregúntome, entonces, oprimiéndome
la enorme, blanca, acérrima costilla:
Y este hombre
¿no tuvo a un niño por creciente padre?

¿Y esta mujer, a un niño
por constructor de su evidente sexo?

Puesto que un niño veo ahora,
niño ciempiés, apasionado, enérgico;
veo que no lo ven
sonarse entre los dos, colear, vestirse;
puesto que los acepto,
a ella en condición aumentativa,
a él en la flexión del heno rubio.

Y exclamo entonces, sin cesar ni uno
de vivir, sin volver ni uno
a temblar en la justa que venero:
¡Felicidad seguida
tardíamente del Padre,
del Hijo y de la Madre!
¡Instante redondo,
familiar, que ya nadie siente ni ama!
¡De qué deslumbramiento áfono, tinto,
se ejecuta el cantar de los cantares!
¡De qué tronco, el florido carpintero!
¡De qué perfecta axila, el frágil remo!
¡De qué casco, ambos cascos delanteros!

PIEDRA NEGRA SOBRE UNA PIEDRA BLANCA

Me moriré en París con aguacero,
un día del cual tengo ya el recuerdo.
Me moriré en París —y no me corro—
tal vez un jueves, como es hoy, de otoño.

Jueves será, porque hoy, jueves, que proso
estos versos, los húmeros me he puesto
a la mala y, jamás como hoy, me he vuelto,
con todo mi camino, a verme solo.

César Vallejo ha muerto, le pegaban
todos sin que él les haga nada;
le daban duro con un palo y duro

también con una soga; son testigos
los días jueves y los huesos húmeros,
la soledad, la lluvia, los caminos...

De *Poemas humanos* (1939)

MASA

Al fin de la batalla,
y muerto el combatiente, vino hacia él un hombre
y le dijo: "No mueras, te amo tanto!"
Pero el cadáver ¡ay! siguió muriendo.

Se le acercaron dos y repitiéronle:
"¡No nos dejes! ¡Valor! ¡Vuelve a la vida!"
Pero el cadáver ¡ay! siguió muriendo.

Acudieron a él veinte, cien, mil, quinientos mil,
clamando: "Tanto amor y no poder nada contra la
muerte!"
Pero el cadáver ¡ay! siguió muriendo.

Le rodearon millones de individuos,
con un ruego común: "¡Quédate, hermano!"
Pero el cadáver ¡ay! siguió muriendo.

Entonces, todos los hombres de la tierra
le rodearon; les vio el cadáver triste, emocionado;
incorporóse lentamente,
abrazó al primer hombre; echóse a andar...

De *España, aparta de mí este cáliz* (1940)

MARIANO IBÉRICO

*Nació en Cajamarca en 1893 y murió en Lima en 1974.
Filósofo representante del vitalismo bergsoniano en el Perú,
escritor, profesor universitario y jurista. Ibérico fue un expo-
sitor de las ideas filosóficas propias y ajenas en su cátedra
de la Universidad de San Marcos de Lima, y en varios trabajos sobresalientes por la hondura y fineza de su percep-
ción intelectual, su sentido estético y religioso, y la sugesti-
va elegancia de su estilo a menudo impregnado de poética
emoción.*

Entre sus obras se hallan La unidad dividida *(1932),*
Notas sobre el paisaje de la Sierra *(1937),* El sentimiento
de la vida cósmica *(1939),* La aparición *(1950),* Perspectivas sobre el tema del tiempo *(1958),* Estudios sobre la
metáfora *(1965).*

El paisaje de la sierra es silente, y si se quiere hablar en paradoja podría decirse que el lenguaje de la sierra es el silencio. En su mudo recogimiento, en su callada soledad están su misterio y su mensaje.

Pero el silencio, como un gran lago inmóvil, suele tener palpitaciones breves coronadas por la espuma de una voz, de un murmullo, ondas lejanas que traen ecos vagos, rumores flotantes que se hacen y se deshacen sin turbar la esencial inmovilidad de sus capas profundas. Y así, las voces del paisaje serrano son como emanaciones del silencio, y nacen, suenan y pasan impregnadas en su fluido arcano.

La algarabía matinal de los pájaros transmuta, en su estridencia afirmativa, libre, soberana, el nacimiento de la luz. El balido de las ovejas tiene la tierna desesperanza de las húmedas y solitarias campiñas. Y toda la apacible tristeza, la nostálgica serenidad de la tarde después de la tormenta, parecen exhalarse en las voces distantes con que las pastoras que se quedaron aisladas en las punas, en las orillas de los ríos, o en las desamparadas vertientes, se llaman y responden. Esas voces, esos largos gritos atraviesan lentamente el espacio y van al confín invisible donde suscitan otras voces, resonancias humanas, coro unánime, alma dulce y triste de la paz en que palpita, como la sombra en la cristalina claridad del crepúsculo, una nota de angustia.

El viento zumba a lo largo de las quebradas, silba

en las pajas de la puna y suscita, al agitar las ramas de los eucaliptus, el majestuoso rumor del mar.

A veces he pensado que, quién sabe, si en esta voz interminable del viento, dice su confidencia metafísica el alma de la sierra. Siempre han creído los hombres que el alma era viento, soplo, siempre recibieron las palabras oraculares y proféticas como inspiradas, infundidas por un aliento divino, y la vida misma la consideraron como algo que Dios infunde con un soplo. El aire —pneuma, atma— como soplo de vida, como vehículo de revelación, como sustancia mágica de la voz, es sagrado, y por eso lo que él nos dice tiene toda la verdad ininteligible y oculta de los viejos oráculos.

El viento y el río son los músicos de la nota única. La voz del viento es el alarido de un dolor sin remedio. La voz del río es también una queja, pero resignada, sumisa; sumisa al destino que condena sus aguas a correr para siempre jamás por el mismo camino profundo, angosto, pedregoso, y hacia la misma nada.

Sólo el trueno es detonante y violento. El trueno es la gigantesca crepitación del rayo, y se prolonga y refuerza al repercutir en las montañas. Su poderosa vibración conmueve la silenciosa inmovilidad de los cerros, y es como si entre ellos rebotara una mole sonora y espantable. Y sin embargo, el mismo trueno se pierde al fin devorado por la persistente mudez de la altura.

Las voces del paisaje son lejanas y vivientes. Como las imágenes de la visión emergen en la zona distante donde nunca estaremos. Y así como la imagen, luminosa, esplendente, lanza un rayo secreto de sombra,

así las voces del paisaje traen, en su efímera sonoridad,
un mensaje callado.

De *Notas sobre el paisaje de la Sierra* (1937)

JUAN PARRA DEL RIEGO

Nacido en Lima en 1894, falleció en 1925 en Montevideo, ciudad a la que estuvo muy unido. Sus poemas, animados por jubiloso ritmo vital, celebran algunos de los grandes idola del futurismo —la velocidad, la máquina, la hazaña deportiva— en un módulo expresivo de factura propia, aunque con ciertos antecedentes reconocibles, al cual le dio el nombre de polirritmo.

Son sus obras: Himnos del cielo y de los ferrocarriles (1925), Blanca luz (1925) y Poesía (1943).

POLIRRITMO DINÁMICO A GRADÍN, JUGADOR DE FÚTBOL

Palpitante y jubiloso
como el grito que se lanza de repente a un aviador,
todo así claro y nervioso,
yo te canto, ¡Oh jugador maravilloso!
que hoy has puesto el pecho mío como un trémulo
tambor.

Ágil,
fino,
alado,

eléctrico,
repentino,
fulminante,
yo te vi en la tarde olímpica jugar.
Mi alma estaba oscura y torpe de un secreto sollozante,
pero cuando rasgó el pito emocionante
y te vi correr... saltar

Y fue el ¡hurra! y la explosión de camisetas
tras el loco volatín de la pelota,
y las oes y las zetas
del primer fugaz encaje
de la aguja de colores de tu cuerpo en el paisaje,
otro nuevo corazón de proa ardiente,
cada vez menos despacio
se me puso a dar mil vueltas en el pecho de repente.

Y te vi, Gradín,
bronce vivo de la múltiple actitud,
zigzagueante espadachín
del golkeaper cazador,
de ese pájaro violento
que le silba la pelota por el viento
y se va, regresa, y cruza con su eléctrico temblor.

¡Flecha, víbora, campana, banderola!
¡Gradín, bala azul y verde! ¡Gradín, globo que se va!
Billarista de esa súbita y vibrante carambola
que se rompe en las cabezas y se enfila más allá...
y discóbolo volante,
pasa uno...

260

dos...
tres... cuatro...
siete jugadores...

La pelota hierve en ruido seco y sordo de metralla,
se revuelca una epilepsia de colores
y ya estás frente a la valla
con el pecho... el alma... el pie...
y es el tiro que en la tarde azul estalla
como un cálido balazo que se lleva la pelota hasta la red.
¡Palomares! ¡Palomares!
de los cálidos aplausos populares...

¡Gradín, trompo, émbolo, música, bisturí, tirabuzón!
(¡Yo vi tres mujeres de ésas de caderas como altares
palpitar estremecidas de emoción!)
¡Gradín! róbale al relámpago tu cuerpo incandescente
que hoy me ha roto en mil cometas de una loca ele-
vación,
otra azul velocidad para mi frente
y otra mecha de colores que me vuele el corazón.

Tú que cuando vas llevando la pelota
nadie cree que así juegas:
todos creen que patinas,
en tu baile vas haciendo líneas griegas
que te siguen dando vueltas con sus vagas serpentinas.

¡Pez acróbata que al ímpetu del ataque más violento
se escabulle, arquea, flota,
no le ve nadie en un momento,

261

pero como un submarino sale allá con la pelota!...
Y es entonces cuando suena la tribuna como el mar:
todos grítanle: ¡Gradín!, ¡Gradín!, ¡Gradín!

Y en el ronco oleaje negro que se quiere desbordar,
saltan pechos, vuelan brazos y hasta el fin
todos se hacen los coheteros
de una salva luminosa de sombreros
que se van hasta la luna a gritarle allí: ¡Gradín!,
                                       ¡Gradín!, ¡Gradín!

De *Tres polirritmos inéditos* (1937)

RICARDO PEÑA BARRENECHEA

*Nació en Lima en 1894 y murió en esta misma ciudad
en 1939. Poeta, pintor y autor de varias piezas de teatro
poético. En la porción más relevante de su obra, se mues-
tran nítidamente su cálida inspiración amorosa y un sensual aprisionamiento del mundo y sus criaturas, así como
el exaltado sentir del cuerpo humano. Ricardo Peña ha
trazado una rutilante y musical avenida de tercetos en ho-
menaje a Góngora; ha escrito finos, íntimos y neblinosos
romances, y unos poemas atormentados por la soledad y
la muerte, su cántico lineal y perdurable.*

Sus libros son: Floración *(1924),* Eclipse de una tarde
gongorina y Burla de don Luis de Góngora *(1932),* Discurso de los amantes que vuelven *(1934),* Romancero de
las sierras *(1938)* y Cántico lineal *(1943).*

No hay azucena más blanca
ni más cargada de ausencia,
que tú, azucena dorada
del campo de Quipachacha.

Como aparece un lucero
en las vertientes del alba;
tu ausencia de oro perfuma
la soledad de mi alma.

Como la voz de una estrella
que va apagando la tarde;
como revive el silencio
después que todo naufraga.

Como la noche que muere
en cada flor bajo el agua;
tú sola te vas cerrando
en las colinas de mi alma.

De *Romancero de las sierras* (1938)

1

La piel azul de tu sonrisa, el fuego
de cada estrella, de cada flor dorada.

Emerge el canto de tu cabellera.
Emerge el sueño y la voz perdida.

Pienso que todo lo que tú trajiste
no ha muerto todavía.

Está en la flor del aire. Está en la flor del fuego.

Golfo de luz apenas perceptible.
Arca de sal apenas entreabierta.

Mas ¿cómo habría de morir
lo que nevó tu sombra,
lo que calló la angustia de tu Muerte?

2

No sé qué dulzura vierte
tu soledad. Hay un eco
de rosas que nunca tuve
junto al rumor de tu pecho.

Es como el canto de un pájaro
que se recoge y en su vuelo
va despertando en el aire,
lirios, cristales, luceros.

Sigo escuchando en tu pecho
no sé qué voz. Hoy el viento
es como un ángel que pasa
con los labios entreabiertos.

3

Es un cristal tu cuerpo y su hermosura
en soledad mi alma la enamora.
Cuando más fría está, vibra más pura
que si la toca el aire se evapora.

Herida en su tristeza, el alma vuela
buscando la apariencia de otra fuente.
El silbo de la luz, la luz que anhela
para la oscura noche en que se miente.

Mas torna a tu presencia, mira el oro
que en sándalo transforma tus cabellos;
la gracia de harpa de tu fino lloro,

la púrpura amorosa que se vierte.
Y disuélvese mi alma en mil destellos
sobre la noche de tu dulce muerte.

4

Las flores de la noche se entreabren
con sólo aproximarse tu hermosura.
Qué olor a jazmines en tu pecho,
qué de manos abiertas en el aire.

Como tú los despiertas van mis ojos
perfilando montañas, río, valles.

Quisiera ser el aire que destruye
tu cabellera ardiente frente al alba.
El sueño de una noche, un copo de alas,
la transparente música del agua.

Quisiera ser aquello que acaricia
un instante no más tu carne pálida.

De *Cántico lineal* (1943)

JOSÉ CARLOS MARIÁTEGUI

*Nació en Moquegua en 1895 y murió en Lima en 1930.
Ideólogo, ensayista, crítico. Fundó la revista* Amauta *(1925)
en cuyas páginas se dan a conocer nuevos y relevantes valores literarios e intelectuales. Mariátegui es el introduc-
tor del pensamiento marxista en el Perú, de acuerdo con
el cual —en franca ruptura con las ideas establecidas de
su época— ejerce su crítica del proceso histórico y cultural del país.* Sus Siete ensayos de interpretación de la realidad peruana *(1928) se han convertido en la instancia
rectora de la ideología socialista en nuestro país. Su obra
ha trascendido las fronteras nacionales y es objeto de creciente interés. Ensayista de obra sujeta a una interna coherencia ideológica, su prosa se va conformando a base
de frases cortas, directas, caracterizadoras, vehículo ade-
cuado a sus aprehensiones intuitivas, muchas veces profundas, conceptuosas siempre.*

Algunos de sus libros: La escena contemporánea *(1925),*
Defensa del marxismo *(1934),* El alma matinal y otras estaciones del hombre de hoy *(1950),* Signos y obras *(1959).*

266

La población del Imperio Inkaico, conforme a cálculos prudentes, no era menor de diez millones. Hay quienes la hacen subir a doce y aun a quince millones. La Conquista fue, ante todo, una tremenda carnicería. Los conquistadores españoles, por su escaso número, no podían imponer su dominio sino aterrorizando a la población indígena, en la cual produjeron una impresión supersticiosa las armas y los caballos de los invasores, mirados como seres sobrenaturales. La organización política y económica de la Colonia, que siguió a la Conquista, no puso término al exterminio de la raza indígena. El Virreinato estableció un régimen de brutal explotación. La codicia de los metales preciosos orientó la actividad económica española hacia la explotación de las minas que, bajo los inkas, habían sido trabajadas en muy modesta escala, en razón de no tener el oro y la plata sino aplicaciones ornamentales y de ignorar los indios, que componían un pueblo esencialmente agrícola, el empleo del hierro. Establecieron los españoles, para la explotación de las minas y los "obrajes", un sistema abrumador de trabajos forzados y gratuitos, que diezmó la población aborigen. Ésta no quedó así reducida sólo a un estado de servidumbre —como habría acontecido si los españoles se hubiesen limitado a la explotación de las tierras conservando el carácter agrario del país— sino, en gran parte, a un estado de esclavitud. No faltaron voces humanitarias y civilizadoras que asumieron ante el Rey de España la defensa de los indios. El padre de Las Casas sobresalió eficazmente en esta defensa. Las leyes de Indias se inspiraron en propósitos de protección de los indios, reconociendo su organización típica en "comunidades". Pero prácticamente, los indios continuaron a merced de una feudalidad despiadada que destruyó la sociedad y la economía inkaicas, sin sustituirlas con un orden capaz de organizar progresivamente la producción. La tendencia de los españoles a establecerse en la Costa ahuyentó de esta región a los aborígenes a tal punto que se carecía de brazos para el trabajo. El Virreinato quiso resolver este problema mediante la importación de esclavos negros, gente que resultó adecuada al clima y las fatigas de los valles o llanos cálidos de la costa, e inaparente, en cambio, para el trabajo de las minas, situadas en la Sierra fría. El esclavo negro reforzó la dominación española que a pesar de la despoblación indígena, se habría sentido de otro modo demográficamente demasiado débil frente al indio, aunque sometido, hostil y enemigo. El negro fue dedicado al servicio doméstico y a los oficios. El blanco se mezcló fácilmente con el negro produciendo este mestizaje uno de los tipos de población costeña con características de mayor adhesión a lo español y mayor resistencia a lo indígena.

La Revolución de la Independencia no constituyó, como se sabe, un movimiento indígena. La promovieron y usufructuaron los criollos y aun los españoles de las colonias. Pero aprovechó el apoyo de la masa indígena. Y, además, algunos indios ilustrados como Pumacahua, tuvieron en su gestación parte importan-

268

te. El programa liberal de la Revolución comprendía lógicamente la redención del indio, consecuencia automática de la aplicación de sus postulados igualitarios. Y, así, entre los primeros actos de la República, se contaron varias leyes y decretos favorables a los indios. Se ordenó el reparto de tierras, la abolición de los trabajos gratuitos, etc.; pero no representando la revolución en el Perú el advenimiento de una nueva clase dirigente, todas estas disposiciones quedaron sólo escritas, faltas de gobernantes capaces de actuarlas. La aristocracia latifundista de la Colonia, dueña del poder, conservó intactos sus derechos feudales sobre la tierra y, por consiguiente, sobre el indio. Todas las disposiciones aparentemente enderezadas a protegerla, no han podido nada contra la feudalidad subsistente hasta hoy.

El Virreinato aparece menos culpable que la República. Al Virreinato le corresponde, originalmente, toda la responsabilidad de la miseria y la depresión de los indios. Pero, en ese tiempo inquisitorial, una gran voz cristiana, la de fray Bartolomé de las Casas, defendió vibrantemente a los indios contra los métodos brutales de los colonizadores. No ha habido en la República un defensor tan eficaz y tan porfiado de la raza aborigen.

Mientras el Virreinato era un régimen medieval y extranjero, la República es formalmente un régimen peruano y liberal. Tiene, por consiguiente, la República deberes que no tenía el Virreinato. A la República le tocaba elevar la condición del indio. Y contrariando este deber, la República ha pauperizado al indio, ha agravado su depresión y ha exasperado su miseria. La República ha significado para los indios la ascensión de una nueva clase dominante que se ha apropiado sistemáticamente de sus tierras. En una raza de costumbre y de alma agrarias, como la raza indígena, este despojo ha constituido una causa de disolución material y moral. La tierra ha sido siempre toda la alegría del indio. El indio ha desposado la tierra. Siente que "la vida viene de la tierra" y vuelve a la tierra. Por ende, el indio puede ser indiferente a todo, menos a la posesión de la tierra que sus manos y su aliento labran y fecundan religiosamente. La feudalidad criolla se ha comportado, a este respecto, más ávida y más duramente que la feudalidad española. En general, en el "encomendero" español había frecuentemente algunos hábitos nobles de señorío. El "encomendero" criollo tiene todos los defectos del plebeyo y ninguna de las virtudes del hidalgo. La servidumbre del indio, en suma, no ha disminuido bajo la República. Todas las revueltas, todas las tempestades del indio, han sido ahogadas en sangre. A las reivindicaciones desesperadas del indio les ha sido dada siempre una respuesta marcial. El silencio de la puna ha guardado luego el trágico secreto de estas respuestas. La República ha restaurado, en fin, bajo el título de conscripción vial, el régimen de las "mitas".

La República, además, es responsable de haber aletargado y debilitado las energías de la raza. La causa de la redención del indio se convirtió bajo la República, en una especulación demagógica de algunos caudillos. Los partidos criollos la inscribieron en su programa. Disminuyeron así en los indios la voluntad de luchar por sus reivindicaciones.

En la Sierra, la región habitada principalmente por los indios, subsiste, apenas modificada en sus lineamientos, la más bárbara y omnipotente feudalidad. El dominio de la tierra coloca, en manos de los gamonales, la suerte de la raza indígena, caída en un grado extremo de depresión y de ignorancia. Además de la agricultura, trabajada muy primitivamente, la Sierra peruana presenta otra actividad económica: la minería, casi totalmente en manos de dos grandes empresas norteamericanas. En las minas rige el salariado; pero la paga es ínfima, la defensa de la vida del obrero casi nula, la ley de accidentes de trabajo burlada. El sistema del "enganche", que por medio de anticipos falaces esclaviza al obrero, coloca a los indios a merced de estas empresas capitalistas. Es tanta la miseria a que los condena la feudalidad agraria, que los indios encuentran preferible, con todo, la suerte que les ofrecen las minas.

La propagación en el Perú de las ideas socialistas ha traído como consecuencia un fuerte movimiento de reivindicación indígena. La nueva generación peruana siente y sabe que el progreso del Perú será ficticio, o por lo menos no será peruano, mientras no constituya la obra y no signifique el bienestar de la masa peruana que en sus cuatro quintas partes es indígena y campesina. Este mismo movimiento se manifiesta en el arte y en la literatura nacionales en los cuales se nota una creciente revalorización de las formas y asuntos autóctonos, antes depreciados por el

271

predominio de un espíritu y una mentalidad coloniales españoles. La literatura indigenista parece destinada a cumplir la misma función que la literatura "mujikista" en el periodo prerrevolucionario ruso. Los propios indios empiezan a dar señales de una nueva conciencia. Crece día a día la articulación entre los diversos núcleos indígenas antes incomunicados por las enormes distancias. Inició esta vinculación, la reunión periódica de congresos indígenas, patrocinada por el Gobierno, pero como el carácter de sus reivindicaciones se hizo pronto revolucionario, fue desnaturalizada luego con la exclusión de los elementos avanzados y a la leva de representaciones apócrifas. La corriente indigenista presiona ya la acción oficial. Por primera vez el Gobierno se ha visto obligado a aceptar y proclamar puntos de vista indigenista, dictando algunas medidas que no tocan los intereses del gamonalismo y que resultan por esto ineficaces. Por primera vez también el problema indígena, escamoteado antes por la retórica de las clases dirigentes, es planteado en sus términos sociales y económicos, identificándosele ante todo con el problema de la tierra. Cada día se impone, con más evidencia, la convicción de que este problema no puede encontrar su solución en una fórmula humanitaria. No puede ser la consecuencia de un movimiento filantrópico. Los patronatos de caciques y de rábulas son una befa. Las ligas del tipo de la extinguida Asociación Pro-Indígena son una voz que clama en el desierto. La Asociación Pro-Indígena no llegó a su tiempo a convertirse en un movimiento. Su acción se redujo gradualmente a la acción generosa, abnegada, nobilísima, personal de Pedro S. Zulen y Dora Mayer. Como experimento, el de la Asociación Pro-Indígena sirvió para contrastar, para medir, la insensibilidad moral de una generación y de una época.

La solución del problema del indio tiene que ser una solución social. Sus realizadores deben ser los propios indios. Este concepto conduce a ver en la reunión de los congresos indígenas un hecho histórico. Los congresos indígenas, desvirtuados en los últimos años por el burocratismo, no representaban todavía un programa; pero sus primeras reuniones señalaron una ruta comunicando a los indios de las diversas regiones. A los indios les falta vinculación nacional. Sus protestas han sido siempre regionales. Esto ha contribuido, en gran parte, a su abatimiento. Un pueblo de cuatro millones de hombres, consciente de su número, no desespera nunca de su porvenir. Los mismos cuatro millones de hombres, mientras no son sino una masa orgánica, una muchedumbre dispersa, son incapaces de decidir su rumbo histórico.

En *Labor*, Año I, núm. 1, 1928

RAÚL PORRAS BARRENECHEA

Nació en Pisco en 1897 y murió en Lima en 1960. Historiador, profesor universitario, internacionalista, diplomático. Sus contribuciones al esclarecimiento de la historia, la literatura y la cultura peruanas son sustanciales. En particular, aquéllas dedicadas a los cronistas de la Conquista, asunto en el cual es autoridad indiscutible. Su tarea de historiador marchó de la mano con su generoso magisterio. La riqueza de su información y su correlativa aptitud para la síntesis lo llevaron a forjarse una prosa medular, y ejemplar por los valores literarios que encarna: elegancia, concisión jamás reñida con la claridad expositiva, amenidad y ponderada composición.

Entre sus obras: El periodismo en el Perú (1921), Historia de los límites del Perú (1926, 1930), Pequeña antología de Lima (1935), Las relaciones primitivas de la Conquista del Perú (1937), Los cronistas de la Conquista (1941), Mito, tradición e historia del Perú (1951), Pizarro (1980).

LA SÁTIRA EN EL PERÚ

La literatura peruana —dice el autor de *El Perú contemporáneo*— ha triunfado sobre todo en dos géneros, en la sátira política con Pardo y Fuentes y en la tradición con don Ricardo Palma. En una palabra, en la sátira, porque la tradición manejada por la pluma traviesa de Palma, revistió innegables tendencias satíricas.

La sátira es innata en el carácter limeño. Brota espontáneamente de la conciencia popular. Ningún pueblo como el de Lima poseerá en más alto grado el don de percibir el ridículo. Como ha dicho ese admirable maestro que se llama Francisco García Calderón: en nosotros "la gracia andaluza ha vencido a la austeridad castellana". De ahí esa cierta inestabilidad de la conciencia pública, que tan pronto crea ídolos como los caricaturiza; de ahí el desarraigo de los ideales, que no encuentran una base duradera en la opinión; de ahí también ese eterno descontento limeño del presente que levanta oposiciones a todos los gobiernos. Muchas veces basta un chiste para desprestigiar una alta combinación financiera y un apodo bien puesto hace decaer el prestigio de un ministro casi tanto como un voto de censura de las cámaras. De esta sicología peculiar nace un escepticismo práctico que no puede disimular una sonrisa ante las cosas más serias. Nuestros satíricos se han burlado de todas las instituciones republicanas. Don Felipe Pardo, con ser diputado y ministro, no pudo dejar de poner en solfa la carta fundamental de la nación.

Hubo siempre algo de comicidad solemne y de afectada seriedad en todos los aspectos de nuestra vida. La libertad, la igualdad, la soberanía del pueblo —*soberasnía* dijo Juan de Arona—, todas aquellas palabras fundamentales del credo democrático suenan a hueco en labios de los peruanos; se pronuncian con cierto dejo irónico y cuando son usadas sinceramente en el parlamento o en las asambleas populares cada uno sonríe para adentro. Una figura de Ventura García Calderón basta para dar una idea de esta idiosincrasia nuestra: y es la de aquella ardiente devota, que en la procesión de los Milagros, al observar los vaivenes del anda, dice socarronamente: "El Señor está bebido." La frase refleja por completo la sicología nacional. Así somos no sólo en religión, sino en política y en sociedad. Nos reímos de nuestros ideales y de nuestras propias creencias. No es extraño, pues, que en este medio con los antecedentes de la raza y del clima favorables al desarrollo del ingenio, la sátira haya surgido abundante y espontánea.

La historia, enseñándonos que esta malicia fue la misma en todos los tiempos, contribuyó a hacer más efectiva esa tendencia. La historia peruana está llena de episodios anecdóticos y de hazañas cómicas dignas de una nueva *Batracomiomaquia*. La vida de la colonia trazada por la pluma maravillosa de Palma, historiador festivo, tiene cuadros que parecieran inventos de una regocijada fantasía, cuentos ingeniosos en los que se aunaran la fina ironía de Anatole France con las picardías de Boccacio, si no supiéramos por él mismo que toda aquella historia es verídica y cierta, atestiguada por antiguos e insospechables cronicones.

Vida colonial en la que todo rió y en la que el ingenio hizo sonar sus cascabeles junto a las cosas más graves y santas. Discusiones teológicas que si versaron sobre la creación del mundo y sobre las perfecciones divinas, rieron también alegremente sobre si tuvo o no tuvo Adán ombligo; héroes que se ahogaban en un charco de agua; controversias políticas sustentadas en verso, en las que no se derramó tinta ni gastó papel, hechas con tiza sobre las paredes de la casa de Pizarro y en las que los virreyes contestaban rimando a sus adversarios; sublevaciones de mujeres; advertencias ingeniosas como la de "Sal Abascal" que suplían una revolución; donde un campanero era para un virrey más temible que una oposición parlamenta-

ria y vida en la que el episodio versallesco de la Perricholi fue el más serio, el más grave y el más so-
nado de los escándalos.

Tuvimos patria y república en solfa. Independiza-
dos los pueblos de América, derrumbado el edificio
social y político de la colonia, se quiso construir en
tres días sobre las ruinas recientes. Se improvisó leyes y hombres, como se había improvisado discur-
sos. Y nacieron nuestras democracias chirles gober-
nadas por reclutas con entorchados y por tinterillos
con nombres de ministros. La vida republicana tuvo
mucho de bufo y de arlequinesco. Saturada de principios y de ideas los más avanzados en la democracia, contrastó enormemente con el atraso y la incul-
tura del pueblo. Las prácticas democráticas que son
las que más exigen educación y moralidad puestas en
mano de nuestro pueblo, tuvieron algo de simiesco
y teatral. El ensayo de república fracasó, pues, en
la práctica como en las demás repúblicas sudameri-
canas. La transición del coloniaje a la república, del
absolutismo a la libertad, fue demasiado brusca. Y
de la oposición entre el brillante lirismo de las doc-
trinas y la burda visión de la realidad nació un contraste propicio para la sátira.

Durante cincuenta años, de 1825 —después de Ayacucho— a 1875, la sátira fue el género literario por
excelencia. El espectáculo de la república justificaba
este predominio. La vida nacional era risible e indecisa, sometida al azar de la intriga o del cuartelazo.
Había congresos y constituciones a granel; revoluciones
de cohetazos; presidentes que para dormir tranquila-

mente arrojaban por el balcón la banda presidencial; dictadores semanales y generales de opereta. La anarquía era tal que un día se vio el caso exótico de un presidente con tez de ébano. Ante el derrumbe de todas las expectativas, la sátira se alzó y fustigó riendo las contradicciones criollas.

La vida social favorecía igualmente las cualidades satíricas, siguió siendo como en la colonia, hecha de comentarios y de picardías, plagada de chismecillos y aromada por la incesante travesura de las limeñas. Se hizo tradicional la lisura de las Raygada y de las Eléspuru —brillante pasado de belleza y aristocracia, de virtud y de ingenio— que hoy sigue retoñando cada vez más fina, más espiritual y admirable.

El ingenio de los limeños continuó floreciendo desde las veladas del virrey poeta, reproduciéndose en la pluma de oidores que a los noventa años y ya en vida republicana, escribían madrigales para el abanico de las damas. Letrillas, epigramas, sátiras bulleron siempre por todas partes. Triunfó un delicioso oportunismo en las respuestas y en los chistes, en la asombrosa aplicación de los apodos y en la gracia incomparable del piropo callejero. En todos los hogares limeños hubo algún ingenio familiar que versificaba en los días de cumpleaños, hacía madrigales a las primas bonitas o eternizaba en décimas un incidente doméstico. Así como en otros países no hay quien no haya rendido a su juventud el tributo romántico de hacer versos, en el nuestro no habrá quien no haya con las rimas satirizado a cualquiera.

En álbumes, en reuniones íntimas, en periódicos de

nombres gayos florecía todo ese ingenio. Debajo de la carpeta de los abogados se escondía alguna décima sobre las virtudes del defensor contrario; en la gaveta de los ministros la llave guardaba el secreto de sátiras políticas y cuando el tiempo bastaba varios jurisconsultos se reunían y producían un chistosísimo juicio de trigamia.

Arma contra los tiranuelos de veinte días, remedio contra la tediosidad de la vida social, latiguillo fustigador de rezagos coloniales y de falsas divinidades republicanas, la sátira es la expresión de ese primer periodo de nuestra vida independiente, en el que los que no se sentían capaces de tomar un fusil para unirse a las revueltas, enristraban la pluma y amenazaban a los gobiernos con la temible y risueña oposición de una hoja de papel.

Felipe Pardo, José Joaquín Larriva, Manuel Atanasio Fuentes, Juan de Arona y Leónidas Yerovi expresan esta alegría y buen humor eternos de la raza.

De *Satíricos y costumbristas* (1958)

LUIS ALBERTO SÁNCHEZ

Nació en Lima en 1900. Historiador, crítico, profesor universitario, periodista, narrador, político. Perteneciente a la Generación del Centenario en la que sobresalen historiadores de la talla de Jorge Basadre, Raúl Porras Barrenechea y Jorge Guillermo Leguía, Sánchez ha encarado la totalidad de la creación literaria nacional desde una pers-

pectiva socio-histórica, apoyándose para ello tanto en su vasta erudición y personales vistas como en la naturaleza misma de su prosa expositiva, ganada casi siempre por un ágil impulso narrativo. Al esclarecimiento de la historia y cultura hispanoamericana le ha dedicado varias obras. Es autor de biografías noveladas de escritores (Segura, González Prada, Chocano, Valdelomar) y de singulares personajes femeninos (La Perricholi y Flora Tristán), libros que constituyen una avanzada en este incitante campo. Prosista de libérrimo vuelo, la bibliografía peruana de este siglo tiene en él su primer contribuyente.

Algunas obras suyas: Los poetas de la Colonia (1921), Góngora en América (1927), América, novela sin novelistas (1933), Panorama de la literatura actual (1934, 1936), La literatura peruana (1966), 5 volúmenes.

PRELUDIO

Anchos, pesados, lentos, vienen y van sobre cubierta los pasos del capitán Chabrié. Vienen y van. Anchos, pesados, lentos. Midiendo ansias, a compás lento, ancho, pesado, vienen y van. Junto a la borda del *brick*, prendidos de la lechosa escala de la luna, unos ojos enormes y negros, entre la luz y la sombra, unos ojos extáticos, miran y escuchan.

El capitán Chabrié sigue paseando: sobre su cabeza bruñida de calvicie relumbra el plateado fulgor de la noche azulenca: hombre grueso, macizo, impulsivo; garras de oso, sus manos se alzan imprecatorias de cuando en cuando. Igual que sus pasos, las chupadas nerviosas a la pipa (arrancándole nieblas, disipando brumas) vienen y van.

El *brick* es pequeño. Sus doscientas toneladas oscilan sobre las crestas de las olas, más enardecidas desde que los nautas traspusieron el Cabo de Hornos, enfrentándose al burlón Pacífico. Pequeño barquito para cortas travesías, pero su capitán, Zacarías Chabrié —un almiral, mon vieux!—, conoce a maravilla el dédalo de pasillos, escalas, escotillas, sentinas y camarotes, el secreto de las estrellas, los ardides de los astros, la torva hipocresía de las mareas, el geológico acaecido de las olas. Sobre ellas, cabalgándolas, teniéndolas ceñidas al puño, proyectan su audacia las doscientas toneladas bravías del viejo *brick Le Mexicain*.

Pero el capitán Chabrié, envuelto en la humareda de su cachimba y su quiebra sentimental, reta a la luna, sin poderse liberar de su embrujo. De su embrujo, ni del otro. Atado va su pensamiento a la exótica pasajera de faz atormentada y sensual, que habla con profunda voz de abismo. Atado a ella, a quien todos —los cinco pasajeros y los tres oficiales— viven uncidos sobre la cubierta del barquichuelo saltarín de ondas, buzo de repentinos valles líquidos. Por eso, los pasos capitanes, en esa noche propicia y, al par, distanciadora, protestan impacientes —vienen y van—, y las chupadas a la pipa vienen y van, y en el mar las espumas chisporroteantes vienen y van, y en el cielo, las nubes algodonosas vienen y van, y en el pecho agitado de Flora, los suspiros —como las nubes, como la espuma, como el humo, como los pasos— vienen y van.

"Mademoiselle Flora Tristán" sufre ya su centésimo trigésimo segundo día de navegación sobre el *brick* encabritado. Ciento treinta y dos días suspensa entre los miserables recuerdos de Francia y las millonarias expectativas del Perú. Anoche, en un romántico claro de luna, bajo inesperado desmayo, el capitán Chabrié "desabotonó" —como decía Fermín Miota, pasajero peruano—, desabotonó su pasión por la enigmática viajera.

—Oh, Flora... *vous devez me croire... je suis trop malhereux,* si!

¡Pobre amor náufrago! Súbito amor marinero: por lo mismo, terco; y ella, arribada la "funesta edad", incapaz, ahora que lo desea, incapaz de entregarse. Chabrié, hombrachón de vulgar aspecto, con sus treinta y seis años sanotes, su calva, su paso firme, su voz áspera para hablar pero dulcísima para el canto —¡cómo interpreta a Rossini, mago musical de la hora!— siente su encalladura en aquella pasión entrevista hacía tiempo. Porque Chabrié amaba a Flora de tiempo atrás, desde el primer día de su encuentro en París, cuando la conoció "Madame Flora Chazal", y, más aún, desde Burdeos, en que la reencontró "Mademoiselle Flora Tristán". Al volver, en una tregua, entre viaje y viaje, a su ciudad natal, a sus alegres "matelots" de Lorient, llevaba dentro del pecho una campana recién estrenada, anuncio también de puerto nuevo. Tornaba después a Burdeos, desprevenido, y por lo mismo más protegido por su desamparo, cuando se quedó perplejo al hallarse otra vez con "Mademoiselle Flora". Hasta muy en lo hondo de su alma simple de campesino navegador, se metieron los ojos alucinantes de Flora. Hasta adentro, aquella efigie andaluza: la tez morena, la boca gordezuela, el rostro ovalado, la frente despejada. Hasta adentro: su hablar dictatorial, su imperioso gesto, su andar lascivo. Hasta adentro... Mas, ¿y anoche?...

—No (ayer fue así), no, Chabrié: yo traigo la fatalidad conmigo. *Je suis un porte... malheur.* Este viaje, además, es un paréntesis. No encierra nada, y acaso todo... Usted ignora lo que yo dejo atrás...

—¡Cómo suena, engolado, vigoroso, el "yo" en la boca golosa! Y como el capitán no sabe más, pues, a causa de su incertidumbre, anchos, lentos, pesados, los pasos de monsieur Chabrié vienen y van sobre la cubierta del testarudo *Mexicain.*

"Noche del 16 de agosto de 1833", ha apuntado, meticulosamente, el capitán en su diario. La anotación de ese día la inscribió en el libro de bitácora con letra más grande, mejor dibujada, mejor que de costumbre, igual que la del día del zarpe: "7 de abril de 1833". Fechas dentro de las cuales se encierra un trunco epitalamio, una flotante elegía.

El segundo de a bordo, Luis Briet, coterráneo de Chabrié, que comprende la agonía de su jefe, menea la cabeza desde la popa, y echa a andar, disgustado. Alfred David, oficial parisiense, juvenil, lleno de malicia, atisba codicioso a la esfinge de abordo al ir a su camarote. Fermín Miota, único de los pasajeros que recorre la cubierta, contempla receloso las tinieblas.

La luna asoma inexpresiva. Gruñen las olas sordamente. Los pasos vienen y van...

Los pasos ya no vienen ni van...

Entonces vibra un susurro. David ha interrumpido

la tonada que rompió a cantar desde su cabina. Miota sigue con los hundidos ojos en la sombra, acaso en sus recuerdos. Briet se sumerge en la evocación, en tanto Chabrié bebe ávido unas palabras, ganoso de ser beleñas, pero sentenciadas a nada más que aguijón:

—Créame, traigo la mala suerte, *mon pauvre ami*... Si yo pudiera amar, lo amaría a usted... No es posible... déjeme estarle agradecida hasta la muerte...

Flora tiene esta noche voz de hojas, de quebranto, de nube, de suspiro, ella tan enérgica y rotunda.

Por la tarde otro fue su tono; decía así:

—Entre mis abuelos figura un emperador de México... Y están San Francisco de Borja... Y César Borgia... Y el papa Alejandro VI... Yo soy... Yo nací... Yo quise... Yo acepté...

Jirón de "yoes" que el viento barre zumbón.

Todos atendían a los ojos, no a las palabras.

Pero, en la noche, bajo la luna, a las ciento treinta y dos noches de navegación, el orgullo de Flora apenas subsiste.

—*Mon cher Chabrié*..., yo soy una paria... una peregrina. Tengo miedo a esta tierra... ¡A ese Chile! ¡A ese Perú! ¡A aquel tío desconocido! ¡A qué sé yo!... Nunca supe de ellos, y he tragado hambre, Chabrié; he tragado hambre con mi madre, con mi hermanito, y vergüenza y odio con Chazal... No me pregunte nada, Chabrié. Déjeme hablar.

Se han sublevado las remembranzas sobre el puente de *Le Mexicain*. Flora tiene los ojos dirigidos a lo alto, como en una plegaria.

A lo lejos unas lucecillas anuncian la tierra chilena:

—Mañana llegamos a Piedra Blanca; al cabo de unas horas, anclaremos en Valparaíso —informa Briet al señor Miota.

Chabrié se acerca a Flora y la besa en la mano. La "paria" se estremece. Y, luego, suavemente, como lo habría prescrito el vizconde Renato, posa levemente los labios sobre la cabeza escueta del marino aterido de viaje, de luna y de deseo.

Ni Briet ni Miota están ya sobre el puente.

Flora Tristán tiembla de nuevo, se arropa con su gesto y esconde el rostro entre las manos.

Musset dicta versos que solamente los dos oyen. Punzantes estrofas de Lamartine aletean en torno. Elvira ha asomado, por error, sobre el mar trocado en lago. Chabrié arrastra sus pisadas sobre cubierta, hacia la proa, a beber y a besar viento.

Flora Tristán ha entrado en América.

No hay ya pasos lentos, anchos y pesados, de elefante, martillando impacientes sobre el puente. Sólo yacen por el suelo la atmósfera, recuerdos, ansias, perplejidades, penas, ambiciones, descontentos. Rebaño ingrávido —e hiriente, sin embargo— que marcha en ronda como las nubes; rebaño ingrávido que viene y va.

Al amanecer: Piedra Blanca. Seis horas después la cadena del ancla chirría en la bahía de Valparaíso. Se completaban ciento treinta y tres días de ensueño, en la vida hasta ahí atormentada y desde ese punto luchadora de Flora Tristán.

De *Una mujer sola contra el mundo* (1957)

JORGE BASADRE

Nació en Tacna en 1903 y murió en Lima en 1980. Historiador, profesor universitario, ensayista. Considerado unánimemente como el máximo historiador de nuestra República, a la que ha estudiado en obra de amplitud monumental, Basadre ha unido, a su conocimiento pormenorizado de los hechos, la reflexión indagadora sobre el sentido de los mismos, guiado por una ponderada y fina sensibilidad ética.

La prosa de este gran historiador busca, con matizada agudeza, ceñir exactamente el curso de un pensamiento siempre en pos del significado latente del acontecer nacional. Basadre tiene además el singular mérito de ser el primer historiador peruano que haya meditado con sentido filosófico sobre las relaciones entre la vida y la historia. El amor por el Perú y la fe en su destino han sido inspiradores constantes de su trabajo.

La Historia de la República *(16 vols., 6a. ed. de 1968-1969) es su obra magna. Otras:* La multitud, la ciudad y el campo *(1929),* Perú: problema y posibilidad *(1931),* Meditaciones sobre el destino histórico del Perú *(1947),* La vida y la historia *(1975).*

ESA PROMESA Y ALGO MÁS

En la vida de Francisco Pizarro, la realidad ratificó espléndidamente los sueños más audaces que la riqueza y el poder pueden inspirar. Al ser constatadas luego la hermosura y la fecundidad del continente americano, surgió la teoría de que aquí estuvo el paraíso terrenal; y en la obra de Antonio de León Pinelo

El paraíso en el Nuevo Mundo, un mapa exhibe el arca de Noé a punto de zarpar del litoral peruano. El anhelo de vida ultraterrena que en el Perú alcanzara intensidad altísima a través de los santos y ascetas del siglo xvii, trasladó la ilusión paradisiaca a un plano inmortal. Desde los tiempos en que comenzó a estar en boga la idea del "noble salvaje", en el siglo siguiente, el amoroso enlace entre el indio y la tierra en la época prehispánica y el manejo estricto del hombre por el Estado Inca, llegaron a ser vistos con caracteres idealizados, al punto de considerarse al Imperio, por algunos, como un "paraíso destruido". Fue así como se sucedieron en el Perú hazañas inauditas de geografía y de milicia, ansias de religiosidad trascendente, nostalgias del paraíso bíblico, idealizaciones del pasado histórico local. En los dos últimos casos mencionados, el paraíso vino a ubicarse ya no en el presente, como ocurriera en el siglo xvi, sino en el ayer. La importancia creciente de los fenómenos políticos y sociales, y la irrupción de las masas a partir del siglo xix, hicieron trasladar el paraíso del ayer hacia el mañana y difundieron una promesa de vida libre y feliz para todos. Esa promesa pareció empezar a cumplirse cuando fue logrado el ideal de la emancipación americana.

Observemos que la esencia misma de la promesa no vino importada íntegramente por la tormenta de la revolución. En realidad, ella movilizó anhelos y aspiraciones latentes desde mucho tiempo atrás. El hecho mismo de que un grupo de hombres o de familias abandonara voluntariamente el Viejo Mundo, y llegase aquí a cumplir no sólo funciones burocráticas, o a enriquecerse, o a explorar, sino a construir sus hogares y a tener y a educar a sus hijos, a entregarse definitivamente a nuevas tareas, ya implicó desde los primeros tiempos de la colonización una tácita prueba de su disconformidad con la suerte que el Viejo Mundo le deparara y un propósito de mejoramiento y de renovación. En escala diferente, sin duda, si se trata de hacer un paralelo con América del Norte, hubo además en los pobladores de origen europeo que aquí se enraizaron, un sector de refugiados o de perseguidos. Por otra parte, aun cuando en el fondo sicológico de esa población proveniente del Viejo Mundo no hubiesen existido tales fermentos, el contacto con las demás razas aquí residentes tuvo que crear, a la larga, una conciencia de una nueva personalidad colectiva. El mismo hecho de que los españoles carecieran del llamado asco racial y dieran origen al mestizaje (fenómeno de incalculable sentido democrático) contribuyó a que se formara una personalidad diferenciada en los americanos de nacimiento. Y no debe olvidarse, por último, el efecto que a éstos hará el espectáculo de la amplitud, de la riqueza, de las inmensas virtualidades propias de su continente, en contraste con la menor dimensión y el carácter "cerrado" del mundo europeo.

Lo que se quiere decir con lo anterior es que no sólo el influjo mecánico de hechos y de ideas ocurridos en el extranjero, determina la promesa que sirve de fundamento, de explicación y de justificación al acta de la Independencia.

Ahora bien, la Independencia no fue hecha en términos continentales. Hubo coincidencia cronológica en los movimientos emancipadores, interrelación en ellos, alianzas y auxilios mutuos y hasta planes de unidad; pero nada más. Sin insistir por ahora en las causas que crearon nuestros Estados Desunidos del Sur frente a los Estados Unidos del Norte y los Estados Unidos del Brasil, fuera de todo juicio y de toda emoción, he aquí un hecho inexorable: ni una sola de las repúblicas surgidas hasta 1834 se ha fusionado con otra y, por el contrario, hoy existen algunas repúblicas más que entonces. Tal constatación es necesaria para ver con claridad el contenido que ha de tener, en un estudio orientado hacia el futuro, la promesa del acta de la Independencia.

Existe una escuela de pensamiento, según la cual esa promesa ha de resolverse con una orientación que se atenga al factor racial. El Perú, por lo tanto, estaría ahogado dentro del concepto de "indianismo". Esta escuela empirista y materialista toma en cuenta, en forma exclusiva, un punto de vista binario: sólo los elementos individuo y masa. Mayorías indígenas, analfabetas, económicamente limitadas son vistas en un plano igual, cualquiera que sea el lugar de su residencia. Se les toma como si fueran una unidad para los efectos de juzgar su condición actual y sus posibilidades futuras.

Así se pensó hace veinticinco años y así quieren seguir pensando los grupos empiristas. Sin embargo, una de las enseñanzas de los últimos lustros es la de que harto precipitadamente habían menospreciado algunos el elemento país. Uno de los casos en donde se ha incluido este elemento con carácter supremo es el de los planes quinquenales soviéticos, destinados al crecimiento de la capacidad productora y de la autosuficiencia integral de la URSS. Y el *Águila Azul* volando en el cielo de los Estados Unidos durante los gobiernos de Roosevelt indica que la idea de una estructura nacional, independiente de los intereses de patronos y obreros, de agricultores y ganaderos, de importadores y exportadores, no está confinada en Europa.

Asistimos ahora en América a un progreso de la solidaridad continental; pero no asistimos, por cierto, a un debilitamiento de los intereses, de las conveniencias o de las aspiraciones que caracterizan a cada Estado americano. ¡Ay del Perú, si su opinión pública cerrase los ojos ante esa tremenda realidad! Cabe imaginar para el futuro una Commonwealth o comunidad continental; mas es evidente que cada país aportaría allí su contribución propia en el plano material como en el plano de la cultura.

Los empiristas se han desgañitado hablando de la necesidad de que el indio sea "redimido". Les preocupa que el campesino Pedro Mamani, por ejemplo, no tenga piojos, que aprenda a leer y a escribir y que sea garantizado en la posesión de sus ovejitas y su terrenito. Pero al mismo tiempo que la higiene, la salud, el trabajo y la cultura de Pedro Mamani, importa que el territorio en el cual él vive no disminuya sino acreciente su rendimiento dentro del cuadro completo de la producción nacional. Si eso no ocurre, aun cuando goce del pleno dominio de su chacrita y de

290

sus ovejitas y aunque lea toda la colección del Fondo de Cultura Económica, Pedro Mamani no tendrá resueltos sus problemas básicos.

En nuestro país no sólo debemos preocuparnos de la distribución, sino también de la mayor producción y del mayor consumo. Nuestro problema no es sólo de reparto; es también de aumento. Que el peruano viva mejor; pero que al mismo tiempo el Perú dé más de sí. Y para elevar y superar el nivel general de vida aquí no hay que actuar exclusivamente sobre el indio descalzo, pues hay quienes no se hallan en esa condición y se mueven dentro de horizontes económicos asaz reducidos. Ninguna de nuestras soluciones nos vendrá, pues, cocida y masticada de otros países, aunque sean hermanos, primos o prójimos. Y, sobre todo, nada se podrá hacer a fondo si al país no lo conmueve la conciencia de sí, si no afirma en esta hora feroz su querer existencial nacional. Por eso, la promesa de la vida peruana atañe a la juventud para que la reviva, a los hombres de estudio en sus distintos campos para que la conviertan en plan, a la opinión pública en su sector consciente para que la convierta en propósito.

Al leer esto no faltará quien haga una mueca de sarcasmo, de amargura o de cólera, creyendo que se le habla de cosas manoseadas, vacías o cínicas. Porque la promesa de la vida peruana sentida con tanta sinceridad, con tanta fe y con tanta abnegación por próceres y tribunos, ha sido a menudo estafada o pisoteada por la obra coincidente de tres grandes enemigos de ella: los Podridos, los Congelados y los Incendiados. Los Podridos han prostituido y prostituyen palabras, conceptos, hechos e instituciones al servicio exclusivo de sus medros, de sus granjerías, de sus instintos y sus apasionamientos. Los Congelados se han encerrado dentro de ellos mismos, no miran sino a quienes son sus iguales y a quienes son sus dependientes, considerando que nadie más existe. Los Incendiados se han quemado sin iluminar, se agitan sin construir. Los Podridos han hecho y hacen todo lo posible para que este país sea una charca; los Congelados lo ven como un páramo; y los Incendiados quisieran prender explosivos y verter venenos para que surja una gigantesca fogata.

Toda la clave del futuro está allí; que el Perú se escape del peligro de no ser sino una charca, de volverse un páramo o de convertirse en una fogata. Que el Perú no se pierda por la obra o la inacción de los peruanos.

De *La promesa de la vida peruana y otros ensayos* (1958)

CÉSAR MORO

(Seudónimo de Alfredo Quíspez Asín)

Nació en Lima en 1903 y murió en esta misma ciudad en 1956. Colaboró al lado de André Breton en el movimiento surrealista y escribió más poemas en francés que en español. La contigüidad de lo heterogéneo, las imágenes sujetas al régimen de lo imprevisto, el automatismo indesmayable, el humor chocante o lúdicro, sitúan a Moro dentro de los límites de la ortodoxia surrealista, si tal cabe. Pero no siempre ni totalmente, como con acierto lo han apuntado algunos poetas y críticos. La verdad es que, por sí sola, su poesía gana alturas cada vez mayores, pues dice con perdurable intensidad de la plural belleza del mundo y de los estragos y desvaríos del dolorido amor.

Sus libros: Le chateau de grisou *(1943)*, Lettre d'amour *(1944)*, Trafalgar Square *(1954)*, Amour à mort *(1957)*, Los anteojos de azufre *(1958)*, La tortuga ecuestre *(1958)*, La tortuga ecuestre y otros textos *(1967)* y Obra poética. I *(1980)*.

VIENES EN LA NOCHE CON EL HUMO FABULOSO DE TU CABELLERA

Apareces
La vida es cierta
El olor de la lluvia es cierto
La lluvia te hace nacer
Y golpear a mi puerta
Oh árbol
Y la ciudad el mar que navegaste
Y la noche se abren a tu paso
Y el corazón vuelve de lejos a asomarse
Hasta llegar a tu frente
Y verte como la magia resplandeciente
Montaña de oro o de nieve
Como el humo fabuloso de tu cabellera
Con las bestias nocturnas en los ojos
Y tu cuerpo de rescoldo

Con la noche que riegas a pedazos
Con los bloques de noche que caen de tus manos
Con el silencio que prende a tu llegada
Con el trastorno y el oleaje
Con el vaivén de las casas
Y el oscilar de luces y la sombra más dura
Y tus palabras de avenida fluvial
Tan pronto llegas y te fuiste
Y quieres poner a flote mi vida
Y sólo preparas mi muerte
Y la muerte de esperar
Y el morir de verte lejos
Y los silencios y el esperar el tiempo
Para vivir cuando llegas
Y me rodeas de sombra
Y me haces luminoso
Y me sumerges en el mar fosforescente donde acaece
    tu estar
Y donde sólo dialogamos tú y mi noción oscura y
    pavorosa de tu ser
Estrella desprendiéndose en el apocalipsis
Entre bramidos de tigres y lágrimas
De gozo y gemir eterno y eterno
Solazarse en el aire rarificado
En que quiero aprisionarte
Y rodar por la pendiente de tu cuerpo
Hasta tus pies centelleantes
Hasta tus pies de constelaciones gemelas
En la noche terrestre
Que te sigue encadenada y muda
Enredadera de tu sangre

Sosteniendo la flor de tu cabeza de cristal moreno
Acuario encerrando planetas y caudas
Y la potencia que hace que el mundo siga en pie y
    guarde el equilibrio de los mares
Y tu cerebro de materia luminosa
Y mi adhesión sin fin y el amor que nace sin cesar
Y te envuelve
Y que tus pies transitan
Abriendo huellas indelebles
Donde puede leerse la historia del mundo
Y el porvenir del universo
Y ese ligarse luminoso de mi vida
A tu existencia

VIAJE HACIA LA NOCHE

> *Es mi morada suprema, de la que ya no
> se vuelve.*

> Krishna, en el *Bhagavad Gita*

Como una madre sostenida por ramas fluviales
de espanto y de luz de origen
como un caballo esquelético
radiante de luz crepuscular
tras el ramaje denso de árboles y árboles de angustia
lleno de sol el sendero de estrellas marinas
el acopio fulgurante
de datos perdidos en la noche cabal del pasado
como un jadear eterno si sales a la noche
al viento calmar pasan los jabalíes

las hienas hartas de rapiña
hendido a lo largo el espectáculo muestra
faces sangrientas de eclipse lunar
el cuerpo en llamaradas oscila
por el tiempo
sin espacio cambiante
pues el eterno es el inmóvil
y todas las piedras arrojadas
al vendabal a los cuatro puntos cardinales
vuelven como pájaros señeros
devorando lagunas de años derruidos
insondables telarañas de tiempo caído y leñoso
oquedades herrumbrosas
en el silencio piramidal
mortecino parpadeante esplendor
para decirme que aún vivo
respondiendo por cada poro de mi cuerpo
al poderío de tu nombre oh Poesía.

Lima, la horrible, 24 de julio o agosto de 1949.

De *La tortuga ecuestre* (1958)

CARTA DE AMOR

Pienso en las holoturias angustiosas
que a menudo nos rodeaban al acercarse el alba
cuando tus pies más cálidos que nidos
ardían en la noche
con una luz azul y centelleante

Pienso en tu cuerpo que hacía del lecho el cielo y
   las montañas supremas de la única realidad
con sus valles y sus sombras
con la humedad y los mármoles y el agua negra reflejando todas las estrellas en cada ojo

¿No era tu sonrisa el bosque resonante de mi infancia
no eras tú el manantial
la piedra desde siglos escogida para reclinar mi cabeza?
Pienso tu rostro
inmóvil brasa de donde parten la vía láctea
y ese pesar inmenso que me vuelve más loco que una
   araña encendida agitada sobre el mar

Intratable cuando te recuerdo la voz humana me es
   odiosa
siempre el rumor vegetal de tus palabras me aísla en
   la noche total
donde brillas con negrura más negra que la noche
Toda idea de lo negro es débil para expresar la larga
   ululación de negro sobre negro resplandeciendo ar-
   dientemente

No olvidaré nunca
Pero quién habla de olvido
en la prisión en que tu ausencia me deja
en la soledad en que este poema me abandona
en el destierro en que cada hora me encuentra

No despertaré más
No resistiré ya el asalto de las grandes olas

que vienen del paisaje dichoso que tú habitas
Afuera bajo el frío nocturno me paseo
sobre aquella tabla tan alto colocada y de donde se
   cae de golpe

Yerto bajo el terror de sueños sucesivos agitado en el
   viento de años de ensueño
advertido de lo que termina por encontrarse muerto
en el umbral de castillos desiertos
en el sitio y la hora convenidos pero inhallables
en las llanuras fértiles del paroxismo
y del objetivo único
pongo toda mi destreza en deletrear
aquel nombre adorado
siguiendo sus transformaciones alucinantes
Ya una espada atraviesa de lado a lado una bestia
o bien una paloma cae ensangrentada a mis pies
convertidos en roca de coral soporte de despojos
de aves carnívoras

Un grito repetido en cada teatro vacío a la hora del
   espectáculo indescriptible
Un hilo de agua danzando ante la cortina de terciopelo
   rojo
frente a las llamas de las candilejas
Desaparecidos los bancos de la platea
acumulo tesoros de madera muerta y de hojas vivaces
   de plata corrosiva
Ya no se contentan con aplaudir aullando
mil familias momificadas vuelven innoble el paso de
   una ardilla

Decoración amada donde veía equilibrarse una lluvia
fina en rápida carrera hacia el armiño
de una pelliza abandonada en el calor de un fuego
de alba
que intentaba hacer llegar al rey sus quejas
así de par en par abro la ventana sobre las nubes vacías
reclamando a las tinieblas que inunden mi rostro
que borren la tinta indeleble
el horror del sueño
a través de patios abandonados a las pálidas vegeta-
ciones maniacas
En vano pide la sed al fuego
en vano hiero las murallas
a lo lejos caen los telones precarios del olvido
exhaustos
ante el paisaje que retuerce la tempestad

De *Lettre d'amour* (1944)
(Traducción de Emilio Adolfo Westphalen)

ENRIQUE PEÑA BARRENECHEA

*Nacido en Lima, en 1904, es poeta, profesor universitario
y diplomático. El intimismo crepuscular y doliente es una
de las notas características de su poesía, pero no la única
ni la más relevante. En lo más hondo de ella, se percibe
la experiencia de la soledad y de la angustia de cuyos estragos suelen brotar voces de muy puro júbilo. Si la riqueza
de sus tropos puede llevar al destaque de su imaginería,
ésta es, en última instancia, la floración de una zozobra*

permanente. Su obra es inspirada y musical; su arte, re-finado; y su existencia, "un latido entre las sombras".

Todos sus libros y poemas dispersos se reúnen en Obra poética (1979).

5

Revives. Esta es la ruta que buscábamos. Hago mi canto. Canto. Revives. Eres un color. No eres un color. Te digo: Este es mi sueño. Tú no sabrías qué decir. Te quedarías como el sonido de la mandolina, como la lluvia que se enredó en el arpa. Como ¡sabe Dios qué florecilla!

Revives. Escuchamos la misma música. Levantamos los ojos y se nos viene un lucero a las manos como una abeja, gozoso de nuevo gozo, de una alegría que es casi otra alegría y que pugna en sucesión de felicidad y en desencanto de la misma.

Nuestros pies son de vidrio. Nuestras manos son de vidrio. Nuestros ojos apenas son dos pétalos.

Hemos caminado toda la vida para este encuentro. Y yo estoy alegre como ese animal rosado de mi sueño que se tragaba los violines.

De *Cinema de los sentidos puros* (1931)

CANCIÓN ANTIGUA

Hace tiempo que repito
este cantar:

El mar, la sombra, tú,
la soledad.

Hace tiempo que quiero irme
—cielo o mar—
pero todo se vuelve garfio
y me sujeta. ¡Qué se hará!

Hace tiempo que digo: Cómo,
¿no puedes andar?
Y camino, pero entonces
tú quedas atrás.

Y en este juego de encontrarte
y en esta angustia de llegar,
otras son las naves que pasan,
y el mar igual, igual, igual.

POETAS MUERTOS

Amigos que un buen día me presentó la vida
y que tenéis los ojos cerrados para siempre,
¿qué sombra os teje ahora sus arabescos lúgubres
o qué luz los inunda, más alba que la nieve?

Me acuerdo de tu risa, Guillén, de tu palabra
donde saltaba un ágil surtidor de luceros,
del cóndor que volaba desde tu poesía
ebrio de sol, alegre, a no sé qué universo.

Oquendo, Oquendo, Oquendo, tan pálido, tan triste,
tan débil que hasta el peso de una flor te rendía.
Tu ternura nos pinta sobre marfil de cielo
con pinceles de chino, palomas, golondrinas.

Y Harry Riggs atónito ante el mundo y su angustia.
Y Harry Riggs sonámbulo bajo la luz lunar.
Ah pobre niño muerto que en esta noche un ángel
te lleve de la mano por el jardín astral.

Son cítaras sus nombres que en mi silencio suenan,
mi corazón los sigue por sus mundos arcanos,
¿a la luz de qué lámpara como ayer leeremos
otra vez nuestros versos en las noches, hermanos?

CAMINO DEL HOMBRE

A Fernando Schwalb L. A.

Yo no podía saber
si era tu cielo o el mío,
si era mi sueño o tu sueño,
mi delirio o tu delirio.

Sobre el agua una luz triste
era a modo de un camino,
y sobre la luz un barco,
y sobre el barco, un destino.

Jardín del aire, jardín
iluminado y sombrío,

lluvia azul que del paisaje
era así como su espíritu.

Yo no podía saber
si el mar era el mar, si digo
que era el mar, el mar no era,
y si no era, era el mar mismo.

¿Cuánto tiempo estuvo el sueño
de otro sueño suspendido?
Azucenita del aire,
lámpara sobre el abismo.

Yo no podía saber
si era tu sueño o el mío.
Hombre que elige su ruta
tiene que andar su camino.

De *Retorno a la sombra*

MADRIGAL DE LAS ALTAS TORRES

El palacio de Isabel
me hizo conocer la monja
y yo sentía en el alma
como temblar una rosa.
Las torres de Madrigal
¿dónde están, reina y señora?
La monja que me guiaba
pronto se hizo nada, sombra,

303

Reina Isabel, me decía,
el mundo es poquita cosa.

De *España, los caminos y los sueños*

CANCIÓN DE LAS DOS DE LA TARDE

A *Javier Sologuren*

Si a estas horas caminara por una calleja de Teherán, podría ser, podría ser que encontrara una extraña medalla cubierta de polvo.

Si a esta hora tuviera dieciséis años, podría ser, podría ser que fuera un grumete en un barco al que le faltara sólo unos instantes para llegar al puerto, y estaría sudoroso de felicidad diciendo ininteligibles palabras.

Si a esta misma hora no tuviera la edad que tengo, echaría a arder mis libros para irme a sentar como un mendigo a la puerta de tu casa. Sí, criatura mía, óyelo bien: como un mendigo a la puerta de tu casa.

Si en este momento al torcer una esquina encontrara al niño de cinco años con quien jugué un día en un barco, seguramente nos iríamos de la mano, corriendo por el mar como dos hermanos.

Y pienso, y me atormento al pensarlo, que allí está en Teherán mismo, bajo un ladrillo rojizo de sol, la medalla aquella, y que el grumete, que no soy, grita su delirio al llegar a la costa y que el niño —Dios

mío— se tropieza en no sé qué plaza del mundo con
un hombre infame que le maldice.

De *Zona de angustia* (1972)

A LUIS VALLE GOICOCHEA

Es una aldea triste
con un celeste mar a la distancia
y una brisa que llega de puntillas
y a su manera canta.

Es una tumba donde
hay una humilde crucecita blanca.
Y tengo tanto frío
que ni decir podría mi plegaria.

Todo es así, callado, como cuando
el niño llega a la última palabra
del cuento. Y quédase dormido.
Y un ángel cierra el libro. Y le acompaña.

De *Ausentes*

JOSÉ DÍEZ CANSECO

*Nació en Lima en 1904 y murió en esta misma ciudad
en 1949. Narrador y periodista. Autor de dos novelas
y en especial de cuentos a los que debe su merecido pres-*

tigio. Éstos desbordan malicia y sensualidad bien criollas, franca simpatía por el alarde viril y el coraje desafiante. La violencia que en ellos irrumpe sabe ceder ante la más humana y conmovedora ternura. Díez Canseco es un escritor de visión y estilo vigorosos que se manifiestan tanto en la plasmación de sus personajes como en la busca de un lenguaje artístico personal.

Son sus novelas: Suzy (1979), Duque (1934) y El mirador de los ángeles (1974). *Sus cuentos:* Estampas mulatas (1930, 1938, 1951 y 1973).

JIJUNA

I

Tambo de La Buena Mano. Llantenes chiquitos festonan los zócalos de paja y barro que emanan úricos miasmas de chicheros. Tambo de La Buena Mano. Damajuanas señoronas de preñados vientres y delgadas botellas empolvadas. Anaqueles medio desnudos, y, entre un marco de madera negra, un buque que naufraga en un mar tempestuoso. Encima de un ventano, el escudo del Perú con banderas flamígeras. Vuela una sombra gigante de mariposas nocturnas. En el tambo se alza un vaho lento de humazos imposibles, y los ojos del propietario —Antonio Lang— se entreabren cuando alza el vuelo un tanto enérgico y peruano:

—Jijuna...

Alrededor de una basta mesa florecen ponchos bajo el candil de kerosene. La noche se ha derramado, lo

mismo que la chicha de Huarmey, por las arenas todavía calientes del sol costeño. Lejos, zumba el mar.
Fuera del tambo relinchan caballos próceres. Pero
alto, enhiesto, levantisco, camorrista, un zaino se sacude el relente resonando el apero:

—Jijuna...

La voz no tiene una inflexión colérica. Modula
cacha zafia y crudelísima. De rato en rato, los gruesos vasos resuenan sobre el tablero de la mesa en
brindis mudos. Las candelas de los cigarros agudizan
las aristas del bronce cholo de los rostros. El chino
Lang destapa la cuarta botella de chicha. Unas moscas rebullen sobre los restos de la cena.

Por aquellos lares andaba don Santos. Era, don
Santos, el dueño del zaino pleitista. Zaino de paso
llano y anca redonda, para asentar a la que quiera
arrunzarse con uno. Resuena el apero del potranco,
con tintines de plata. Allí, en la noche, las hebillas
de las riendas, los cantos de los estribos, relucen como
los ojos húmedos del Cura. Cura, así se llama el potro, por irreverencia de don Santos y porque se lo
hurtara al señor párroco de Casma. Y todavía tenía,
el muy indino, la insolencia de pasear por la plaza del puerto a lomos del cuerpo del delito. Cholo
bandolero de esas tierras, sin más ley que su pistola,
sin más amigo que su potro. A él cantaba, en las len-
tas peregrinaciones por los arenales, las más mimosas
coplas querendonas. Para su Cura eran las rudas caricias de sus manos asesinas y sus consejos de baquiano sabihondo porque por las patas del potro salvara

muchas veces de tanto gendarme sinvergüenza.

Se lo estaban contando:

—Jijuna...

Pues, sí, era cierto. Fue después del almuerzo que el subprefecto le ofreciera a don Ramón Santisteban, hacendado de muchas tierras de sembrío y pastos. Don Ramón había desenfundado la pistola y roto unas botellas.

—Menos mal q'estaban vacías...

Y después, contaba el chismoso, don Ramón había prometido:

—¡Cómo quisiera encontrármelo! ¡En la frente le meto su jazmín, mi subprefecto! ¿Ha visto cómo tiro? ¡Y yo no teng'un pelo! ¡Lo adelanto! Palabra, Autoridá...

Era en aquel tambo la charla chismosa. El amigo, compañero de barrabasadas, le confiaba a don Santos estas cosas. ¿Don Santos? Sí, hombre, sí; Santos Rivas, ése del incendio de Molino Grande; ése de la muerte de don Eustaquio Santisteban, el hermano de don Ramón; ése de las quinientas cabezas de ganado de la hacienda de Paso Grande; ése de la mujer del doctor Jiménez, después de la fiesta del 28; ése del tren a Recuay; ése del duelo con don Miguel Páucar y del festejo con tanta y tanta botella de pisco; ése de... ¿quién se va a acordar de todos esos líos?

El mozo escuchaba en silencio. Con el rebozo del poncho se cubría apenas el rostro duro y sólo los ojos sonreían. De rato en rato, pitaba su "amarillo" y modulaba la sonrisa:

—Jijuna...

Cuando Cosme terminó el relato, apenas si sonrió Rivas:

—Ya l'encontraré algún día... Y solitos... En cuantito salga'e viaje, me avisas, ¿quieres?

—Yaqu'ermano...

Y como se hacía tarde se despidieron. El chino retiró las botellas y vasos apuntando el precio. Los hombres se confundieron con la noche. De pronto, una voz seca:

—¿Cura?

El potro respondió en su lengua. Montó don Santos, y ambos amigos, hombre y bruto, se metieron en las sombras.

II

En el parral, un chirote silbaba largo. El viento palomilleaba entre los álamos altos, correteando sobre las vides que desparramaban su verdor más allá de las bardas desiguales. Se mecían los pámpanos como una marejadita de la rada de Huarmey. Estaba alegre la madrugada, pero ya cansaba esta cuesta que Santos Rivas hacía sobre el Cura, acortando la distancia; tres leguas en hora y cuarto... Guapo el Cura para arrancar arriba. Arriba...

Arriba esperaba la china Griselda Santisteban. Y, claro, el Cura apresuraba el paso trepando por el valle hacia el casal de la hacienda donde la china vivía. ¿Estaría fuera? A lo mejor arrancó también para la sierra acompañando al cholo bruto de su padre. Don Ramón no gustaba de estos líos y por ello ofreciera "su jazmín" para don Santos. Ese hombre fue quien tendió a su hermano y ahora le enamoraba a la hija. ¡Barajo y baso q'era sinvergüenza el mozo! Pero mejor estaba así, llevándose a su chinita para la sierra porque él ya estaba viejo. Santos, en cambio, era más joven y por muy trejo que uno juera, el otro tenía más vista y la mano más pronta.

Santos comenzó a silbar con impaciencia. El Cura apresuró el paso hasta llegar a la ranchería de la hacienda que, a esa hora, se alumbraba a kerosene.

La ranchería —paredes rojizas, estrellas mugrientas de los faroles en las esquinas, tambos con bullas a la sordina y un eco de guitarra— aparecía medio dormida. Lejos, pero bien lejos, dos quenas cantaban tristezas peruanas. Y el chirote bandido seguía el silbo largo, saltando entre el follaje que apenas susurraba como quitasueños de 28 de julio.

La noche todavía estaba enterita. Ni estrellas ni luna. El río ladraba lejos. Los cerros devolvían los foscos insultos de perros panfletarios. Una lechuza comenzó a despedirse de la noche con el estribillo consabido, y don Santos se santiguó bajo el poncho, por si acaso.

¿Estaría Griselda? ¡Claro que estaba! Allí, en el caserón suntuoso, la lumbre de su cuarto avisaba tranquila su presencia.

—Amos, Cura, amos juerte. . .

Pasó el portalón tuerto y arrumbó a la casa. Al pie del ventanuco largó un silbo mochuelo. La otra contestó asomada:

—Chino. . .

—Vine pa'despedirme, vidita... Como te vas pa la sierra...

—Yo, no. Mi'apá que se va pa Huacho...

—¿A Huacho? ¿Cuándo?

—Mañana, en la mañanita...

—Yo también, mi vida... Me llev'una repunta'eganao... Doscientas cabecitas y un torazo grande... ¡Ja, Ja! Pa regresar pronto, vidita... ¿No bajas?

—No puedo. Mi'apá me pilla si abajo...

—Sonsa...

—Endeveras... Mira que l'otra noche casito nos pesca... Y v'a a ser un lío si nos encuentra juntos...

Rivas palanganeó una sonrisa:

—¿Endeveras? ¿Lío? ¿Endeveras que tu'apá mi'ase lío?

La china hizo una guaragua de ternura:

—Mira, Santos, con mi'apá no vas a ser guapo, ¿no?...

—Sonsa... ¿Guapo? Con naides soy yo guapo, vidita...

Un instante se retiró la moza del ventano. Murió la luz. El Cura se sintió libre del jinete que fue hasta el portalón. Chirrió el postigo y, destocándose el pajizo, el tarambana se perdió en la sombra casera. Y, hembra y mozo, se dieron los "buenos días" con las húmedas bocas temblorosas.

Parece que el sinvergüenza salió como dos horas después. El Cura se repuso con la gramilla del patio. El cielo despejó un poco y comenzó el día por encima del Huascarán lejano. Al despedirse acanelaron las voces con criolla zandunga:

311

—Tá pronto, Chino...
—Tá pronto, vidita...

III

¡Cholo fresco! A don Eustaquio Santisteban lo tendió
de un tiro cuando la feria de Huayanca, y ahora venía a enamorar a la sobrina, a la hija del hermano.
Pero quién sabe por qué encono consigo mismo, Rivas se sentía casi buena persona a la vera de la moza
que le alocaba con la ternura de sus ojos rasgados,
con el aroma de sus trenzas, con sus manitas adornadas con piochas de plata y turquesas del norte. ¿Cómo
fue que fue? ¡Sabe Dios! Acaso las cosas comenzaron por los tonderos bailados una tarde, sin conocer-
se, después de la procesión del Sábado de Gloria. La
chicha hizo el resto, inspirando a Santos Rivas el flo-
reo picante que la otra no rehuyó sino que, muy por
el contrario, agradeció con la mejor de sus sonrisas.
Y ya por la noche, cuando la guitarra comenzó con
los tristes esos:

> *Papel de seda tuviera*
> *plumita de oro comprara*
> *palomitay...*

ya la muchacha enrojecía de tal guisa, que la señora
Cárdenas atortoló la papada mantecona:
—Pichoncita...
Y pichoncita mansa fue para el gavilán arrogante

que puso pavor en todo el valle del Santa, por las tierras lindas de Ancash, con sólo el tino de su pistola y la perspicacia de su ojo infalible. Pichoncita mansa, sí, pichoncita serrana, más dulce que todas las hembras, con ese mimo del arrullo, del abandonado querer que no resiste, de los silencios pequeños que en estas hembras peruanas son la joya más preciada, porque callan y miran. Y allá por los valles, cuando la luna apunta por la cordillera inmensa, cuando la calandria chola comienza el variado trino, ese silencio y esos ojos enloquecen hasta a los limeños mastuerzos. Y el mejor de los dúos —brisa y ave— encuentra vida en las pupilas humildes de las chinas mimosas del Perú.

Lástima no más que tuviera que irse. Porque claro que se iba. ¿No aprovechar el viaje del padre, de ese don Ramón que se había atrevido a ofrecerle jazmines?... No, se iba tras él, a Huacho, para hacerle ver que tiritos no se meten, así no más, a los hombres. Se iba para decirle que, hombre a hombre, muy gallo tenía que ser el tipo que le pisara el poncho. Cosme también se lo había avisado al regreso:

—Mañana, en la mañanita, don Ramón sale a las tres pa Huacho...

—Gracias, hermano, pero ya lo sabía.

—Y tú, ¿te vas?

Rivas no respondió. Encendió un "amarillo" y murmuró apenas:

—Jijuna...

De trecho en trecho, los postes del telégrafo. Recién se les adivina en el medio claror de la madrugada. Las lomaditas ya estaban peladas, con unas cuantas matas de grama que crecen porque sí. Las arenas comenzaban a invadirlo todo, aventadas por los vientos primeros del otoño, y, de rato en rato, fulguraba una salina perdida. Igual y rítmico, el cuádruple paso trotón de unos caballos. Las siluetas se perfilaban envueltas en los ponchos, como unas carpitas que los pajizos remataban. Eran don Ramón Santisteban y su paje. Los hombres marchaban en silencio, atisbando la lejanía, porque los encuentros feos son frecuentes en esta tierra.

Andaban. En Huacho tendría que feriar ganado y volverse unos días después con el cinturón bien gordo de billetes. Eso sí, pedirían campaña al cuartel del cuerpo rural, porque setecientas libras no se las pueden alzar así como así. Don Ramón apresuraba el paso. Una vaga desazón, esa cosa indefinible que se siente en los desiertos peruanos cuando se les atraviesa de noche; ese cantar de las paca-pacas que, por muy templado que uno sea, siempre molesta; ese zumbar del viento que no tiene barreras y que se desgarra en los tunales o en los hilos del telégrafo, todo eso fastidia. Y, más todavía, cuando se ha soltado la lengua a propósito de Santos Rivas, la cosa se empeora, porque el tipo ése no entra en vainas. ¡Culpa de la chicha, por los clavos!

Porque él, claro está, no iba a entenderse con ese

hombre. Él se habría vengado haciéndole pegar cuatro garrotazos por los peones de su hacienda, y el cuerpo habría ido a parar a cualquier acequia que le cubriese de lodo. Después... ¡cualquier cosa! A él, ricachón y con esos peones, ¿quién le iba a decir un cristo? Entonces, ¿por qué habló? Esos tragos demás, caramba, esos tragos...

Iban en silencio. Los pajes saben que siempre que un viajero habla tiene miedo. Por muy baquiano que uno sea, si habla en el desierto, es porque siente que algo se descompone. Algo que no se sabe qué es, pero que se siente. Miedo a esa tremenda soledad, al despeche de la bestia, a quedar desmontado por culpa del maldito calor que raja los cascos de las mulas más bravas, de los potros más recios, si no se tiene a mano un poto de aceite.

Las anchas rodajas de las espuelas tintineaban en los estribos de cajón. El sampedrano daba calor ya, y, bajo el poncho, las manos se agarrotaban, una sobre las riendas, otra sobre la cacha fría de la pistola que, poco a poco, iba tomando el calor de esa mano. ¡Qué vaina! ¿Cuántas horas faltarían? Ya aclaraban las tintas de la noche con lindos colores cholos. Morado, rojo, verde, oro purito, como un poncho que tendieran desde la Cordillera Blanca, cuya nieve fulguraba extrañamente. Y de pronto, uno, dos, tres, cuatro cóndores pasaron zumbando su vuelo destemplado. Ya era día. Dentro de una horita se vendría el sol íntegro, y eso consuela. Pero antes que el sol se vino un eco raro:

—¿Qué jue?

—No sé, taita.

¡De fijo que era el bandido! ¿Quién, si no, iba a galopar sobre sus huellas a las cuatro de la mañana? Y él no podía volver la cara —¡eso nunca!— para mirar quién le seguía:

—Mira, a ver...

El paje endureció los ojos bajo el faldón del pajizo. Medio cerró un ojo y sentenció después:

—Don Santitos, patrón...

—¿Por aónde?

—Por cinco hondas, lo muy menos, patrón...

¿Diez cuadras? No importaba. Todavía podía apresurar el paso hasta la Cruz de Yerbateros y eso era ya distinto. Pero el galope proseguía igual, reventando la cincha de la bestia, clavadas de fijo las roncadoras en la panza del bruto:

—¡Qué modo de reventar bestias!... ¿Y ahora?

—Cuatro hondas, taita...

—¡Ah, barajo y paso! ¡Qué venga, sí, que venga! ¡Que sepa ese canalla quién es don Ramón Santisteban! ¡Lo adelantaba, por diosito que lo adelantaba!

—¿Y ahora?

—Tres, no más, tres...

El galope se adelgazó un poco. Seguro era un respiro para el caballo. Pero el paso llano apresurado no interrumpía su son igual. Ya no galopaba, pero siempre le iba a alcanzar.

—Pica un poco.

—Mejor corremos, patrón, mejor...

Las dos bestias torcieron los hocicos con las riendas tensas. Ahora, alta ya la mañana, la figura del jinete se hacía nítida. Venía en el Cura, con su clásico poncho amarillo y rojo. El jipijapa tenía alta la falda delantera por el viento que empujaba para el norte, descubriendo el rostro duro y burlón de don Santitos. El potro levantaba las arenas con el rotundo paso farolero. Venía con la cabeza alta, sacudiendo las crines, cubriendo el pecho de su amo que se inclinaba sobre la cruz evitando el aire.

—¿Y ahora?

—Cerquita, no más...

Don Ramón no titubeó: bajo el poncho desenfundó la pistola y la tiró a la arena. Santos Rivas no atacaba a un hombre desarmado. Pero el mozo, al pasar, advirtió el pavón de la colt reluciendo de negro sobre la arena de oro. Sin desmontar, apoyado en el estribo, recogió del suelo el arma y de un golpe se puso a la vera del hacendado:

—Mire, pues, don Ramón, se le cayó el canario.

Y con la diestra desnuda, fiera diestra de bandido, alcanzó al señorón el arma inútil. Y con el inmenso desprecio de los guapos, volvió grupas y arrumbó al norte.

Se fue solo, solito, como los trejos, sin volver la cara como cuando pasa una mujer bagre, sin temer un tiro atrasado, ondeando el poncho como una bandera de valentía; no había de castigar en un cobarde la insolencia. Regresó aflojando el paso del Cura, que meneaba la cabeza jugando con las riendas. Allá volvió, hacia el valle de sus hazañas, en donde le esperaba el mimo zandunguero de su china, el respeto de los guapos, la admiración del mujerío. Se fue así, alto y ro-

317

tundo, sonriendo bajo el rebozo del poncho terciado
sobre los hombros fuertes:

—Jijuna...

De Estampas mulatas (1930)

XAVIER ABRIL

*Nació en Lima en 1905. Poeta y estudioso de las obras
de Vallejo y Eguren. Reside en el Uruguay y ha vivido
largo tiempo en Europa. La leve, diáfana presencia (cifrada en el alba) del mundo físico y la intromisión enigmática del sueño, quizás ofrezcan uno de los aspectos más
notorios de su poesía en cuyos mejores y más hermosos
logros confluyen los encontrados sentimientos de la belleza y de la muerte. De ahí, su inquietante y sutil tono
elegiaco, su color temporal. Xavier Abril ha sabido aliar
—difícil pero feliz trabajo— elementos de la vieja tradición poética castellana con los de una singular visión
onírica afín al surrealismo. Sus poemas aún no reunidos
incorporan un mayor repertorio simbólico donde la rosa,
condensación de nuevos prestigios, es motivo central.*

Sus libros poéticos: Difícil trabajo *(1935) y* Descubrimiento del alba *(1937).*

MATERIAS

Está en los límites de la tierra, entre dos llamas, junto al mar. El fuego es ya su cuerpo: ojos, senos y ca-

318

bellos; sus uñas son fuego y su boca es de fuego. Me asusta el animal encendido de su lengua en un arrecife de coral y peces. Quémame cuerpo de materias rabiosas, de dichosas materias jóvenes respiradas en una brisa de flores submarinas, casi estelares en su misión de abandono. Las materias gozadas calientan el desierto. El dromedario crece en una monstruosa necesidad. Sangra el vivir de arena, y la garganta se aplica a la esperanza cerrada de la lluvia. La perdida respiración reclama al amante y el cuerpo de sus últimos rayos. Conforme a la naturaleza requiere, entre dos llamas.

De *Difícil trabajo* (1935)

ELEGÍA A LO PERDIDO Y YA BORRADO DEL TIEMPO

(La sombra de yedra que aflige tu semblante, apaga la hondura de tus ojos como un sepulcro en el fondo del bosque.)

Lápida borrosa y oculta en el bosque,
más allá de la muerte del mármol
y de la pátina del tiempo.

Testigo son las bravas corrientes,
los últimos resplandores,
las adelfas y el silencio.

Podéis confundir sus ojos con las letras
blancas de la muerte,

319

con el negror que cae del cielo todas las noches de la
  muerte.

¡La piedra que la cubre desde la muerte,
la sombra que la oculta desde la muerte!

Olvidad el paisaje que la secuestra a fondo de mares
  y llanto.

Así será mejor para el olvido,
dura piedra, leve flor.

Muerta en el alba despertará en el aire la música
  dormida de las flores.

Piérdanse costas de espanto y cabelleras,
piérdanse del mundo en sitio tan pequeño:
tumba, oscuridad, tragedia vegetal, mar de su cuerpo.

Y todo lo que es música la exalta en alto vacío,
en bosque incinerado:
¡nube, piedra de martirio, tabla de naufragio,
mudo fuego de sacrificio!

Considerad detrás del tiempo de músicas y lluvias,
su definitiva posición, su color personal,
su nombre ya perdido y las palabras de su voz.

Como si lo supieran los pájaros dialogan a duro pico
con arbustos y penas de la quietud natural.

Al fondo del cielo, al borde de su lápida
la tempestad bate bosques y cuernos de animales.
La tempestad, la música total,
envuelve al ser y cuanto ha sido.
La frágil muerte bajo la piedra, bajo la sombra.
El olvido, el silencio, la música total.

RETORNO A LO PERDIDO

> ...*en la su villa de Ocaña*
> *vino la muerte a llamar.*
>
> MANRIQUE
>
> A *Pablo*

Esta vez que vuelvo de viaje no hallo a mi madre muerta. Sólo la casa vacía, hundida del lado de su ausencia. En las paredes agrietadas de desconsuelo, trepan
la hiedra y el tiempo.

He visto a mi padre en el toque del alba oyendo la
voz de mi madre.

Mas ella me falta como puede faltarme el corazón,
la boca, las manos y el despertar.

ELEGÍA OSCURA EN EL VIEJO TONO DE
JORGE MANRIQUE

> ¡Se lastiman los olvidos
> qué apenados qué dolidos.

Los ensueños dormidos
tan queridos!

¡Ay, los ojos cerrados,
qué perdidos,
qué apagados,
tan heridos!

¡Los amores recordados,
ya fallidos,
y llorados,
tan hundidos!

¡Las almas, qué llagadas,
los cuerpos, qué caídos!
Se mueren las miradas,
se lastiman los olvidos.

PAISAJE DE MUJER

(Tú vives justamente en el momento
en que muere la flor.
Ni más ni menos:
parecida al olvido.)

Tú vives lenta y suave en tono de nube antigua.
Tu país se eleva a la altura del canto elemental
de las aves y de las florecillas silvestres.

No te ignoran los regatos perdidos
ni las huellas ocultas en el invierno.

322

El temblor de un tallo responde en tu despertar.
Tu cabellera es la flora del paraíso.

De *Descubrimiento del alba* (1937)

SEPULCRO DEL TIEMPO

El día antiguo, nuevo y sucesivo,
torna del fondo de su cráter puro,
yendo en la luz, multiplicado, solo,
en frío fuego apenas sostenido.

Es el nacer y sucumbir constante,
hecho, deshecho en el contorno fijo;
flujo y reflujo siempre construido
de la apariencia del correr distinto.

Cristal alzado súbito a la altura,
libre su curso de diamante ciego
al contrapunto de la orilla obscura.

Germinales destellos, vivos sones,
batiendo tintes muertos del ocaso
en la secreta tumba de las horas.

En la revista *Ad Libitum* (1967)

CARLOS OQUENDO DE AMAT

Nació en Puno en 1905 y murió en Navacerrada (España) en 1936. Los poemas de Oquendo de Amat (que apenas superan la veintena) revelan gran impulso vital y optimismo y confianza en el poder del lenguaje, pues en ellos se entrega al alegre vértigo de las trasmutaciones del verbo, de las imágenes puras y relampagueantes. Ni símbolos, ni confesiones sentimentales, ni anécdota estirada, ni vacua elocuencia. Deshace los nexos impuestos por la lógica de una sintaxis progresiva y, con libre trueque, adopta la deslumbradora simultaneidad de las imágenes en las que alienta, en parte, límpida ternura y, siempre, las levitaciones de un ágil humor.

Su único libro (una larga hoja plegada en acordeón y que debía abrirse, según el poeta, "como se pela una fruta") se titula 5 metros de poemas (1927, 2a. ed. 1969).

ALDEANITA

Aldeanita de seda
ataré mi corazón
como una cita a tus trenzas.

Porque en una mañanita de cartón
(a este bueno aventurero de emociones)
le diste el vaso de agua de tu cuerpo
y los dos reales de tus ojos nuevos.

POEMA DEL MANICOMIO

Tuve miedo
y me regresé de la locura

Tuve miedo de ser
una rueda
un color
un paso

PORQUE MIS OJOS ERAN NIÑOS

Y mi corazón
un botón
más
de
mi camisa de fuerza

Pero hoy que mis ojos visten pantalones largos
veo a la calle que está mendiga de pasos

COMPAÑERA

Tus dedos sí que sabían peinarse como nadie lo hizo
mejor que los peluqueros expertos de los trasatlánticos
ah y tus sonrisas maravillosas sombrillas para el calor
tú que llevas prendido un cine en la mejilla

junto a ti mi deseo es un niño de leche

cuando tú me decías
la vida es derecha como un papel de cartas

y yo regaba la rosa de tu cabellera sobre tus hombros

por eso y por la magnolia de tu canto

325

qué pena
la lluvia cae desigual como tu nombre.

POEMA DEL MAR Y DE ELLA

Tu bondad pintó el canto de los pájaros

y el mar venía lleno de tus palabras
de puro blanca se abrirá aquella estrella
y ya no volarán nunca las dos golondrinas de tus cejas
el viento mueve las velas como flores
yo sé que tú estás esperándome detrás de la lluvia
y eres más que tu delantal y tu libro de letras
eres una sorpresa perenne

DENTRO DE LA ROSA DEL DÍA

FILA DE LOS PAISAJES

Las nubes
son el escape de gas de automóviles invisibles

Todas las casas son cubos de flores

El paisaje es de limón
y mi amada
quiere jugar al golf con él

Tocaremos un timbre
París habrá cambiado a Viena

326

En el Campo de Marte
naturalmente
los ciclistas venden imágenes económicas

se   ha   desdoblado   el   paisaje

        todos somos enanos
Las ciudades se habrán construido
sobre la punta de los paraguas

(Y la vida nos parece mejor
porque está más alta)

un   poco   de   olor   al   paisaje

somos buenos
y nos pintaremos el alma de inteligentes

                poema acéntrico
        En Yanquilandia el *cow boy* Fritz
            mató a la oscuridad

    Nosotros desentornillamos todo nuestro optimismo
nos llenamos la cartera de estrellas
y hasta hay alguno que firma un cheque de cielo
Esto es insoportable
un plumero
para limpiar todos los paisajes
y quién

habrá quedado?

Dios   o   nada

(VÉASE EL PRÓXIMO EPISODIO)

Nota. Los poemas acéntricos que vagan por los espacios subconscientes, o exteriorizadamente inconcretos, son hoy captados por los poetas; aparatos análogos al rayo X, en el futuro, los registrarán.

JARDÍN

Los árboles cambian
                      el color de los vestidos
    las rosas volarán
    de sus ramas

un niño e c h a   e l   a g u a   d e   s u   m i r a d a

                  y en un rincón

    LA LUNA CRECERÁ COMO UNA PLANTA

POEMA

Para ti
tengo impresa una sonrisa en papel japón.

Mírame
que haces crecer la yerba de los prados

328

Mujer
mapa de música claro de río fiesta de fruta
  En tu ventana
cuelgan enredaderas de los volantes de los automóviles
y los expendedores disminuyen el precio de sus mer-
  cancías

       d é j a m e   q u e   b e s e   t u   v o z

                    tu voz

  QUE CANTA EN TODAS LAS RAMAS DE LA MAÑANA

                    MADRE

Tu nombre viene como las músicas humildes
y de tus manos vuelan palomas blancas

Mi recuerdo te viste siempre de blanco
como un recreo de niños que los hombres miran desde
  aquí distante

Un cielo muere en tus brazos y otro nace en tu ternura

A tu lado se abre el cariño como una flor cuando pienso

Entre tú y el horizonte
mi palabra está primitiva como la lluvia o como los
  himnos

Porque ante ti callan las rosas y la canción

                         De *5 metros de poemas* (1927)

EL ÁNGEL Y LA ROSA

A José María Eguren, claro y sencillo

voz de ángel rosa recién cortada
piel de rosa un ángel mirando al mar
crece el brazo de una rosa por eso una estrella niña
    llora
ya encontré tu flor ayer mirabas demasiado el parque
el niño cree que la cebra es un animal
la cebra es un jabón vegetal
y la rosa es un botón de nácar
o una golondrina pintada en el mar el ángel solo

En la revista *Amauta* (1929)

AURELIO MIRÓ QUESADA SOSA

Nació en Lima en 1907. Escritor, profesor universitario, viajero. El Inca Garcilaso se halla en el centro de sus acuciosos y eruditos trabajos de investigación. Ha estudiado a Lope de Vega, Cervantes y Tirso de Molina en relación con el Perú, entre otros aspectos de nuestra literatura colonial, y a la ciudad de Lima. Dotado de fina y amplia capacidad de observación, ha escrito varios libros sobre sus viajes dentro de nuestro país y países visitados en sus largos periplos. La prosa de Miró Quesada alía la elegancia y templanza clásicas con una duradera emoción peruanista.

Entre sus obras: América en el teatro de Lope de Vega

(1935), Vuelta al mundo *(1936)*, Costa, Sierra y Montaña *(dos series: 1938, 1940)*, Lima, Ciudad de los Reyes *(1946)*, El Inca Garcilaso y otros estudios garcilasistas *(1971)*.

EL MAR, PERSONAJE PERUANO
(Fragmento)

En la galería de figuras peruanas que han de despertar siempre nuestra adhesión y nuestro encomio, quiero escribir un nombre injustamente relegado: el del mar. País de extenso litoral, con playas amplias o pequeñas pero nunca hostiles para el hombre, y en el que durante siglos las ondas del Océano han sido la única comunicación con el mundo exterior, es curioso notar que casi nunca se ha tenido —al menos con la intensidad que merecía— la conciencia del mar. Aun en lo que se refiere a sus interpretaciones, falta casi por completo en la pintura; si no falta, escasea en la literatura; y en lo que concierne a nuestras regiones naturales, si la Montaña es el encuentro de la selva y el río, si en la Sierra se enlazan las rocas ásperas y las vegas amables, sabemos que en la Costa se vinculan el desierto y los valles pero olvidamos a menudo que en ella se desarrolla también el noble diálogo, profundo y perdurable, de la tierra y el mar.

Extraño destino el que ha mantenido al amplio Océano en esta preterición inesperada. En el Perú se ha hablado de la tierra (se ha dicho que el Imperio Incaico, por ejemplo, es cifra y compendio de los Andes); un viajero sutil aunque liviano, Paul Morand, ha señalado al aire como el elemento más representativo del continente americano y, dentro del continente, del Perú. Pero muy pocas veces se ha hablado del mar. Viajero apasionado por la tierra peruana, hacía tiempo que quería navegar por su mar; que necesitaba romper lanzas por este sonoro personaje, vasto, solemne y postergado. Porque lo que más asombra de la incomprensión y del olvido, es que no hay momento de importancia en la historia peruana en que no se perciba, con desazón o con ventura, la presencia del mar.

Así, desde los comienzos imprecisos de nuestra prehistoria, se marca, con voces de enigma o de leyenda, la huella marina. ¿Por dónde vendrían los primeros hombres al territorio del Perú? ¿Llegarían del Norte o del Oriente; o habría también una infiltración de polinesios, como cree Rivet, y ello explicaría en parte la semejanza de los ídolos de la isla de Pascua, o Rapa-Nui, con algunas cabezas misteriosas en la región de Tiahuanaco? En todo caso, la venida de los primeros navegantes ha dejado un recuerdo literario en la hermosa leyenda de Naymlap, que relata el Padre Miguel Cabello Balboa en su *Miscelánea antártica*. A las costas del actual Lambayeque llegó un día una flota de balsas y "caballitos de totora". Guardando un verde ídolo, de esmeralda o de jade, se erguía en el centro de una balsa Naymlap, que era el jefe. A sus lados, entre golpes de remos y de músicas, se agrupaban sus ornamentados compañeros: su esposa Ceterni; sus concubinas, seguramente de cuerpos dorados por el Sol; sus servidores: Ninacolla, que cuidaba del trono; Ochocalo, que dirigía la cocina; Ninagentue, que escanciaba licores extraños en las copas; Xam, encargado de ungüentos y pinturas; Ollopcópoc, que preparaba el baño; Llapchillulli, que tejía las túnicas de plumas. La comitiva descendió de sus naves, en tanto Pitazofi tocaba bravamente su caracol marino y Fengagside regaba al paso de su jefe polvo de conchas relucientes. Naymlap se estableció en la región y desde entonces —concluye y comenta la leyenda— hubo habitantes en las tierras costeñas del Perú.

Durante los primeros años del Imperio Incaico no es perceptible la presencia del mar. Nacida la nueva organización política en el Cuzco, robustecida en el regazo de los valles andinos, su ámbito fundamental era la tierra y sólo podía adscribir a su vida el lago tutelar del Titicaca, que era, hasta aquel momento, la mayor extensión de agua conocida por ellos. La base del Imperio de los Incas era esencialmente agraria; su cuerpo geográfico se hallaba definido, no por un litoral, sino por el contorno y los relieves de las diversas tierras que iban conquistando y asimilando palmo a palmo; y hasta su mismo crecimiento no se produjo en una dimensión horizontal, como buscando la planicie marítima, sino siguió un sentido predominantemente vertical, representado por el camino longitudinal de la sierra, que enlazaba alturas y valles con una línea firme que, vista de lo alto, parecería llena de nudos y de colores como un "quipu".

Pero si los Incas estuvieron tan vinculados y tan

333

encariñados con la tierra, supieron también apreciar, más adelante, la trascendencia y el sentido del mar. No se puede fijar exactamente quién fue el primer Emperador que puso su mirada en el Océano; ni se puede decir si fue a buscarlo, o si llegó sencillamente a él siguiendo el proceso natural de su plan de conquistas. Pero lo que sí se puede conjeturar, y con justicia, es que el primer contacto produciría en ellos, a más de una emoción inconfundible, la insinuación de un desenvolvimiento formidable de su robusto espíritu imperial. Lo que habían ganado por la tierra, podían también lograrlo por las rutas del mar. Por algo en el antiguo Pachacámac, como un símbolo, erigen un templo del Sol frente al Océano. Y por algo también —tal vez con el secreto designio político de una integración para las empresas del futuro— ellos, siempre dominadores, conciertan la única capitulación de su historia con el señor de este valle del Rímac, que sí sabía escuchar al oráculo (Rímac significa, precisamente, "el que habla"), oía al mismo tiempo la voz sonora y el consejo del mar.

La adaptación de los Incas a los afanes derivados de la vida marítima ha de haber sido a la postre tan completa, que la leyenda ha recogido el viaje del Emperador Túpac Inca Yupanqui, uno de los últimos monarcas, hacia islas lejanas del Océano. Cabello Balboa y Pedro Sarmiento de Balboa hablan de aquella expedición, partida de lo que era la costa norte del Perú, y que tardó cerca de un año. Túpac Inca Yupanqui había tenido noticia de las islas, pero desconfiaba de los mercaderes que venían en balsas anchurosas con sus productos y sus cuentos extraños. Entonces consultó a Antarqui, el nigromántico, que tenía fama de volar por los aires. Obtenida su respuesta favorable, el Emperador envió una flota con 20 000 soldados escogidos. La navegación les fue propicia, y arribaron a un conjunto de islas, de las que trajeron, al regreso, gentes de color oscuro, mucho oro, una silla de latón, pellejos y quijadas de animales, que se guardaron en Sacsayhuamán como trofeos. A las dos islas principales les pusieron los nombres de Ahuachumpi y Ninachumpi, o sea islas de Afuera y del Fuego; seguramente, en este último caso, por tener tierras de origen volcánico.

No se conoce con certeza cuál puede haber sido ese archipiélago; pero por la posibilidad de efectuar el viaje, por los nombres citados y por la distancia del continente americano, tanto Sarmiento de Gamboa como, con mayor precisión, Marcos Jiménez de la Espada alrededor de tres siglos más tarde, han considerado que era el de las Galápagos, que habrían quedado así política y geográficamente incorporadas al antiguo Imperio del Perú.

De *Lima, tierra y mar* (1958)

MARTÍN ADÁN

(Seudónimo de Rafael de la Fuente Benavides)

Nació en Lima en 1908 en el seno de una familia perteneciente a la gran burguesía de la época. En los años

335

terminales de su adolescencia escribió La casa de cartón
*(1928), obra que, junto a sus primeros poemas, lo distin-
guió de inmediato como un bienvenido* enfant terrible *de
las letras peruanas. Su poesía (en contraste con la factura clásica de sus versos y estrofas) posee un carácter hon-
damente agónico cuyo lenguaje proyecta, ya en condición
de pura conciencia, a traspasar la opacidad del ser hombre y mundo. Con ella, Martín Adán alcanza cimas aún
insuficientemente conocidas por el gran público hispano-
americano.* La casa de cartón *es una prosa poemática* sui
generis, *mezcla de humor ácido y retozón, cuya frescura
se mantiene intacta. Martín Adán es también autor de*
De lo barroco en el Perú, *suerte de ensayo exegético
de nuestra literatura animado de un singular repentismo
conceptista.*

Libros poéticos: La rosa de la espinela *(1940),* Travesía de extramares *(1950),* Escrito a ciegas *(1961),* La mano
desasida *(1964),* La piedra absoluta *(1966),* Obra poética *(1971, 1976 y 1980).*

He recibido una carta de Catita. Nada me dice en
ella sino que quiere verme con la cara triste. Es una
carta larga, temblona, en la que una muchacha núbil tira de las orejas del amor con los dedos tan seguros, tan lentos, tan cirujanos que para la tortura
tienen las mujeres desde los quince años hasta el primer parto... Mujeres hay que no llegan a concebir
nunca, y éstas son el terror de la muerte, quien para
llevarlas al otro mundo, tiene que luchar con ellas
a brazo partido, sin esperanza de no salir con los hue-

336

sos del esqueleto horriblemente arañados: las solteras mueren heroicamente.

La carta de Catita huele a soltería —a incienso, a flores secas, a jabón, a yeso, a botica, a leche—. Soltería emblemática con gafas de concha y un dedo índice tieso. Un moño de tinta azul culmina el aspecto —siempre inevitablemente parcial—. Un falderillo lame el perfume austero que exhalan las blondas de la blusa. Y una blusa de telas poéticas —batita de madapolán—. Y, además, como detalle indispensable, una cara larga cuyas facciones, duras y débiles a la vez, ásperas, inútiles, hacen la cara de pliegues de linón. Quizá una hora que sabe la letanía lauretana... Quizá el retrato de un novio inverosímil. Quizá una obesa manía de saberlo todo... Quizá una virtud coronada de espinas... Pero, Catita no ha llegado todavía a los quince años. La verdad, sus dedos no tienen por qué saber tirar de las orejas. ¿Quién sabe si ya algún muchacho piensa casarse con ella —locura de amor—? Catita, catadora de mozos, mala mujer que a los quince años mal cumplidos, ya tiene las manos solteronas... Solterona británica, experta en motores de explosión, sección de propaganda, un nombre raro y corto, unas manos secas y venudas... ¿Así quieres ser, Catita? ¿Qué he de hacer con tu carta? A esta hora me es imposible de toda imposibilidad, entristecerme. Yo soy feliz a esta hora —es un hábito mío—. Un bote pescador, a la altura de Miraflores, saluda con el pañuelo blanco de su vela, tan inútil en esta atmósfera inmóvil, linda, como pintada por un mal pintor. Ese saludo es un saludo a nadie, y esa alegría, alegría de disparate, de pequeñez, de retorno, de humildad... Mi cigarrillo tira admirablemente, y es júbilo de juego párvulo, con pelotas y aros minúsculos y azules; y es la paz campesina de un olor de rastrojo quemado. ¿Ves, Catita? Tú no ves nada porque no estás conmigo en el malecón; pero yo te juro que es así. A mí, en la tarde, frente al mar, el alma se me pone buena, chica, tonta, humana, y se me alegra con los botes pescadores que despliegan la broma de sus velas, y con la candela del cigarrillo —chiquillín colorado que pierde la cabeza en una juguetería azul—. Y las altas gaviotas —moscas negras en el tazón de leche aguada del cielo— me dan ganas de espantarlas con las manos. Cuando yo tenía cinco años y no quería beber mi leche, ahogaba en ella las moscas que atrapaba con la cuchara, que era red apretada por la luz hasta endurecerse, y las moscas en la leche se volvían hélices. Y ahora, súbitamente, me siento un niño terrible, y me niego a beber la taza de leche del cielo porque no tiene azúcar. Y es posible que venga mi mama Totuca, dulce Buda de ébano, con el azucarero donde había pintados un mono vestido de pirata y una mona vestida de holandesa, que hacían una conexa reverencia sobre la lista azul que atravesaba la panza en toda su redondez... Quizá tu estrella se dulcificaría si yo endulzara el cielo con azúcar —tu estrella, tan amarga; tu estrella, solterona que se enamora de los cometas imposibles; tu estrella, que te lleva por malos caminos de amor—. ¿Has oído, Catita? Yo no puedo entristecerme a esta hora —a esta hora, la única de todas las del día en que soy feliz, inconsciente, como los niños; mi hora de tontería; mi hora, Catita—. Tú cataste a Ramón, y él no te supo mal. Pues bien, yo seré Ramón. Yo hago mío el deber de él de besarte en las muñecas y el de mirarte con los ojos estúpidos, digno de todas las dichas que tenía Ramón. Tonto y aludo deber, aceptado en una hora insular, celeste, ventosa, abierta, desolada. Yo seré Ramón un mes, dos meses, todo el tiempo que tú puedas amar a Ramón. Pero no: Ramón ha muerto, y Ramón nunca tuvo la cara triste, y sobre todo, tú ya has catado a Ramón. Sí, Catita, es verdad, pero yo soy un hombre triste. Así como estoy a esta hora —tonto y alegre— así estoy casi todo el día. Yo soy un muchacho risueño. Nací con la boca alegre. Mi vida es una boca que habla, que come y que sonríe. Yo no creo en la astrología. Acepto que haya estrellas tristes y estrellas alegres. Hasta afirmo que las estrellas tristes son un excelente motivo de soneto catorcesílabo. Pero no creo que nuestra vida tenga relación alguna con las estrellas. ¡Ah! Catita, la vida no es un río que corre: la vida es una charca que se corrompe. En el día, los mismos árboles, el mismo cielo, el mismo día se refleja en ella. En la noche —siempre las mismas estrellas, la misma luna, la misma noche—. A veces un rostro desconocido —un muchacho, un poeta, una mujer— se refleja —tanto más sombría cuanto más viejo es el charco— y el rostro después desaparece, porque no eternamente va a estar un rostro contemplándose en un charco. Y el rostro se contempla a sí mismo. Y el charco apenas es un espejo turbio y mediante. Un viejo es un charco al que ninguna muchacha va a mirarse la cara. Porque la vida de uno es un charco, pero la vida de los otros son caras que vienen a mirarse en él.

¡Ah Catita, no leas libros tristes, y los alegres tampoco los leas! No hay más alegría que la de ser un hoyito lleno de agua del mar en una playa, un hoyito que deshace la pleamar, un hoyito lleno de agua del mar en que flota un barquito de papel. Vivir no es sino ser un niño novillero que hace y deshace su vida en las arenas de una playa, y no hay más dolor que ser un hoyito lleno de agua de mar en una playa que se aburre de serlo, o de ser uno que se deshace demasiado pronto. Catita, no leas el destino en las estrellas. Ellas saben de él tan poco como tú. A veces coincide el charquito de mi vida con la plomada de alguna de ellas, y a más de una la he tenido sincera y plena en mi gota de agua. Catita, las estrellas no saben nada de lo que atañe a las muchachas con enamorado, con mamá y con dirección espiritual. Lo que tú descifras en ellas no son sino tus propias inquietudes, tus alegrías, tus tristezas. Las estrellas tienen, además, una belleza demasiado provinciana, yo no sé... demasiado ingenua, demasiado verdadera... Las pobres imitan la manera de mirar de vosotras. Tu estrella no es, sin duda, sino una estrella que mira como tú miras, y su parpadeo no es sino fatiga de mirar de una manera que nada tiene que ver con sus sentimientos. Catita... ¿Catita por qué ha de estar tu destino en el cielo? Tu destino está aquí en la Tierra, y yo lo tengo en mis manos, y yo siento un terrible deseo de arrojarlo al mar, por sobre la baranda. Pero no. ¿Qué serías tú sin tu destino? Tu destino acaso es ser un charquito en una playa del mar, un charquito lleno de agua de mar, pero sí un charquito en que hay, no un barquito de papel, sino un pececito que arrojó en él una ola gorda y bruta.

De *La casa de cartón* (1928)

CAUCE

Dans le grand ciel, plein de silence.

COPPÉE

Heme triste de belleza,
Dios ciego que haces la rosa,
Con mano que no reposa
Y de humano que no besa.
Adonde la rosa empieza,
Curso en la sustancia misma,
Corro: ella en mí se abisma:
Yo en ella: entramos en pasmo
De Dios que cayó en orgasmo
Haciéndolo para cisma.

CINCEL

El pétalo, que palpita,
Entallando intensidad,
Tiró a brío y brevedad
La materia hermafrodita.
Sexo de forma infinita,
En un ejemplo que crece,
Va a parecer do perece:
Con millonísimo escorzo,
Curvo y crispado en un torso,
Mútilo de belvedere.

De *La rosa de la espinela* (1940)

NARCISO AL LETEO

En vano y uno el agua bulle;
De nada Amor se llama dueño;
Que lo que es todo, todo huye,
Y siempre queda el sueño al sueño.

¡Mano atenta a lo que fluye,
Cristalizada en un empeño
De contener lo que concluye
Donde ella es... río en el leño!...

¡Narciso, ciego, desespera;
Y puede ser el agua entera
Y arder los mares en la mano!...

¡Ah, lo que aún pasa le ha transido...
La sutileza del olvido,
Faz infinita de lo en vano!

SECONDA RIPRESA

...la rosa que no quema el aire.

ZAFRA

...du coeur en ciel du ciel en roses.

APOLLINAIRE

—Tornó a su forma y aire... desaparece,
Ojos cegando que miraban rosa;
Por ya ser verdadera, deseosa...
Pasión que no principia y no fenece.

—Empero la sabida apunta y crece,
De la melancolía del que goza,
Negando su figura a cada cosa,
Oliendo como no se desvanece.

—Y vuelve a su alma, a su peligro eterno,
Rosa inocente que se fue y se exhibe
A estío, a otoño, a primavera, a invierno...

—¡Rosa tremenda, en la que no se quiere!...
¡Rosa inmortal, en la que no se vive!...
¡Rosa ninguna, en la que no se muere!...

ANDANTE
(In Promptu)

O caro immaginar; da te s'apparta
Nostra mente in eterno?

LEOPARDI

Nun, o Unsterblichkeit, bist du ganz
mein!

KLEIST

—Y es el írrito dios, pata y quebranto;
Y es la voz tan humana, que demuda;
Peligro y alegría, y muerte y muda;
Panspermia de tu proco y de tu planto...

—Y es, por cima y a sombra del acanto,
Entre ofidio y ninfeácea, Ella nuda:
El cuerpo donde tu alma ya te acuda:
Forma, gozo, apetito, tiento, llanto...

—Y es la procura de la prima poma
Y término en caos de primavera,
Y es la mano y la gana sin destino.

—Y es la selva esencial de larva y goma,
Que hace fluir de negrura y de madera,
El marfil asestando, elefantino.

De *Travesía de extramares* (1950)

ALOYSIUS ACKER
(Fragmento)

¡Muerto!...
En cuanto miro, no veo
sino tu nariz de hielo.

¡Qué estado perfecto!...
¡Como si Dios creara de cierto!...
¡El no nacido, el no engendrado, muerto!...

Flores, lágrimas, candelas,
pensamientos,
todo demás, todo demás;
como al deseo...

En mi ardida sombra de adentro,
real como Dios, por modo infinito
y sensible, yaces, muerto:
yazgo, muerto.

Y por ti no llora el perro;
y por ti no aúlla la madre;
y por ti calla y no se enjuga el sepulturero.
Y ninguno es más sordo,
y ninguno es más ciego,
y ninguno es más ninguno, más yo mismo, sin tú
    alguno,
que tú, el hallado, el rehallado,
el perdido, yo o tú, si no es el tiempo,
y siempre, y siempre, y nunca
el tú que soy y que es el sino,

el hermano mayor, el hermano pequeño...
Y de ser el vivo,
El Muerto.
¡Cómo seré vivo,
Tú muerto!...

El que se compra la casa,
la que vende su cuerpo,
él, ella, es el otro,
ninguno sin mí, el quedado
o el ido en la redor del ciego...

Pero ya cavaré —¿para qué?...— la fosa en lo más
    hondo
de mí, en lo más tierno,
en lo más ciego,
adonde no baje mi aliento,
adonde la voz no haga eco,
adonde sólo yo
baje, muerto.

Dios seguirá ganándome, de lejos,
con ardid y con ceño
de humano, como que es; y el acontecimiento
seguirá con dolor; y de misterio;
y nacerá el hijo;
y nacerá el nieto;
y la mosca zumbará en el verano;
y la lluvia mojará en el invierno.
Me sobresaltaré en mi lecho.
Corregiré y publicaré mi verso.

346

Lavaré mi cuerpo.
Iré el domingo a la playa del mar,
a mirar la ola y el bufeo.
Escribiré en papel del Estado
Lustros: "Conste por el presente documento..."
La rosa abrirá. Matarán el cristo.
Mas en la casa del muerto,
¡ay!, en la casa del muerto,
allí donde no es ninguno y soy el muerto
y es el vivo y el solo y el triste y el eterno,
allí sólo ocurren
la penumbra y el presentimiento
de Dios y su día,
sin noche y sin objeto.

De *Aloysius Acker* (1947)

Vi comer el jamón a un muchacho. ¡Qué pena,
Rubén... mano que cuelgo y no come nada!...
¡Era un muchacho ebrio, con su todo y su nada!
Lo vi tragar, Rubén, y no era mi escena.

¡Qué tristeza, Rubén, de una tristeza plena
Que no sabe de sí y echa la carcajada
Como se suelta el pedo, como se mira a cada
Otro con su sombrero y con su magdalena!...

¡Qué tristeza, Rubén, que tanto no sufriste!...
¡Y uno come el jamón con su boca de triste,
Y el cerdo que me hizo tan buscado y presente!

347

¡Tantos dioses, Rubén, pero sólo dos manos!...
¿Qué cerdo no me mira con sus ojos humanos?
¡Rubén, y ese muchacho que soy... el ausente!...

De *Mi Darío* (1967)

El silencio es así: una mosca aletea,
Y todo ruge lejos de silencio, Alma Mía.
Y el Oído es un mito de la Melancolía,
La madre del regazo sin fin, como la Idea.

No, no es nunca real el ebrio que lo crea.
Silencio se está así como se es todavía...
La cerveza espumante, y en el judas el Día,
Y todo lo que el perro que se frota desea.

El silencio es así... una mano colgada
Y una mosca sobre ella... y allá la carcajada
Del ebrio, ya feliz, ya hediondo, ya completo.

¡Silencio, madre atroz de sexo masculino
Con todo lo de humano y acaso de divino,
Parado en cada cosa como un solo secreto!

De *Diario de poeta* (1979)

CIRO ALEGRÍA

*Nació en Huamachuco (Departamento de La Libertad)
en 1909 y murió en Lima en 1967. Narrador y ensa-*

348

yista. Vivió por *algún tiempo en Chile, Puerto Rico, Cuba y los Estados Unidos. Ciro Alegría es ya un clásico de nuestra literatura y fundador reconocido de nuestra novelística moderna. Su vida y experiencias en una hacienda del norte del Perú en contacto con los peones indios, de uno de los cuales escuchó inspiradores relatos, lo llevó a escribir, con prosa de gran aliento y fina calidad artística, acerca del explotado y esquilmado pueblo indígena al que particularmente muestra, movido de noble afán justiciero, en las páginas de épica grandeza de su novela* El mundo es ancho y ajeno. *Para Ciro Alegría y José María Arguedas la vida y vicisitudes del indio, del pueblo, ha sido más, muchísimo más, que un tema: en sus novelas y cuentos están, desde sus personales perspectivas, las genuinas vivencias y la pasión de ambos creadores.*

Entre sus obras: La serpiente de oro *(1935),* Los perros hambrientos *(1938),* El mundo es ancho y ajeno *(1941),* Duelo de caballeros *(1963),* Lázaro *(1973),* La ofrenda de piedra *(1969),* Mucha suerte con harto palo *(1976).*

CALIXTO GARMENDIA

Déjame contarte —le pidió [un hombre llamado Remigio Garmendia a otro llamado] Anselmo, levantando la cara—. Todos estos días, anoche, esta mañana, aún esta tarde, he recordado mucho... Hay momentos en que a uno se le agolpa la vida... Además, debes aprender. La vida, corta o larga, no es de uno solamente.

Sus ojos diáfanos parecían fijos en el tiempo. La voz se le fraguaba hondo y tenía un rudo timbre de

349

emoción. Blandíanse a ratos las manos encallecidas.

—Yo nací arriba, en un pueblito de los Andes. Mi padre era carpintero y me mandó a la escuela. Hasta segundo año de primaria era todo lo que había. Y eso que tuve suerte de nacer en el pueblo, porque los niños del campo se quedaban sin escuela. Fuera de su carpintería, mi padre tenía un terrenito al lado del pueblo, pasando la quebrada, y lo cultivaba con la ayuda de algunos indios a los que pagaba en plata o con obritas de carpintería: que el cabo de una lampa o de hacha, que una mesita, en fin. Desde un extremo del corredor de mi casa, veíamos amarillear el trigo, verdear el maíz, azulear las habas en nuestra pequeña tierra. Daba gusto. Con la comida y la carpintería, teníamos bastante, considerando nuestra pobreza. A causa de tener algo y también por su carácter, mi padre no agachaba la cabeza ante nadie. Su banco de carpintero estaba en el corredor de la casa, dando a la calle. Pasaba el alcalde. "Buenos días, señor", decía mi padre, y se acabó. Pasaba el subprefecto. "Buenos días, señor", y asunto concluido. Pasaba el alférez de gendarmes. "Buenos días, alférez", y nada más. Pasaba el juez y lo mismo. Así era mi padre con los mandones. Ellos hubieran querido que les tuviera miedo o les pidiese o les debiera algo. Se acostumbran a todo eso los que mandan. Mi padre les disgustaba. Y no acababa ahí la cosa. De repente venía gente del pueblo, ya sea indios, cholos o blancos pobres. De a diez, de a veinte o también en poblada llegaban. "Don Calixto, encabécenos para hacer este reclamo." Mi padre se llamaba Calixto. Oía de lo que se trataba, si le parecía bien aceptaba y salía a la cabeza de la gente, que daba vivas y metía harta bulla, para hacer el reclamo. Hablaba con buena palabra. A veces hacía ganar a los reclamadores y otras perdía, pero el pueblo siempre le tenía confianza. Abuso que se cometía, ahí estaba mi padre para reclamar al frente de los perjudicados. Las autoridades y los ricos del pueblo, dueños de haciendas y fundos, le tenían echado el ojo para partirlo en la primera ocasión. Consideraban altanero a mi padre y no los dejaba tranquilos. Él ni se daba cuenta y vivía como si nada le pudiera pasar. Había hecho un sillón grande, que ponía en el corredor. Ahí solía sentarse, por las tardes, a conversar con los amigos. "Lo que necesitamos es justicia", decía. "El día que el Perú tenga justicia, será grande." No dudaba de que la habría y se torcía los mostachos con satisfacción, predicando: "No debemos consentir abusos."

Sucedió que vino una epidemia de tifo, y el panteón del pueblo se llenó con los muertos del propio pueblo y los que traían del campo. Entonces las autoridades echaron mano de nuestro terrenito para panteón. Mi padre protestó diciendo que tomaran tierra de los ricos, cuyas haciendas llegaban hasta la propia salida del pueblo. Dieron de pretexto que el terreno de mi padre estaba ya cercado, pusieron gendarmes y comenzó el entierro de los muertos. Quedaron a darle una indemnización de setecientos soles, que era algo en esos años, pero que autorización, que requisitos, que papeleo, que no hay plata en este momento...

351

Se la estaban cobrando a mi padre, para ejemplo de reclamadores. Un día, después de discutir con el alcalde, mi viejo se puso a afilar una cuchilla y, para ir a lo seguro, también un formón. Mi madre algo le veía en la cara y se le prendió del cogote y le lloró diciéndole que nada sacaba con ir a la cárcel y dejarnos a nosotros desamparados. Mi padre se contuvo como quebrándose. Yo era niño entonces y me acuerdo de todo eso como si hubiera pasado esta tarde.

Mi padre no era hombre que renunciara a su derecho. Comenzó a escribir cartas exponiendo la injusticia. Quería conseguir que al menos le pagaran. Un escribano le hacía las cartas y le cobraba dos soles por cada una. Mi pobre escritura no valía para eso. El escribano ponía al final: "A ruego de Calixto Garmendia, que no sabe firmar, Fulano." El caso fue que mi padre despachó dos o tres cartas al diputado por la provincia. Silencio. Otras al senador por el departamento. Silencio. Otra al mismo Presidente de la República. Silencio. Por último mandó cartas a los periódicos de Trujillo y a los de Lima. Nada, señor. El postillón llegaba al pueblo una vez por semana, jalando una mula cargada con la valija del correo. Pasaba por la puerta de la casa y mi padre se iba detrás y esperaba en la oficina de despacho, hasta que clasificaban la correspondencia. A veces, yo también iba. "¿Carta para Calixto Garmendia?", preguntaba mi padre. El interventor, que era un viejito flaco y bonachón, tomaba las cartas que estaban en la casilla de la G, las iba viendo y al final decía: "Nada, amigo." Mi padre salía comentando que la próxima habría carta. Con los años, afirmaba que al menos los periódicos responderían. Un estudiante me ha dicho que, por lo regular, los periódicos creen que asuntos como esos carecen de interés general. Esto en el caso de que los mismos no estén en favor del gobierno y sus autoridades y callen cuanto pueda perjudicarles. Mi padre tardó en desengañarse de reclamar lejos y estar yéndose por las alturas, varios años.

Un día a la desesperada, fue a sembrar la parte del panteón que aún no tenía cadáveres, para afirmar su propiedad. Lo tomaron preso los gendarmes, mandados por el subprefecto en persona, y estuvo dos días en la cárcel. Los trámites estaban ultimados y el terreno era de propiedad municipal legalmente. Cuando mi padre iba a hablar con el síndico de Gastos del Municipio, el tipo abría el cajón del escritorio y decía como si ahí debiera estar la plata: "No hay dinero, no hay nada ahora. Cálmate, Garmendia. Con el tiempo se te pagará." Mi padre presentó dos recursos al juez. Le costaron diez soles cada uno. El juez los declaró sin lugar. Mi padre ya no pensaba en afilar la cuchilla y el formón. "Es triste tener que hablar así —dijo una vez—, pero no me darían tiempo de matar a todos los que debía." El dinerito que mi madre había ahorrado y estaba en una ollita escondida en el terrado de la casa, se fue en cartas y en papeleo.

A los seis o siete años del despojo, mi padre se cansó hasta de cobrar. Envejeció mucho en aquellos tiempos. Lo que más le dolía era el atropello. Alguna vez pensó en irse a Trujillo o a Lima a reclamar, pero no tenía dinero para eso. Y cayó también en cuenta de que, viéndolo pobre y solo, sin influencias ni nada, no le harían caso. ¿De quién y cómo valerse? El terrenito seguía de panteón, recibiendo muertos. Mi padre no quería ni verlo, pero cuando por casualidad llegaba a mirarlo, decía: "¡Algo mío han enterrado ahí también! ¡Crea usted en la justicia!" Siempre se había ocupado de que le hicieran justicia a los demás y, al final, no la había podido obtener ni para él mismo. Otras veces se quejaba de carecer de instrucción y siempre despotricaba contra los tiranos, gamonales, tagarotes y mandones.

Yo fui creciendo en medio de esa lucha. A mi padre no le quedó otra cosa que su modesta carpintería. Apenas tuve fuerzas, me puse a ayudarlo en el trabajo. Era muy escaso. En ese pueblito sedentario, casas nuevas se levantarían una cada dos años. Las puertas de las otras duraban. Mesas y sillas casi nadie usaba. Los ricos del pueblo se enterraban en cajón, pero eran pocos y no morían con frecuencia. Los indios enterraban a sus muertos envueltos en mantas sujetas con cordel. Igual que aquí en la costa entierran a cualquier peón de caña, sea indio o no. La verdad era que cuando nos llegaba la noticia de un rico difunto y el encargo de un cajón, mi padre se ponía contento. Se alegraba de tener trabajo y también de ver irse al hoyo a uno de la pandilla que lo despojó. ¿A qué hombre, tratado así, no se le daña el corazón? Mi madre creía que no estaba bueno alegrarse debido a la muerte de un cristiano y encomendaba el alma del finado rezando unos cuantos

354

padrenuestros y avemarías. Duro le dábamos al serrucho, al cepillo, a la lija y a la clavada mi padre y yo, que un cajón de muerto debe hacerse luego. Lo hacíamos por lo común de aliso y quedaba blanco. Algunos lo querían así y otros que pintado de color caoba o negro y encima charolado. De todos modos, el muerto se iba a podrir lo mismo bajo la tierra, pero aun para eso hay gustos.

Una vez hubo un acontecimiento grande en mi casa y en el pueblo. Un forastero abrió una nueva tienda y resultó mejor que las otras cuatro que había. Mi viejo y yo trabajamos dos meses haciendo el mostrador y los andamios para los géneros y abarrotes. Se inauguró con banda de música y la gente hablaba de progreso. En mi casa, hubo ropa nueva para todos. Mi padre me dio para que la gastara en lo que quisiera, así, en lo que quisiera, la mayor cantidad de plata que había visto en mis manos: dos soles. Con el tiempo, la tienda no hizo otra cosa que mermar el negocio de las otras cuatro, nuestra ropa envejeció y todo fue olvidado. Lo único bueno fue que yo gasté los dos soles en una muchacha llamada Eutimia, así era el nombre, que una noche se dejó coger entre los alisos de la quebrada. Eso me duró. En adelante no me cobró ya nada y si antes me recibió los dos soles, fue de pobre que era.

En la carpintería, las cosas siguieron como siempre. A veces hacíamos un baúl o una mesita o tres sillas en un mes. Como siempre, es un decir. Mi padre trabajaba a disgusto puliendo y charolando cualquier obrita y le quedaba muy vistosa. Después ya no le

355

importó y como que salía del paso con un poco de lija. Hasta que al fin llegaba el encargo de otro cajón de muerto, que era plato fuerte. Cobrábamos generalmente diez soles. Déle otra vez a alegrarse mi padre, que solía decir: "¡Se fregó otro bandido, diez soles!"; a trabajar duro él y yo; a rezar mi madre, y a sentir alivio hasta por las virutas. Pero ahí acababa todo. ¿Esto es vida? Como muchacho que era, me disgustaba que en esa vida estuviera mezclada tanto la muerte.

La cosa fue más triste cada vez. En las noches, a eso de las tres o cuatro de la madrugada, mi padre se echaba unas cuantas piedras bastante grandes a los bolsillos, se sacaba los zapatos para no hacer bulla y caminaba medio agazapado hacia la casa del alcalde. Tiraba las piedras, rápidamente, a diferentes partes del techo, rompiendo las tejas. Luego volvía a la carrera y, ya dentro de la casa, a oscuras, pues no encendía luz para evitar sospechas, se reía. Su risa parecía a ratos el graznido de un animal. A ratos era tan humana, tan desastrosamente humana, que me daba más pena todavía. Se calmaba unos cuantos días con eso. Por otra parte, en la casa del alcalde solían vigilar. Como había hecho incontables chanchadas, no sabían a quién echarle la culpa de las piedras. Cuando mi padre deducía que se habían cansado de vigilar, volvía a romper tejas. Llegó a ser un experto en la materia. Luego rompió tejas de la casa del juez, del subprefecto, del alférez de gendarmes, del síndico de Gastos. Calculadamente, rompió las de las casas de otros notables, para que si querían, se confundieran. Los ocho gendarmes del pueblo salieron en ronda muchas noches, en grupo y solos, y nunca pudieron atrapar a mi padre. De mañana salía a pasear por el pueblo para darse el gusto de ver que los sirvientes de las casas que atacaba, subían con tejas nuevas a remplazar las rotas. Si llovía era mejor para mi padre. Entonces atacaba la casa de quien odiaba más, el alcalde, para que el agua la dañara o, al caerles, los molestara a él y su familia. Llegó a decir que les metía el agua a los dormitorios, de lo bien que calculaba las pedradas. Era poco probable que pudiese calcular tan exactamente en la oscuridad, pero él pensaba que lo hacía por darse el gusto de pensarlo.

El alcalde murió de un momento a otro. Unos decían que de un atracón de carne de chancho y otros que de las cóleras que le daban sus enemigos. Mi padre fue llamado para que hiciera el cajón y me llevó a tomar las medidas con un cordel. El cadáver era grande y gordo. Había que verle la cara a mi padre contemplando el muerto. Él parecía la muerte. Cobró cincuenta soles, adelantados, uno sobre otro. Como le reclamaron del precio, dijo que el cajón tenía que ser muy grande, pues el cadáver también lo era y además gordo, lo cual demostraba que el alcalde comió bien. Hicimos el cajón a la diabla. A la hora del entierro, mi padre contemplaba desde el corredor cuando metían el cajón al hoyo, y decía: "Come la tierra que me quitaste, condenado; come, come." Y reía con esa risa horrible. En adelante, dio preferencia en la rotura de tejas a la casa del juez y decía

357

que esperaba verlo entrar al hoyo también, lo mismo que a los otros mandones. Su vida era odiar y pensar en la muerte. Mi madre se consolaba rezando. Yo, tomando a Eutimia en el alisar de la quebrada. Pero me dolía muy hondo que hubieran derrumbado así a mi padre. Antes de que lo despojaran, su vida era amar a su mujer y su hijo, servir a sus amigos y defender a quien lo necesitara. Quería a su patria. A fuerza de injusticia y desamparo, lo habían derrumbado.

Mi madre le dio la esperanza con el nuevo alcalde. Fue como si mi padre sanara de pronto. Eso duró dos días. El nuevo alcalde le dijo también que no había plata para pagarle. Además, que abusó cobrando cincuenta soles por un cajón de muerto y que era un agitador del pueblo. Esto ya no tenía ni apariencia de verdad. Hacía años que las gentes, sabiendo a mi padre en desgracia con las autoridades, no iban por la casa para que las defendiera. Con este motivo ni se asomaban. Mi padre le gritó al nuevo alcalde, se puso furioso y lo metieron quince días en la cárcel, por desacato. Cuando salió, le aconsejaron que fuera con mi madre a darle satisfacciones al alcalde, que le lloraran ambos y le suplicaran el pago. Mi padre se puso a clamar: "¡Eso nunca! ¿Por qué quieren humillarme? ¡La justicia no es limosna! ¡Pido justicia!" Al poco tiempo, mi padre murió.

De *Lázaro* (1973)

LUIS VALLE GOICOCHEA

Nació en 1911 en *La Soledad*, pueblo del Departamento de *La Libertad*, y murió en Lima en 1953. Poeta y periodista. En su adolescencia, estudió en un seminario y, más tarde, en 1943, ingresó como novicio franciscano en el Convento de la Recoleta del Cuzco, condición a la que, años después, renunciaría. La limpia llaneza de su expresión corre pareja con un sentimiento existencial penetrado por la nostalgia tenaz de una niñez, un hogar y un pueblo irremediablemente alejados. De ahí sus tiernas evocaciones y su anhelo.

Obra poética (1974) incluye todos sus libros publicados y otros inéditos así como poemas sueltos.

4

Como siempre madrugan los vecinos
y lo primero que hacen
es alabar a Dios.
Preparan el desayuno con las manos de antes
y con los ojos de antes se van a trabajar...
Las gallinas, los cerdos,
los viejos asnos inservibles
mostrando sus lacerantes mataduras
que más y más se corrompen
a la luz cruel del mismo sol,
animan tristemente
el amargo desamparo de las calles;
y la fuente, inalterable, da más agua
de la que el pueblo toma,

como siempre...
Sentada en el umbral de su casita
hila que hila la Peta,
como todos los días...
Los vecinos, felices, o quién sabe tristes,
ahogan una sed recóndita de irse
tras los cerros azules lejanísimos,
en el secreto apego a su querencia...
Sin fin de soledad. La fiesta titular este año
será, como en los últimos,
un acontecimiento triste; un loco afán
de amargarse en recordar
el acabado esplendor de antiguos días...

19

Nos juntó el mediodía sin juntarnos.
Nos separamos luego:
yo con la angustia de saber tus pasos,
de saber tu corazón, con la zozobra...
Los caminos te llevan, tú no vas...
¡Hermano! Los caminos me llevan, yo no voy...
Ahora, estarás junto a los árboles amargos...
Estarás en qué cuadra de tristeza,
en qué lenta actitud, ¡quién sabe cómo!...
Se disputarán el cielo gavilanes y águilas:
¿para qué preguntar si son los mismos?
¿Para qué preguntar si canta el mismo
zorzal, si son iguales los querreres de antes?...

Los caminos te llevan, tú no vas...
¡Hermano! Los caminos me llevan, yo no voy...

33

Ahora yo recuerdo que la Muerte
no buscaba la entraña de la tierra,
sino que divagaba por el pueblo...
Allí se vivía muriendo; se igualaban
muerte y vida; tal era la tristeza
el discurrir ambiguo de las cosas...
El saúco triste y su fatiga, las campanas
que eran trémulamente amargas
en la fiesta así como en el día
en que alguno acababa...
La fuente,
la piedra del camino, nos decían
que allí se moría para
quedar invisible, viajando solitario,
entre las mismas gentes y los mismos árboles...

De *El sábado y la casa* (1934)

PALABRAS

Sonido inútil y mentira
a sus decires dan los hombres,
porque olvidaron la belleza
de todas las palabras nobles.

Belleza, oh mi Señor, que suena
cuando Te hablo y no comprenden:
un rayo de tu gracia basta
para que luzca el elocuente.

Pues debe hablar con la mirada
puesta en su Señor el hombre,
fácil el límpido discurso,
con sencillez, sin esplendores.

De *Obra poética*

JOSÉ MARÍA ARGUEDAS

*Nació en Andahuaylas en 1911 y murió en Lima en
1969. Narrador, poeta, profesor universitario, estudioso
de la antropología y el folklore. Su infancia estuvo pri-
vada del afecto familiar y su lengua materna fue el quechua, y el castellano una empeñosa y feliz conquista. Movido de un amor profundo por el pueblo indígena, al que
sintió y conoció en sus mismas raíces, Arguedas destinó
su obra entera a reclamar la atención y la estimación que
este pueblo merece legítimamente. La autenticidad y pureza de su visión —patentes en sus cuentos y novelas— se
hallan penetradas de una intensa emoción poética. Así, la
dura y dramática vida del hombre y de la naturaleza y
el paisaje andinos —ambos vividos a fondo por Arguedas— son objeto de una incontrastable fuerza exaltadora.*

Sus obras: Agua (1935), Yawar Fiesta (1941), Diamantes y pedernales (1954), La agonía de Rasu-Ñiti (1962),
Amor, mundo y todos los cuentos (1967), Los ríos pro-

fundos *(1958)*, Todas las sangres *(1964)*, El zorro de arriba y el zorro de abajo *(1971)*.

LA AGONÍA DE RASU-ÑITI

Estaba tendido en el suelo, sobre una cama de pellejos. Un cuero de vaca colgaba de uno de los maderos del techo. Por la única ventana que tenía la habitación, cerca del mojinete, entraba la luz grande del sol; daba contra el cuero y su sombra caía a un lado de la cama del bailarín. La otra sombra, la del resto de la habitación era uniforme. No podía afirmarse que fuera oscuridad; era posible distinguir las ollas, los sacos de papas, los copos de lana; los cuyes, cuando salían algo espantados de sus huecos y exploraban en el silencio. La habitación era ancha para ser vivienda de un indio.

Tenía una troje. Un altillo que ocupaba no todo el espacio de la pieza, sino un ángulo. Una escalera de palo de lambras servía para subir a la troje. La luz del sol la alumbraba fuerte. Podía verse cómo varias hormigas negras subían sobre la corteza de lambras que aún exhalaba perfume.

—El corazón está listo. El mundo avisa. Estoy oyendo la cascada de Saño. ¡Estoy listo! dijo el dansak' "Rasu-Ñiti".[1]

Se levantó y pudo llegar hasta la petaca de cuero en que guardaba su traje de dansak' y sus tijeras de acero. Se puso el guante en la mano derecha y empezó a tocar las tijeras.

[1] Dansak': bailarín. Rasu-Ñiti: que aplasta nieve.

Los pájaros que se espulgan tranquilos sobre el árbol de molle, en el pequeño corral de la casa, se sobresaltaron.

La mujer del bailarín y sus dos hijas que desgranaban maíz en el corredor, dudaron.

—Madre ¿has oído? ¿Es mi padre, o sale ese canto de dentro de la montaña? —preguntó la mayor.

—¡Es tu padre! —dijo la mujer.

Porque las tijeras sonaron más vivamente, en golpes menudos.

Corrieron las tres mujeres a la puerta de la habitación.

"Rasu-Ñiti" se estaba vistiendo. Sí. Se estaba poniendo la chaqueta ornada de espejos.

—¡Esposo! ¿Te despides? —preguntó la mujer, respetuosamente, desde el umbral. Las dos hijas lo contemplaban temblorosas.

—El corazón avisa, mujer. Llamen al "Lurucha" y a don Pascual. ¡Que vayan ellas!

Corrieron las dos muchachas.

La mujer se acercó al marido.

—Bueno. ¡Wamani [2] está hablando! —dijo él—. Tú no puedes oír. Me habla directo al pecho. Agárrame el cuerpo . Voy a ponerme el pantalón. ¿Adónde está el sol? ya habrá pasado mucho el centro del cielo.

—Ha pasado. Está entrando aquí. ¡Ahí está!

Sobre el fuego del sol, en el piso de la habitación, caminaban unas moscas negras.

—Tardará aún la chiririnka [3] que viene un poco

[2] Dios montaña que se presenta en figura de cóndor.
[3] Mosca azul.

antes de la muerte. Cuando llegue aquí no vamos a oírla aunque zumbe con toda su fuerza, porque voy a estar bailando.

Se puso el pantalón de terciopelo, apoyándose en la escalera y en los hombros de su mujer. Se calzó las zapatillas. Se puso el tapabala y la montera. El tapabala estaba adornado con hilos de oro. Sobre las inmensas faldas de la montera, entre cintas labradas, brillaban espejos en forma de estrella. Hacia atrás, sobre la espalda del bailarín, caía desde el sombrero, una rama de cintas de varios colores.

La mujer se inclinó ante el dansak'. Le abrazó los pies. ¡Estaba ya vestido con todas sus insignias! Un pañuelo blanco le cubría parte de la frente. La sede azul de su chaqueta, los espejos, la tela roja del pantalón, ardían bajo el angosto rayo de sol que fulguraba en la sombra del tugurio que era la casa del indio Pedro Huancayre, el gran dansak' "Rasu-Ñiti", cuya presencia se esperaba, casi se temía, y era luz de las fiestas de centenares de pueblos.

—¿Estás viendo al Wamani sobre mi cabeza? —preguntó el bailarín a su mujer.

Ella levantó la cabeza.

—Está —dijo—. Está tranquilo.

—¿De qué color es?

—Gris. La mancha blanca de su espalda está ardiendo.

—Así es. Voy a despedirme. ¡Anda tú a bajar los tipis de maíz del corredor! ¡Anda!

La mujer obedeció. En el corredor de los maderos del techo, colgaban racimos de maíz de colores. Ni nieve, ni la tierra blanca de los caminos, ni la arena del río, ni el vuelo feliz de las parvadas de palomas en las cosechas, ni el corazón de un becerro que juega, tenían la apariencia, la lozanía, la gloria de esos racimos. La mujer los fue bajando, rápida pero ceremoniosamente.

Se oía ya, no tan lejos, el tumulto de la gente que venía a la casa del bailarín.

Llegaron las dos muchachas. Una de ellas había tropezado en el campo y le salía sangre de un dedo del pie. Despejaron el corredor. Fueron a ver después al padre.

Ya tenía el pañuelo rojo en la mano izquierda. Su rostro enmarcado por el pañuelo, casi salido del cuerpo, resaltaba, porque todo el traje de color y luces y la gran montera lo rodeaban, se diluían para alumbrarlo; su rostro cetrino, no pálido, cetrino duro, casi no tenía expresión. Sólo sus ojos aparecían hundidos como en un mundo, entre los colores del traje y la rigidez de los músculos.

—¿Ves al Wamani en la cabeza de tu padre? —preguntó la mujer a la mayor de sus hijas.

Las tres lo contemplaban, quietas.

—¿Lo ves?

—No —dijo la mayor.

—No tienes fuerza aún para verlo. Está tranquilo, oyendo todos los cielos; sentado sobre la cabeza de tu padre. La muerte le hace oír todo. Lo que tú has padecido; lo que has bailado; lo que más vas a sufrir.

—¿Oye el galope del caballo del patrón?

—Sí oye —contestó el bailarín, a pesar de que la

muchacha había pronunciado las palabras en voz bajísima—. ¡Sí oye! también el crecimiento de nuestro dios que va a tragar los ojos de ese caballo. Del patrón no. ¡Sin el caballo él es sólo excremento de borrego!

Empezó a tocar las tijeras de acero. Bajo la sombra de la habitación la fina voz del acero era profunda.

—El Wamani me avisa. ¡Ya vienen! —dijo.

—¿Oyes, hija? Las tijeras no son manejadas por los dedos de tu padre. El Wamani las hace chocar. Tu padre sólo está obedeciendo.

Son hojas de acero sueltas. Las engarza el dansak' por los ojos, en sus dedos y las hace chocar. Cada bailarín puede producir en sus manos con ese instrumento una música leve, como de agua pequeña, hasta fuego: depende del ritmo, de la orquesta y del "espíritu" que protege al dansak'.

Bailan solos o en competencia. Las proezas que realizan y el hervor de su sangre durante las figuras de la danza dependen de quien está asentado en su cabeza y en su corazón, mientras él baila o levanta y lanza barretas con los dientes, se atraviesa las carnes con leznas o camina en el aire por una cuerda tendida desde la cima de un árbol a la torre del pueblo.

Yo vi al gran padre "Untu", trajeado de negro y rojo, cubierto de espejos, danzar sobre una soga movediza en el cielo, tocando sus tijeras. El canto del acero se oía más fuerte que la voz del violín y del arpa que tocaban a mi lado, junto a mí. Fue en la madrugada. El padre "Untu" aparecía negro bajo la luz incierta y tierna; su figura se mecía contra la sombra de la gran montaña. La voz de sus tijeras nos rendía, iba del cielo al mundo, a los ojos y al latido de los millares de indios y mestizos que lo veíamos avanzar desde el inmenso eucalipto de la torre. Su viaje duró acaso un siglo. Llegó a la ventana de la torre cuando el sol encendía la cal y el sillar blanco con que estaban hechos los arcos. Danzó un instante junto a las campanas. Bajó luego. Desde dentro de la torre se oía el canto de sus tijeras; el bailarín iría buscando a tientas las gradas en el lóbrego túnel. Ya no volverá a cantar el mundo en esa forma, todo constreñido, fulgurando en dos hojas de acero. Las palomas y otros pájaros que dormían en el gran eucalipto, recuerdo que cantaron mientras el padre "Untu" se balanceaba en el aire. Cantaron pequeñitos, jubilosamente, pero junto a la voz del acero y a la figura del dansak' sus gorjeos eran como una filigrana apenas perceptible, como cuando el hombre reina y el bello universo solamente, parece, lo orna, le da el jugo vivo a su señor.

El genio de un dansak' depende de quien vive en él: ¿el "espíritu" de una montaña (Wamani); de un precipicio cuyo silencio es transparente; de una cueva de la que salen toros de oro y "condenados" en andas de fuego? O la cascada de un río que se precipita de todo lo alto de una cordillera; o quizás sólo un pájaro, o un insecto volador que conoce el sentido de abismos, árboles, hormigas y el secreto de lo nocturno; alguno de esos pájaros "malditos" o "extraños", el hakakllo, el chusek' o el San Jorge, negro insecto de alas rojas que devora tarántulas.

"Rasu-Ñiti" era hijo de un Wamani grande, de una montaña con nieve eterna. Él, a esa hora, le había enviado ya su "espíritu"; un cóndor gris cuya espalda blanca estaba vibrando.

Llegó "Lurucha", el arpista del dansak', tocando; le seguía don Pascual, el violinista. Pero el "Lurucha" comandaba siempre el dúo. Con su uña de acero hacía estallar las cuerdas de alambre y las de tripa, o las hacía gemir sangre en los pasos tristes que tienen también las danzas.

Tras de los músicos marchaba un joven: "Atok' sayku",[4] el discípulo de "Rasu-Ñiti". También se había vestido. Pero no tocaba las tijeras; caminaba con la cabeza gacha. ¿Un dansak' que llora? Sí, pero lloraba para adentro. Todos lo notaban.

"Rasu-Ñiti" vivía en un caserío de no más de veinte familias. Los pueblos grandes a pocas leguas. Tras de los músicos venía un pequeño grupo de gente.

—¿Ves "Lurucha" al Wamani? —preguntó el dansak' desde la habitación.

—Sí, lo veo. Es cierto. Es tu hora.

—¡Atok' sayku! ¿Lo ves?

El muchacho se paró en el umbral y contempló la cabeza del dansak'.

—Aletea no más. No lo veo bien, padre.

—¿Aletea?

—Sí, maestro.

—Está bien. "Atok' sayku" joven.

—Ya siento el cuchillo en el corazón. ¡Toca! —le dijo al arpista.

[4] Que cansa el zorro.

"Lurucha" tocó el *jaykuy* (entrada) y cambió en seguida al *sisi nina* (fuego hormiga), otro paso de la danza.

"Rasu-Ñiti" bailó, tambaleándose un poco. El pequeño público entró en la habitación. Los músicos y el discípulo se cuadraron contra el rayo de sol. "Rasu-Ñiti" ocupó el suelo donde la franja de sol era más baja. Le quemaban las piernas. Bailó sin hervor, casi tranquilo, el jaykuy; en el sisi nina sus pies se avivaron.

—El Wamani está aleteando grande; ¡está aleteando! —dijo "Atok' sayku", mirando la cabeza del bailarín.

Danzaba ya con brío. La sombra del cuarto empezó a henchirse como de una cargazón de viento; el dansak' renacía. Pero su cara, enmarcada por el pañuelo blanco, estaba más rígida, dura; sin embargo, con la mano izquierda agitaba el pañuelo rojo, como si fuera un trozo de carne que luchara. Su montera se mecía con todos sus espejos; en nada se percibía mejor el ritmo de la danza. "Lurucha" había pegado el rostro al arco del arpa. ¿De dónde bajaba o brotaba esa música? No era sólo de las cuerdas y de la madera.

—¡Ya! ¡Estoy llegando! ¡Estoy por llegar! —dijo con voz fuerte el bailarín, pero la última sílaba salió como traposa, como de la boca de un loro.

Se le paralizó una pierna.

—¡Está el Wamani! ¡Tranquilo! —exclamó la mujer del dansak' porque sintió que su hija menor temblaba.

El arpista cambió la danza al tono *waqtay* (la lucha). "Rasu-Ñiti" hizo sonar más alto las tijeras. Las elevó en dirección del rayo de sol que se iba alzando. Quedó enclavado en el sitio; pero con el rostro aún más rígido y los ojos más hundidos, pudo dar una vuelta sobre su pierna viva. Entonces sus ojos dejaron de ser indiferentes; porque antes miraba como en abstracto, sin precisar a nadie. Ahora se fijaron en su hija mayor, casi con júbilo.

—El dios está creciendo. ¡Matará al caballo! —dijo.

Le faltaba ya saliva. Su lengua se movía como revolcándose en polvo.

—¡"Lurucha"! ¡Patrón! ¡Hijo! El Wamani me dice que eres de maíz blanco. De mi pecho sale tu tonada. De mi cabeza.

Y cayó al suelo. Sentado. No dejó de tocar las tijeras. La otra pierna se le había paralizado.

Con la mano izquierda sacudía el pañuelo rojo, como un pendón de chichería en los meses de viento.

"Lurucha", que no parecía mirar al bailarín, empezó el *yawar mayu* (río de sangre), paso final que en todas las danzas de indios existe.

El pequeño público permaneció quieto. No se oían ruidos en el corral ni en los campos más lejanos. ¿Las gallinas y los cuyes sabían lo que pasaba, lo que significaba esa despedida?

La hija mayor del bailarín salió al corredor, despacio. Trajo en sus brazos uno de los grandes racimos de mazorcas de maíz de colores. Lo depositó en el suelo. Un cuy se atrevió también a salir de su hueco. Era macho, de pelo encrespado; con sus ojos rojísimos revisó un instante a los hombres y saltó otro hueco. Silbó antes de entrar.

"Rasu-Ñiti" vio a la pequeña bestia. ¿Por qué tomó

más impulso para seguir el ritmo lento, como el arrastrarse de un gran río turbio, del yawar mayu, pero lento, hondísimo; sí, con la figura de esos ríos inmensos, cargados con las primeras lluvias; ríos, de las proximidades de la selva que marchan también lentos, bajo el sol pesado en que resaltan todos los polvos y lodos, los animales muertos y árboles que arrastran, indeteniblemente. Y estos ríos van entre montañas bajas, oscuras de árboles. No como los ríos de la sierra que se lanzan a saltos, entre la gran luz; ningún bosque los mancha y las rocas de los abismos les dan silencio.

"Rasu-Ñiti" seguía con la cabeza y las tijeras este ritmo denso. Pero el brazo con que batía el pañuelo empezó a doblarse; murió. Cayó sin control, hasta tocar la tierra.

Entonces "Rasu-Ñiti" se echó de espaldas.

—¡El Wamani aletea sobre su frente —dijo "Atok' sayku".

—Ya nadie más que él lo mira —dijo entre sí la esposa—. Yo ya no lo veo.

"Lurucha" avivó el ritmo del yawar mayu. Parecía que tocaban campanas graves. El arpista no se esmeraba en recorrer con su uña de metal las cuerdas de alambre; tocaba las más extensas y gruesas. Las cuerdas de tripa. Pudo oírse entonces el canto del violín más claramente.

A la hija menor le atacó el ansia de cantar algo. Estaba agitada, pero como los demás, en actitud solemne. Quiso cantar porque vio que los dedos de su padre que aún tocaban las tijeras iban agotándose, que iban también a helarse. Y el rayo de sol se había retirado casi hasta el techo. El padre tocaba las tijeras revolcándolas un poco en la sombra fuerte que había en el suelo.

"Atok' sayku" se separó un pequeñísimo espacio, de los músicos. La esposa del bailarín se adelantó un medio paso de la fila que formaba con sus hijas. Los otros indios estaban mudos; permanecieron más rígidos. ¿Qué iba a suceder luego? No les habían ordenado que salieran afuera.

—¡El Wamani está ya sobre el corazón! —exclamó "Atok' sayqu", mirando. "Rasu-Ñiti" dejó caer las tijeras. Pero siguió moviendo la cabeza y los ojos.

El arpista cambió de ritmo, tocó el illapa vivon (el borde del rayo). Todo en las cuerdas de alambre a ritmo de cascada. El violín no lo pudo seguir. Don Pascual adoptó la misma actitud rígida del pequeño público, con el arco y el violín colgándole de las manos.

"Rasu-Ñiti" movió los ojos; la córnea, la parte blanca, parecía ser la más viva, la más lúcida. No causaba espanto. La hija menor seguía atacada por el ansia de cantar, como solía hacerlo junto al río grande, entre el olor de flores de retama que crecen a ambas orillas. Pero ahora el ansia que sentía por cantar, aunque igual en violencia, era de otro sentido. ¡Pero igual en violencia!

Duró largo, mucho tiempo, el illapa vivon. "Lurucha" cambiaba la melodía a cada instante, pero no el ritmo. Y ahora sí miraba al maestro. La danzante llama que brotaba de las cuerdas de alambre de su arpa, seguía como sombra el movimiento cada vez más extraviado de los ojos del dansak'; pero lo seguía. Es que "Lurucha" estaba hecho de maíz blanco, según el mensaje del Wamani. El ojo del bailarín moribundo, el arpa y las manos del músico funcionaban juntos; esa música hizo detenerse a las hormigas negras que ahora marchaban de perfil al sol, en la ventana. El mundo a veces guarda un silencio cuyo sentido sólo alguien percibe. Esta vez era por el arpa del maestro que había acompañado el gran dansak' toda la vida, en cien pueblos, bajo miles de piedras y de toldos.

"Rasu-Ñiti" cerró los ojos. Grande se veía su cuerpo. La montera le alumbraba con sus espejos.

"Atok' sayku" saltó junto al cadáver. Se elevó ahí mismo, danzando; tocó las tijeras que brillaban. Sus pies volaban. Todos lo estaban mirando. "Lurucha" tocó el lucero kanchi (alumbrar de la estrella), del wallpa wak'ay (canto del gallo) con que empezaban las competencias de los dansak', a la medianoche.

—¡El Wamani aquí! ¡En mi cabeza! ¡En mi pecho, aleteando, aleteando! —dijo el nuevo dansak'.

Nadie se movió.

Era él, el padre "Rasu-Ñiti", renacido, con tendones de bestia tierna y el fuego del Wamani, su corriente de siglos aleteando.

"Lurucha" inventó los ritmos más intrincados, los más solemnes y vivos. "Atok' sayku" los seguía, se elevaban sus piernas, sus brazos, su pañuelo, sus espejos, su montera, todo en su sitio. Y nadie volaba como ese joven dansak'; dansak' nacido.

—¡Está bien! —dijo "Lurucha"—. ¡Está bien Wa-

374

mani! contento. Ahistá en tu cabeza, el blanco de
su espalda como el sol del mediodía en el nevado,
brillando.

—¡No lo veo! —dijo la esposa del bailarín.

—Enterraremos mañana al oscurecer al padre "Rasu-
Ñiti".

—No muerto. ¡Ajajayllas! —exclamó la hija menor—. No muerto. ¡El mismo! ¡Bailando!

"Lurucha" miró profundamente a la muchacha. Se
le acercó, casi tambaleándose, como si hubiera tomado una gran cantidad de cañazo.

—¡Cóndor necesita paloma! ¡Paloma, pues, necesita
cóndor! ¡Dansak' no muere! —le dijo.

—Por dansak' el ojo de nadie llora. Wamani es
Wamani.

De *Amor, mundo y todos los cuentos de
José María Arguedas* (1967)

ODA AL JET (Jetman, haylli)

¡Abuelo mío! Estoy en el Mundo de Arriba,
sobre los dioses mayores y menores, conocidos y no
     conocidos.
¿Qué es esto? Dios es hombre, el hombre es dios.
He aquí que los poderosos ríos, los adorados, que par-
     tían el mundo, se han convertido en el más delgado
     hilo que teje la araña.
El hombre es dios.

¿Dónde está el cóndor, dónde están las águilas?

375

Invisibles como los insectos alados se han perdido en el aire o entre las cosas ignoradas.

Dios Padre, Dios Hijo, Dios Espíritu Santo: no os encuentro, ya no sois; he llegado al estadio que vuestros sacerdotes, y los antiguos, llamaron el Mundo de Arriba.

En ese mundo estoy, sentado, más cómodamente que en ningún sitio, sobre un lomo de fuego,

hierro encendido, blanquísimo, hecho por la mano del hombre, pez de viento.

Sí. "Jet" es su nombre.

Las escamas de oro de todos los mares y los ríos no alcanzarían a brillar como él brilla.

El temible filo de nieve de las sagradas montañas, allá abajo resplandece, pequeñito; se ha convertido en lastimoso carámbano.

El hombre es dios. Yo soy hombre. Él hizo este incontable pez golondrina de viento.

¡Gracias, hombre! No hijo de Dios Padre sino su hacedor.

¡Gracias, hombre! No hijo de Dios Padre sino su hasta qué mundos lanzarás tu flecha.

Hombre dios: mueve este pez golondrina para que tu sangre creadora se ilumine más a cada hora.

¡El infierno existe! No dirijas este fuego volador, señor de los señores, hacia el mundo donde se cuece la carne humana;

que esta golondrina de oro de los cielos fecunde otros dioses en tu corazón, cada día.

Bajo el suave, el infinito seno del "jet"; más tierra, más hombre, más paloma, más gloria me siento; en

376

todas las flores del mundo se han convertido mi pecho, mi rostro y mis manos.

Mis pecados, mis manchas, se evaporan, mi cuerpo vuelve a la dulce infancia.

Hombre, Señor, tú hiciste a Dios para alcanzarlo, ¿o para qué otra cosa?

Para alcanzarlo lo creaste y lo persigues ya de cerca.

Cuidado con el filo de este "jet", más penetrante que las agujas de hielo terrenas, te rompa los ojos por la mitad;

es demasiado fuego, demasiado poderoso, demasiado libre, este inmenso pájaro de nieve.

Cuidado que tu hijo te envíe el latido de la muerte; la mariposa que nació de tu mano creadora puede convertir tu cabeza en cenizas.

Oye, hombre, ¡entiéndeme!

Bajo el pecho del "jet" mis ojos se han convertido en los ojos del águila pequeña a quien le es mostrado por primera vez el mundo.

No siento temor. Mi sangre está alcanzando a las estrellas;

los astros son mi sangre.

No te dejes matar por ningún astro,

por este pez celeste, por este dios de los ríos que tus manos eternas fabricaron.

Dios Padre, Dios Hijo, Dios Espíritu Santo, Dioses Montañas, Dios Inkarrí: mi pecho arde, yo soy vosotros, en el inagotable furor de este "jet".

No bajes a la tierra.

Sigue alzándote, vuela más todavía, hasta llegar al con-

fín de los mundos que se multiplican hirviendo, eternamente. Móntate sobre ellos,
dios gloria, dios hombre.
Al Dios que te hacía nacer y te mataba lo has matado ya, semejante mío, hombre de la tierra.
¡Ya no morirás!

He aquí que el "jet" da vueltas, movido por la respiración de los dioses de dioses que existieron, desde el comienzo hasta el fin que nadie sabe ni conoce.

De *Katatay y otros poemas (Huc jayllicunapas)*, 1972

EMILIO ADOLFO WESTPHALEN

Nació en Lima en 1911. Poeta, profesor universitario, promotor de la creación literaria y cultural a través de revistas de notable calidad y de sus propios ensayos. Aunque vinculada al surrealismo, su poesía, por su misma naturaleza, rechaza todo encasillamiento. Su gran tema, su gran pasión, es el amor, y para expresarlo, Westphalen se vale de hermosas, libres e intensas imágenes. Dos son, y breves, sus libros a los que marca un sencillo y único movimiento pendular, un compás abierto en el ángulo determinante de dos zonas: la de acá, el canto; la de más allá, el silencio marginando y levantando el canto. Así ha quedado el testimonio de la penosa marcha del hombre y su anhelo indestructible (Las ínsulas extrañas) y, luego, la exaltación paradisiaca de su amoroso asedio (Abolición de la muerte). Así también traza el círculo tal vez más insólito y resplandeciente de la poesía peruana contemporánea, el círculo más intensamente rotado de silencio.

Sus libros son: Las ínsulas extrañas *(1933)*, Abolición de la muerte *(1935)* y Otra imagen deleznable *(1980)*, *el cual incluye los dos anteriores, más poemas que no fueron reunidos.*

La mañana alza el río la cabellera
después la niebla la noche
el cielo los ojos
me miran los ojos el cielo
despertar sin vértebras sin estructura
la piel está en su eternidad
se suaviza hasta perderse en la memoria
existía no existía
por el camino de los ojos por el camino del cielo
qué tierno el estío llora en tu boca
llueve gozo beatitud
el mar acerca su amor
teme la rosa el pie la piel
el mar aleja su amor
el mar
cuántas barcas
las olas dicen amor
la niebla otra vez otra barca
los remos el amor no se mueve
sabe cerrar los ojos dormir el aire no los ojos
la ola alcanza los ojos
duermen junto al río la cabellera
sin peligro de naufragio en los ojos

calma tardanza el cielo
o los ojos
fuego fuego fuego fuego
en el cielo cielo fuego cielo
cómo rueda el silencio
por sobre el cielo el fuego el amor el silencio
qué suplicio baña la frente el silencio
detrás de la ausencia mirabas sin fuego
es ausencia noche
pero los ojos el fuego
caricia estío los ojos la boca
el fuego nace en los ojos
el amor nace en los ojos el cielo el fuego
el fuego el amor el silencio

De *Las ínsulas extrañas* (1933)

VINISTE A posarte sobre una hoja de mi cuerpo
gota dulce y pesada como el sol sobre nuestras vidas
trajiste olor de madera y ternura de tallo inclinándose
y alto velamen de mar recogiéndose en tu mirada
trajiste paso leve de alba al irse
y escandiado incienso de arboledas tremoladas en tus
    manos
bajaste de brisa en brisa como una ola asciende los días
y al fin eras el quedado manantial rodando las flores
o las playas encaminándose a una querella sin motivo
por decir si tu mano estuvo armoniosa en el tiempo
o si tu corazón era fruta de árbol o de ternura
o el estruendo callado del surtidor

o la voz baja de la dicha negándose y afirmándose
en cada diástole y sístole de permanencia y negación
viniste a posarte sobre mi copa
roja estrella y gorgorito completo
viniste a posarte como la noche llama a sus creaturas
o como el brazo termina su círculo y abarca el horario
  completo
o como la tempestad retira los velos de su frente
para mirar el mundo y no equivocar sus remos
al levantar los muros y cerrar las cuevas
has venido y no se me alcanza qué justeza equivocas
para estarte sin levedad de huida y gravitación de
  planeta
orlado de madreselvas en la astrología infantil
para estarte como la rosa hundida en los mares
o el barco anclado en nuestra conciencia
para estarte sin dar el alto a los minutos subiendo las
  jarcias
y cayéndose siempre antes de tocar el timbre que
  llama a la muerte
para estarte sitiada entre son de harpa y río de es-
  caramuza
entre serpiente de aura y romero de edades
entre lengua de solsticio y labios de tardada morosidad
  acariciando
has venido como la muerte ha de llegar a nuestros
  labios
con la gozosa trasparencia de los días sin fanal
de los conciertos de hojas de otoño y aves de verano
con el contento de decir he llegado

que se ve en la primavera al poner sus primeras manos
sobre las cosas
y anudar la cabellera de las ciudades
y dar vía libre a las aguas y canto libre a las bocas
de la muchacha al levantarse y del campo al recogerse
has venido pesada como el rocío sobre las flores del
jarrón
has venido para borrar tu venida
estandarte de siglos clavado en nuestro pecho
has venido nariz de mármol
has venido ojos de diamante
has venido labios de oro

TE HE SEGUIDO como nos persiguen los días
con la seguridad de irlos dejando en el camino
de algún día repartir sus ramas
por una mañana soleada de poros abiertos
columpiándose de cuerpo a cuerpo
te he seguido como a veces perdemos los pies
para que una nueva aurora encienda nuestros labios
y ya nada pueda negarse
y ya todo sea un mundo pequeño rodando las escalinatas
y ya todo sea una flor doblándose sobre la sangre
y los remos hundiéndose más en las auras
para detener el día y no dejarle pasar
te he seguido como se olvidan los años
cuando la orilla cambia de parecer a cada golpe de
viento
y el mar sube más alto que el horizonte

para no dejarme pasar
te he seguido escondiéndome tras los bosques y las
  ciudades
llevando el corazón secreto y el talismán seguro
marchando sobre cada noche con renacidas ramas
ofreciéndome a cada ráfaga como la flor se tiende en
  la onda
o las cabelleras ablandan sus mareas
perdiendo mis pestañas en el sigilo de las alboradas
al levantarse los vientos y doblegar los árboles y las
  torres
cayéndome de rumor en rumor
como el día soporta nuestros pasos
para después levantarme con el báculo del pastor
y seguir las riadas que separan siempre
la vid que ya va a caer sobre nuestros hombros
y la llevan cual un junco arrastrado por la corriente
te he seguido por una sucesión de ocasos
puestos en el muestrario de las tiendas
te he seguido ablandándome de muerte
para que no oyeras mis pasos
te he seguido borrándome la mirada
y callándome como el río al acercarse al abrazo
o la luna poniendo sus pies donde no hay respuesta
y me he callado como si las palabras no me fueran a
  llenar la vida
y ya no me quedara más que ofrecerte
me he callado porque el silencio pone más cerca los
  labios
porque sólo el silencio sabe detener a la muerte en
  los umbrales

porque sólo el silencio sabe darse a la muerte sin re-
servas
y así te sigo porque sé que más allá no has de pasar
y en la esfera enrarecida caen los cuerpos por igual
porque en mí la misma fe has de encontrar
que hace a la noche seguir sin descanso al día
ya que alguna vez le ha de coger y no le dejará de
los dientes
ya que alguna vez le ha de estrechar
como la muerte estrecha a la vida
te sigo como los fantasmas dejan de serlo
con el descanso de verte torre de arena
sensible al menor soplo u oscilación de los planetas
pero siempre de pie y nunca más lejos
que al otro lado de la mano

HE DEJADO descansar tristemente mi cabeza
en esta sombra que cae del ruido de tus pasos
vuelta a la otra margen
grandiosa como la noche para negarte
he dejado mis albas y los árboles arraigados en mi
garganta
he dejado hasta la estrella que corría entre mis huesos
he abandonado mi cuerpo
como el naufragio abandona las barcas
o como la memoria al bajar las mareas
algunos ojos extraños sobre las playas
he abandonado mi cuerpo
como un guante para dejar la mano libre
si hay que estrechar la gozosa pulpa de una estrella

no me oyes más leve que las hojas
porque me he librado de todas las ramas
y ni el aire me encadena
ni las aguas pueden contra mi sino
no me oyes venir más fuerte que la noche
y las puertas que no resisten a mi soplo
y las ciudades que callan para que no las aperciba
y el bosque que se abre como una mañana
que quiere estrechar el mundo entre sus brazos
bella ave que has de caer en el paraíso
ya los telones han caído sobre tu huida
ya mis brazos han cerrado las murallas
y las ramas inclinado para impedirte el paso
corza frágil teme la tierra
teme el ruido de tus pasos sobre mi pecho
ya los cercos están enlazados
ya tu frente ha de caer bajo el peso de mi ansia
ya tus ojos han de cerrarse sobre los míos
y tu dulzura brotarte como cuernos nuevos
y tu bondad extenderse como la sombra que me rodea
mi cabeza he dejado rodar
mi corazón he dejado caer
ya nada me queda para estar más seguro de alcanzarte
porque llevas prisa y tiemblas como la noche
la otra margen acaso no he de alcanzar
ya que no tengo manos que se cojan
de lo que está acordado para el perecimiento
ni pies que pesen sobre tanto olvido
de huesos muertos y flores muertas
la otra margen acaso no he de alcanzar
si ya hemos leído la última hoja

y la música ha empezado a trenzar la luz en que has
  de caer
y los ríos te cierran el camino
y las flores te llaman con mi voz
rosa grande ya es hora de detenerte
el estío suena como un deshielo por los corazones
las alboradas tiemblan como los árboles al despertarse
las salidas están guardadas
rosa grande ¿no has de caer?

De *Abolición de la muerte* (1935)

EL MAR EN LA CIUDAD

¿Es éste el mar que se arrastra por los campos,
que rodea los muros y las torres,
que levanta manos como olas
para avistar de lejos su presa o su diosa?

¿Es éste el mar que tímida, amorosamente
se pierde por callejas y plazuchas,
que invade jardines y lame pies
y labios de estatuas rotas, caídas?

No se oye otro rumor que el borbotón
del agua deslizándose por sótanos
y alcantarillas, llevando levemente
en peso hojas, pétalos, insectos.

¿Qué busca el mar en la ciudad desierta,
abandonada aun por gatos y perros,

acalladas todas sus fuentes,
mudos los tenues campanarios?

La ronda inagotable prosigue,
el mar enarca el lomo y repite
su canción, emisario de la vida
devorando todo lo muerto y putrefacto.

El mar, el tierno mar, el mar de los orígenes,
recomienza el trabajo viejo:
limpiar los estragos del mundo,
cubrirlo todo con una rosa dura y viva.

De *Otra imagen deleznable*... (1980)

VICENTE AZAR
(Seudónimo de José Alvarado Sánchez)

*Nació en Lima en 1913. Poeta, profesor universitario,
diplomático. Ha escrito diversos artículos y ensayos literarios y ha publicado un único y breve libro de poesía,
ya lejano,* Arte de olvidar (1942), *título que sugiere la
fidelidad a una conducta y la intención de una poética.*
*La poesía de Vicente Azar parecería haber esquivado
voluntariamente todo conato de expresión directa de sus
propias experiencias —como ajeno a líricas confidencias—
si no las revelara, por medio de sutiles sesgos, en el acto
onírico de rendir sus homenajes, sus férvidas predilecciones poéticas.*

EL TIEMPO
(Fragmento)

Elegía

A *Marcel Proust*

Extenso, fuera de los valles, fuera del silencio y del
    amor
fuera de la hermosa provincia reflejada en los ríos al
    crepúsculo,
fuera del mar batiente frente a la iglesia gótica,
más allá quizás de los breves rostros amables,
superando el dominio que atalaya el dulce recuerdo
aunque quizás muy cerca o dentro de las venas llenas
    de la más leve sangre
que haya regado una alegría, quién sabe, una tristeza
    muy distinta,
y quizás entre los ojos cansados de ese transcurso in-
    útil y eterno,
no se sabe si cerca o lejos, pero presente, extenso,
poderoso e inmóvil, difuminado en el misterio,
pero indudable, oscuro como un gran león que dor-
    mita en el atardecer
está, aquí cerca, el tiempo.

Aquí cerca, Marcel, está el tiempo, el tiempo de la
    linterna mágica
alumbradora de verdes escenas merovingias
en que la suave sonrisa de la virgen dinástica
aparecía escoltada por el caballo de un San Jorge
    pintado

con la turbulenta coloración áureo-rojiza de la infancia.
¿Aquí cerca, o es lejos, infinitamente distante
que el tiempo adormecido de Combray se despierta?
Se reconoce por la tristeza, por la lucha algunas veces
 ruda
del cuerpo que se resiste a envejecer.

Por las imágenes ya malheridas, débiles,
que evocan el combate dramático, final,
por la palabra que no designa a un niño
cuando eres tú, "l'enfant Marcel", que entras.

Algo ha sido vencido, y el león ronda triunfante.
Ha sido herido algo, y la flecha aún tiembla.

HYPNIA
(Fragmentos)

Las puertas de oro de Hypnia aparecen cerradas cuando en la estación que apresura el paso los vestigios de la primavera toman el color de la huida. Ciudad de la primavera prisionera, lenta visión entre las flores, el panorama delinea sus grandes losanges verdes y oscuros, a su lado. Pasa la tempestad y algo agita los pañuelos del alborozo. Es la tarde en el mundo, es una cierta hora ecuménica cuyo tono y cuya emoción por igual embriagan al pez que nada hacia el norte del promontorio gris que se está como un narciso pétreo y natural del paisaje mirándose mirar, al ave cuyo vuelo designa, deteniéndolo un solo instante apenas, la línea muy vaga del ocaso, al hombre que contempla al mar por hábito de su soledad, a la mujer que se suicida por un amor terrible, sólo vivido entre los sueños. Es la gran tarde recia y dorada del mundo. Todas las barcas flotan hacia la misma delicia, veloz y oculta, que turba la hora. Porque es la hora en que la primavera tuerce su último velo a la orilla del agua invisible.

A *George* e *Ira Gershwin*

Una y otra vez arde la risa, suenan, advienen como olas los susurros. La antigua carretela corre desaladamente por el bosque rutilante de lienzos tendidos. ¿Quién canta? ¿Qué voz aún no olvidada? Oh Elaine, mi Elaine, quisiera descubrirte, desnuda y trémula, en el bosque de los banjos, mientras en la línea azul del ocaso estén trizándose sin ruido las centellas, las raudas, los fuegos artificiales de la fiesta. Entonces el camino llega al trivio de los álamos, vacila, escoge la dirección de tres de los puntos cardinales. Toda la noche ardiente del Sur sube como una marea hasta las grandes ciudades que parpadean sus millares de luces. La noche cálida, las voces, el tránsito rápido, nervioso, reverberante de las luciérnagas. Porgy y Bess llegan al Central Park, con su sangre vertiginosa y sin embargo llena de música. Y el nervio, la sonrisa, el júbilo, el ululante abrazo, los siguen como una jauría. Suena la trompeta insistente, pero la melodía de la ciudad es humilde y camina por las calles como un niño de barrio que silba para engañar el frío con las manos en los bolsillos agujereados. El violín sale de su vieja alacena, y su desvanecido frío endulza las canciones de amor que George no quiso olvidar. Antigua canción, divina cadencia igual en todas las regiones de la música nocturna que llena esta ciudad sumergida en el tiempo. No han querido olvidarte ahora. Y mientras Hypnia sueña, suben sobre su flanco inmortal las escaleras musicales de Gershwin, sus garfios mudos, graves, nocturnos. Y ascienden con su ritmo incesante hasta la torre del amoroso blues, hasta los toboganes del swing de medianoche, cuando son más suaves los brazos y los cabellos de platino sonámbulo. Allí flota su banderola azul de cánticos y olvidos.

De *Arte de olvidar* (1942)

MANUEL MORENO JIMENO

Nació en Lima en 1913. Poeta, traductor de poesía y profesor universitario. Una sola, aguda y persistente nota recorre la obra entera de Moreno Jimeno: la dura y a la par esperanzada lucha del hombre para alcanzar su definitiva liberación. Este magno tema es dicho con un lenguaje en el que las palabras se constelan, para girar sin tregua en un estrecho círculo angustiado y vehemente.

Son sus libros: Así bajaron los perros (1934), Los malditos (1937), La noche ciega (1947), Hermoso fuego (1954), El corazón ardiendo (1960), Las citas (1962), Negro & Rojo (1962), Delirio de los días (1967) *y* Las llamas de la sangre (1974).

Así viene el hombre
con toda la rotura de su sangre
y su cadalso frío.

Así viene el hombre.

Así viene el hombre
en su huracán, en la furia de sus siglos.

Sencillamente
abierto a la caída...

Así llega
el hombre

De *La noche ciega* (1947)

ES EL AMOR

I

Es el amor.

Son tus pupilas incandescentes
clavadas en las mías.
Es tu luz que llega y me socava.
Es tu fuego enemigo que me destruye.

Ahora no hay piedad para mi olvido,
no hay refugio para mi sombra,

no hay soledad que me devore
en la entraña del corazón.

Estoy perdido en tus cielos fulgurantes.
No sé qué camino tomar,
cuál es la ruta de mi alma.

Al fuego persistente de la tempestad que abres
todo mi ser se conmuta,
vulneras mis vigilias y mis sueños.
Y estoy como el delirio
cegado por la tiniebla ardiente.

II

Es el amor.

Es el amor;
la garra potente del amor,
el pico arrebatado del amor.

Nadie sabe de dónde surten tus relámpagos,
qué amenaza descubre tu presencia, despierta tu furor,
quién propaga tus llamaradas impetuosas.

De *Hermoso fuego* (1954)

TODOS PENETRARON EN EL DÍA

Todos penetraron en el día
y en la inmediación del aura

lo oscuro
quedó deshecho.

Nadie vela la sombra
ni se dasase de la contenida aurora.

Nadie está solo.
La primera luz redime a todos.

Habrá de aparecer triunfante
arrebatado como un éxtasis
el resplandor.

Habrá de llegar
pleno en su cántico de luces
y abrasar el día.

De *Delirio de los días* (1967)

LAS HUELLAS

No puedes decir
aquí quedan las huellas todavía encendidas
aquí una mano contraída yerta
un perdido pie

Aquí un muñón
una quieta mirada
un corazón errante

Porque toda la sangre está vertida
la misma sangre arremolinada
entre el fuego y la tiniebla

De Las llamas de la sangre (1974)

MARIO FLORIÁN

*Nació en Cajamarca, en 1917. De origen campesino, se
ha dedicado a la actividad literaria y magisterial. Se le
considera el más destacado poeta nativista. En sus versos melodiosos y tiernos, se reflejan tanto los aspectos
ecológicos de la vida rural andina como la condición des-
amparada y miserable del campesino, tema en el cual
Florián asume el tono amargo de la protesta. Frente a
la poesía indigenista —que se valió de imágenes y metá-
foras del Vanguardismo europeo— su retórica es de corte tradicional.*

Entre sus numerosos libros se hallan: Tono de fauna
(1940), Noval *(1943),* Urpi *(1944),* Arte mural *(1950),*
El juglar andinista *(1951),* Canto augural *(1956),* Antología poética *(1969).*

CAMPESINO DEL PERÚ

Campesino, dolor, musgo crecido
en la pena eternal, roja, del tiempo,
¿por qué tu cruz al hombro, tus rodillas,
la explosión de tu sangre, tu lamento?

Ya que el maguey más alto no remeda
a la alta soledad de tu tristeza,
ya que el cerro no alcanza a tu sollozo:
¡vámonos de esta tierra!

Vámonos sin regreso
a donde estén la rama, la majada,
el pecho que fugó maternalmente,
el arado, el calor, el dios, la tierra.

Vámonos para siempre
sin adioses que manchen los caminos;
como evasión de pestes, como galgas,
¡vámonos sin destino!

Entonces hasta las bocas que definen
nuestro sabor de sangre, hasta las manos
que golpean, los fuertes latigazos
del principal, la pena, las migajas,
nuestro dolor idéntico a una peña,
nuestra lluvia de lágrimas de pobre:
¡cómo se enlutarán por nuestra ausencia!

Entonces hasta el surco y la neblina,
y la chacra y las voces pronunciadas,
y la choza y el pozo y el arado,
y el abril y el espacio y la clavija,
y el metal y las eras de la hacienda,
y las aves y el puma y la serpiente:
han de gritarnos ¡vuelvan!, ¡tendrán pena!

No nos iremos. ¡No! Madre es la tierra.
Amor. Soga. Raíz que nos sujeta.
¿Quién nos arrancará?... ¡Como rastrojos
moriremos en ella!

De *noval* (1943)

PASTORALA

I

Pastorala.
Pastorala.
Más hermosa que la luz de la nieve,
más que la luz del agua enamorada,
más que la luz bailando en los arco iris.
Pastorala.
Pastorala.

¿Qué labio de cuculí es más dulce,
qué lágrima de quena más mielada,
que tu canto que cae como la lluvia
pequeña, pequeñita, entre las flores?
Pastorala.
Pastorala.

¿Qué acento de trilla-taqui tan sentido,
qué gozo de wifala tan directo,
que descienda —amancay— a fondo de alma,
como baja a la mía tu recuerdo?

Pastorala.
Pastorala.

Yo le dije al gavilán ¡protégela!
Y a zorro y puma ¡guarden su manada!
(Y puma y gavilán y zorro nunca
volvieron a insinuar sus amenazas).
Pastorala.
Pastorala.

Por mirar los jardines de tu manta,
por sostener el hilo de tu ovillo,
por oler las manzanas de tu cara,
por derretir tu olvido: ¡mis suspiros!
Pastorala.
Pastorala.

Por amansar tus ojos, tu sonrisa,
perdido, entre la luz de tu manada,
está mi corazón en forma de allco,
cuidándote, lamiéndote, llorándote...
Pastorala.
Pastorala.

De *Urpi* (1944)

RAÚL DEUSTUA

Nació en Lima en 1921. Poeta, dramaturgo, traductor.
Con larga residencia en Europa, sólo da a conocer sus

poemas *rara vez y en revistas. Su único libro publicado*
es un poema en prosa (Arquitectura del poema, 1955).
Viajero atento, siempre dispuesto a la caricia de las ciu-
dades colmadas de espíritu y destino, Deustua va trazan-
do un itinerario en el que se da cita no sólo con sus es-
plendores sino, en principal medida, con sus adentros de
ser vivo y agónico. Una a una, las ciudades se conjugan
con su experiencia íntima, con su saber, su sentir y pre-
sentir. Gusto y dominio del metro clásico, ascetismo for-
mal, fino sentido evocador y, en lo hondo, la aguda con-
ciencia de un hombre de nuestro tiempo.

POEMA

Un poema, la ruta del milagro
nocturno, la misma metáfora, algas
de un mar cansado, palpitante apenas,
gastado por el hombre, por la técnica
violada, rota por el incesante
conocer, recordar un alba ciega.
¿Adónde me conducen esas huellas?
Unas y otras son ecos lejanísimos,
trenes cargados, vías también ciegas.

OTOÑO

El viento ha establecido en el otoño
un largo mar de ramas
un horizonte en vísperas del hielo
un camino que el Ródano supera.

399

En esta tarde suspendida en vano
percibimos un rostro que en la niebla
es piedra blanda, es nada apenas, roce
del tiempo, del amor quizás fortuito,
en gesto puro, caminar inútil,
ala flotante que ensombrece al río.

ILLESCAS

¿Por qué Castilla
cuando hoy la piedra es áspera,
es palma de una mano estéril, cruda
por esa voluntad del hombre?
La imagen es la misma, un pueblo, gozo
en el terral, la plaza como un libro
abandonado, estéril
(Illescas, polvareda de la tarde).

Día de Reyes —viento en la mejilla
helada de los niños—, no el tambor
antiguo, la pirámide de gritos,
las armas transparentes; sólo voces
roídas por el tiempo, por el gesto
inaudito y crujiente de la mano
(Illescas, humareda de la guerra).

La sabia pluma detenida, el rostro
rasgado en pura luz, flotante el cuadro,
el tiempo por el Greco estremecido,
inútil contemplar lo ya mirado.

Y de nuevo el terral, la historia seca,
Castilla en vilo de la tarde, hiedra
recogida inútilmente.
(Illescas, pozo ardido del invierno).

En la revista *Amaru*, núm. 10, junio de 1969, Lima

VENECIA VÍA CANALETTO

Un rastro luminoso, piedra viva
apoyada en el agua de San Marcos.

Y el gran dogo Foscari hablaba entonces,
medida en oro de balanza, el tiempo
justo para vender en el invierno
la soledad del hombre.

                    "Ha desenvuelto
su piel el navegante, un mapa antiguo
que brilla apenas, una luz distinta
flotando en el canal.

                    Un solo brazo
de mar intenso, recogido, roca
pura, polvo lanzado por el viento.
La cuenta está saldada, seda y piedras
una reliquia santa, un amuleto
—el fémur de San Giorgio—, cien medidas
de alabastro, una estatua de Corinto,

los tributos de Rodas y de Chipre,
centuplicando el oro, cuenta justa."

Golpea el mar la tarde, descarnada
la campana retrata el horizonte,
el tiempo es luz, es agua primitiva,
y una vela que rasga el cielo duro
se pierde ya en la boca de la noche.

En la revista *Creación & Crítica*, núm. 12,
febrero de 1972, Lima

JAVIER SOLOGUREN

Nació en Lima en 1921. Poeta, ensayista, traductor, profesor universitario. Impresor y editor de textos poéticos ("Ediciones de La Rama Florida", 1959-1969). Entre sus libros están, en poesía: El morador *(1944),* Detenimientos *(1947),* Dédalo dormido *(1950),* Bajo los ojos del amor *(1950),* Otoño, endechas *(1959),* Estancias *(1960, 1961),* La gruta de la sirena *(1961),* Vida continua *(incluye los anteriores, 1966),* Recinto *(1968),* Surcando el aire oscuro *(1970),* Vida continua *(1971),* Corola parva *(1977). Ensayo:* Tres poetas, tres obras. Belli, Delgado, Salazar Bondy *(1969). Traducción:* Las uvas del racimo *(1975),* Canto de pájaros y torrentes *(1977),* Tres modernistas brasileños. Mario / Oswald / Cassiano *(1977, 1979),* Poemas. Cassiano Ricardo *(1979),* Poemas. Cruz e Sousa *(1980).*

HALLO LA transparencia del aire en la sonrisa; hallo la flor que se desprende de la luz, que cae, que va cayendo, envolviéndose, cayendo por las rápidas pendientes del cielo al lado del blanco y agudo grito de los pájaros marinos. Desciendo a la profunda animación de la fábrica corpórea que opera como un denso vino bajo la lengua ligera. Aquí y allá las obras de la tierra, las diminutas catástrofes en los montículos de arena, la sucesión de alegre rayo en la humedad del roquedal. (Nuevamente el viento de mano extensa y pródiga, enamorada.) Ventanas de sal doradas por la tarde, brillante dureza por la que unos ojos labran el silencio como un blanco mármol, desnudo e imperioso entre árboles y nubes.

De *Detenimientos* (1945-1947)

NOCIÓN DE LA MAÑANA

Voy de tu mano entre los limpios juncos,
entre nubes ligeras, entre espacios
de tierna sombra. Voy en tus ojos.

Voy de tu mano como quien respira
la pausa cálida del viento,
como quien pisa en el aire blandos frutos,
como quien bebe su risueño aroma.

(No he de perder el trino y la corriente
que te moja de libres claridades,

ni tu cabello suelto como el río
que apresura sus labios en la sombra.)

De *Detenimientos* (1945-1947)

Árbol que eres un penoso relámpago,
viento que arrebatas una ardiente materia,
bosques de rayos entre al agua nocturna:
¿he de decirles que para mí se está forjando
una pesada joya en mi corazón, una hoja
que hiende como una estrella el refugio de la sangre?

Ignoro otra mirada que no sea como un vuelo
reposado y profundo, ignoro otro paso lejano,
ola que fuese más clara que la vida en mi pecho.

Sepan que estoy viviendo, nubes, sepan que canto
bajo la gloria confusa de la tarde, solitario.

Sepan que estoy viviendo, que me aprieta el cielo,
que mi frente ha de caer como lámpara vacía
a los pies de una estatua que vela tenazmente.

BAJO LOS OJOS DEL AMOR

Aún eres tú en medio de una incesante cascada
de esmeralda y de sombras, como una larga
palabra de amor, como una pérdida total.
Aún eres tú quien me tiene a sus pies

como una blanca cadena de relámpagos,
como una estatua en el mar, como una rosa
deshecha en cortos sueños de nieve y sombras,
como un ardiente brazo de perfumes en el centro
   del mundo.

Aún eres tú como una rueda de dulces tinieblas
agitándome el corazón con su música profunda,
como una mirada que enciende callados remolinos
bajo las plumas del cielo, como la yerba de oro
de una trémula estrella, como la lluvia en el mar,
como relámpagos furtivos y vientos inmensos en el
   mar.
En el vacío de un alma donde la nieve descarga,
en una ventana hecha con los resonantes emblemas
   del otoño,
como una aurora en la noche, como un alto puñado
   de flechas
del más alto silencio, aún eres tú, aún es tu reino

Como un hermoso cuerpo solitario que baña la memoria,
como un hermoso cuerpo sembrado de soledad y mariposas,
como una levantada columna con el tiempo a solas,
como un torso cálido y sonoro, como unos ojos
donde galopa a ciegas mi destino, y el canto es fuego,
fuego la constelación que desata en nuestros labios
la gota más pura del fuego del amor y de la noche,
la quemante palabra en que fluye el amor, aún.

De *Vida continua* (1948-1950)

405

Por el tiempo se alzaban
los árboles y el cielo.
Yo escribía con lápiz,
contigo, con silencio,
palabras como fuentes,
fuentes como misterios
de albas y atardeceres
caídos en el tiempo.
Yo escribía contigo,
contigo y en silencio.

De *Otoño, endechas* (1951-1956)

Giro, Mar, sobre tu aliento.
De ti salí, hacia ti vuelvo.
Soy tu fábula, tu espuma;
y tu anhelo, tu sueño
indescifrable
me palpita en la marea
de la sangre.

De *Estancias* (1959)

PARA MI HIJA VÍVEKA

porque cogí la mariposa
no en el jardín
sino en el sueño

porque en mi almohada
oí cantar al río
al crepúsculo orar
porque el cielo breve
de la flor
me llevó lejos
porque el niño aún
(que fui que a veces soy)
despierta y ve
la mariposa
volar en el jardín
que ya ni sueño
      (el paso de los años)

De *Surcando el aire oscuro* (1970)

EPITALAMIO

cuando nos cubran las altas yerbas
y ellos
los trémulos   los dichosos
lleguen hasta nosotros
se calzarán de pronto
se medirán a ciegas
romperán las líneas del paisaje

y habrá deslumbramientos en el aire
giros lentos y cálidos
sobre entrecortados besos

nos crecerán entonces los recuerdos
se abrirán paso por la tierra
se arrastrarán en la yerba
se anudarán a sus cuerpos

memorias palpitantes
tal vez   ellos
los dichosos   los trémulos
se imaginen entonces
peinados por
desmesurados
imprevistos resplandores
luces altas
desde la carretera

En la revista *Eco*, núm. 157, 1973, Bogotá

JORGE EDUARDO EIELSON

*Nació en Lima en 1924. Poeta y —a partir sustancial-
mente de ello— pintor, narrador, dramaturgo. Con larga residencia en Francia e Italia, se halla íntegramente
dedicado a la exploración y configuración de sus intuiciones creadoras. Eielson ha dado cima a una valiosísi-
ma obra poética, materia verbal rigurosamente sometida
a la piedra de toque de la pureza expresiva. Su visión
se ha hecho cada vez más hermosa y limpia, apta para
alcanzar, con la intangible nobleza de su lenguaje, astros
y heces, miasmas y destellos, lóbregos paraísos, geome-
trías cósmicas y diarios infiernos urbanos. Su poesía es-*

crita es parábola incandescente que va y viene del sueño al universo, cruzando el eje diamantino de su propia conciencia.

Sus libros son: Reinos (1945), Canción y muerte de Rolando (1959), Mutatis mutandis (1967), Poesía escrita (1976) y El cuerpo de Giulia-no *(novela, 1971).*

LA TUMBA DE RAVEL

Fantasma que estás en el harpa y la yedra,
En bajorrelieves de música o torre, dormido,
Hiciste tu tumba en un piano, fantasma.
Entre cuerdas doradas el fauno sonoro
Te sopla los ojos en globo a la luna,
Y en peldaños que bajan cargados de abismo
Al fondo del piano, de augusta polilla
Rodeada, tu cabeza de címbalo se oye.
Nadie sabe quién es el caballo que a diario
Solloza en tu lápida oscura o entreabre
Los dedos marmóreos del nicho en la sombra.
Fantasma mío, en tu espalda ha caído
La mosca mortuoria con alas de vidrio.
Pastor subterráneo del sol, ya silbando,
O en filones de yedra, de bronce y madera
Sentado, hiciste tu tumba en un piano, fantasma.

De *Reinos* (1945)

¿Conoces tu cuerpo esfera de la noche
Esfera de la noche
Huracán solar conoces tu cuerpo
Conoces tu cuerpo conoces
Tu admirable cabeza tus piernas moviendo
El centro miserable
De mis ojos de oro
Mis ojos de oro de mirarte
De oro de soñarte
De llorarte?

¿Conoces tu cuerpo
Fuerza de los años
Calor de los planetas?

¡Ah criatura! Tu desnudez me ahoga
Tus zapatos me queman
Días imantados son mis noches
Vacío colmo encontrado asilo frío. Contigo
Los astros me aburren
Las especies lloran
Muero me levanto clamo vuelvo a morir
Clamando grito entre ramas orino y fumo
   caigo
Como un rayo fácilmente en tu garganta. Contigo
Sólo silencio placa de horrores sedimentos
Cascada inmóvil piedra cerrada
Abismos de oro nos persiguen
Rabiosos amigos
A través de rayos cantos blasfemias

Soles y serpientes mundos de vidrio
Pomos perdidos
Amaneceres con lluvia lluvia de sangre
Temperatura y tristeza.

¡Ah misteriosa! Odio tu cabeza pura
Imbécil terciopelo tigre de las alturas
Odio el círculo salado
En que te pienso oculta
Odio el peso de los días
Los pulpos que me beben gota a gota
Bebiéndote a la vez ¡somos rocío!
Los pulpos luminosos que gobiernas
Los cedros empapados por tu aliento
Los siglos de hermosura en que agonizo
La luna y mis deseos de matar
La imagen de tus labios frescos los ríos y los montes
Los pasos encantados de mi mano
En tu garganta.
¡Ah mis 30 000 flores vivas
Suave ejército repentino batallón perfumado!

Rotación de mi cuerpo
Hazme volver a mi cuerpo
Destrúyeme los ojos en el acto
Las uñas y los dientes sobre el fruto
Conviérteme en silencio
Deja rodar mis lágrimas en cambio
Sobre el espejo que adoro
Sobre la viva atroz remota clara
Desnudez que me disuelve

Sobre el diamante igual que me aniquila
Sobre tantísimo cielo y tanta perfección enemiga
Sobre tanta inútil hermosura
Tanto fuego planetario
Tanto deseo mío.

De *Doble diamante* (1947)

ALBERGO DEL SOLE

dime
¿tú no temes a la muerte
cuando te lavas los dientes
cuando sonríes
es posible que no llores
cuando respiras
no te duele el corazón
cuando amanece?

¿en dónde está tu cuerpo
cuando comes
hacia dónde vuela todo
cuando duermes
dejando en una silla
tan sólo una camisa
un pantalón encendido
y un callejón de ceniza
de la cocina a la nada?

VÍA VENETO

me pregunto
si verdaderamente
tengo manos
si realmente poseo
una cabeza y dos pies
y no tan sólo guantes
y zapatos y sombrero
y por qué me siento
tan puro
más puro todavía
y más próximo a la muerte
cuando me quito los guantes
el sombrero y los zapatos
como si me quitara las manos
la cabeza y los pies

FORO ROMANO

todas las mañanas cuando me despierto
el sol arde fijo en el cielo
el café con leche humea en la cocina
yo le pregunto a quien me acompaña
¿cuántas horas he dormido?
pero nadie me responde

abro los ojos y los brazos buscando un apoyo
toco mi mesa de madera y la noche cae con violencia
un relámpago apaga la luz del sol

como la luz de una vela
vuelvo a preguntar
¿el café con leche de hace siglos humea aún en el
polvo?
pero nadie me responde

en la oscuridad me levanto y lo bebo
pero compruebo que la leche está helada
y el café encendido yace como petróleo
a varios kilómetros bajo tierra:
una silenciosa columna se desploma entre mis brazos
convertida en cenizas
bruscamente el sol vuelve a elevarse
y declinar rápidamente
en una tempestad de hojas y pájaros rojizos
dentro de mi habitación el crepúsculo brilla un instante
con sus cuatro sillas de oro en las esquinas
trato de recordar mi infancia con las manos
dibujo árboles y pájaros en el aire como un idiota
silbo canciones de hace mil años
pero otra columna de cenizas se desploma entre mis
brazos
y mis manos caen cubiertas de repentinas arrugas

claramente ahora el agua del lavabo
me recuerda mis primeros baños en el río
vagos rumores desnudos perfumes viento
cerdos empapados bajo la sombra de los naranjos
¿mi memoria es quizás tan inmortal como tu cuerpo
cuando te desnudas ante mí

tú que no eres sino un pedazo de mármol
montaña de polvo
columna
reloj de ceniza
hueso sobre hueso que el tiempo avienta en mis ojos?
¿no recuerdo acaso las últimas horas de la noche
cuando te besaba enfurecido sobre mi catre de hierro
como si besara un cadáver?
yo le pregunto a quien me acompaña
amor mío velocísimo
¿cuánto tiempo ha pasado desde entonces
cuántas horas
cuántos siglos he dormido sin contemplarte?
pero nadie me responde

De *Habitación en Roma* (1951-1954)

existirá una máquina purísima
copia perfecta de sí misma
y tendrá mil ojos verdes
y mil labios escarlata
no servirá para nada
pero tendrá tu nombre
oh eternidad

De *Mutatis mutandis* (1954)

SEBASTIÁN SALAZAR BONDY

Nació en Lima en 1924 y murió en esta misma ciudad en 1964, cuando se hallaba en plena labor creadora y promotora. El pasaje de las motivaciones propias de la intimidad familiar y hogareña a la preocupación por el destino comunitario —que lo lleva, finalmente, a una creación crítica, de denuncia y desmitificación social— constituye una faceta muy característica en la obra poética de Sebastián Salazar Bondy. Su verso es fino y penetrante; su tono, por lo general reflexivo y melancólico, adquiere a veces agudas inflexiones vindicatorias. Salazar se ha distinguido asimismo como ensayista (Lima la Horrible, 1964), dramaturgo y narrador.

Sus libros poéticos (nueve en total) se han reunido en Poemas (1967).

MUJER Y PERROS

A Augusto, que la conoció

Recuerdo en Lima una mujer, una cansada
sombra de pordiosera que juntaba
perro a perro como los frutos de su vientre.

Eran canes de paso, animales
manchados, negros, hoscos, melancólicos hijos
que la escuchaban en el suelo y lamían su mano
agradecidos de una llaga,
un harapo mejor, un simple hueso.

Una mujer que se sentaba en una plaza
y cosía el alba y el ocaso al calor
húmedo y triste de sus perros.

De *Los ojos del pródigo* (1951)

CONFIDENCIA EN ALTA VOZ

Pertenezco a una raza sentimental,
a una patria fatigada por sus penas,
a una tierra cuyas flores culminan al anochecer,
pero amo mis desventuras,
tengo mi orgullo, doy vivas a la vida bajo este cielo
    mortal
y soy como una nave que avanza hacia una isla de
    fuego.

Pertenezco a muchas gentes y soy libre,
me levanto como el alba desde las últimas tinieblas,
doy luz a un vasto campo de silencios y oros,
sol nuevo, nueva dicha, aparición imperiosa
que cae horas después en un lecho de pesadillas.

Escribo, como ven, y corro por las calles,
protesto y arrastro los grillos del descontento
que a veces son alas en los pies,
plumas al viento que surcan un azul oscuro,
pero puedo quedarme quieto, puedo renunciar,
puedo tener como cualquiera otro un miedo terrible,
porque cometo errores y el aire me falta
como me faltan el pecado, el pan, la risa, tantas cosas.

El tiempo es implacable como un número creciente
y comprendo que se suma en mi frente, en mis manos,
en mis hombros, como un fardo,
o ante mis ojos como una película cada vez más triste,
y pertenezco al tiempo, a los documentos, a mi raza y
   mi país,
y cuando lo digo en el papel, cuando lo confieso,
tengo ganas de que todos lo sepan y lloren conmigo.

De *Confidencia en alta voz* (1960)

TESTAMENTO OLÓGRAFO

Dejo mi sombra,
una afilada aguja que hiere la calle
y con tristes ojos examina los muros,
las ventanas de reja donde hubo incapaces amores,
el cielo sin cielo de mi ciudad.
Dejo mis dedos espectrales
que recorrieron teclas, vientres, aguas, párpados de miel
y por los que descendió la escritura
como una virgen de alma deshilachada.
Dejo mi ovoide cabeza, mis patas de araña,
mi traje quemado por la ceniza de los presagios,
descolorido por el fuego del libro nocturno.
Dejo mis alas a medio batir, mi máquina
que como un pequeño caballo galopó año tras año
en busca de la fuente del orgullo donde la muerte
   muere.
Dejo varias libretas agusanadas por la pereza,

unas cuantas díscolas imágenes del mundo
y entre grandes relámpagos algún llanto
que tuve como un poco de sucio polvo en los dientes.

Acepta esto, recógelo en tu falda como unas migas,
da de comer al olvido con tan frágil manjar.

PATIO INTERIOR

A *Luis Loayza*

Viejas, tenaces maderas
que vieron a tantas familias despedirse,
volverse polvo y llovizna,
retornar a las dunas como otra ondulación,
os debo algo,
dinero, melancolía, poemas,
os debo cierta ceniza plateada y claustral.

Columnas fermentadas que persisten
soportando la sala, la alcoba, la despensa,
la cocina donde humeó algún sabor frugal,
os debo riquezas sin ira,
grandes palideces pensativas.

Patio interior,
cuervo de ociosas neblinas
entre cuyas largas plumas los amantes
se deslíen como una inscripción de pañuelo
os debo ahora mismo mi fosforescente vicio,

y os habito,
os corrijo,
os firmo con mi rápido nombre de cuchillo.

SOBRE LOS HÉROES

Ustedes tenían dioses impacientes
y también caballos, grandes ruidos, fría destreza marcial,
y fogosas eran las imprecaciones y los hierros
que empolvaban el aire de las luciérnagas serranas,
el fino cristal de las pajas sonoras,
con tanta mortandad por un oro delgado como la
 Sagrada Forma.

Ustedes sabían que la tierra era una redonda madeja,
que los demonios se armaban en los infiernos y a veces
 parecían ángeles,
que este aborrecido país de caimanes no era Ophir
pero que había de servir para que el Príncipe apacen-
 tara su ganado,
la turba inconfesa que sorteaba el mar
con la fiebre indistinta de Cristo en la sangre.

¿Pero ellos? Me pregunto por ellos,
los espantados de ver los ojos de bestia de la muerte
 extranjera
aproximarse a sus pechos
bautizados de improviso por la exhalante espuma del
 galope,
los últimos hijos de sí mismos que quedaban,

los últimos vestigios de la enormidad del cielo,
los últimos inventores de moles parecidas en su poder
    a la fecundidad.

Ustedes y ellos por tierra en un acto carnal de odio
mientras la cruz erigía sus aspas en medio de las ce-
    nizas
como un remolino de miedo en las manos de unas
    sombras,
y luego, sólo ustedes, sólo golillas, guerras civiles, po-
    sesiones,
sólo camas, alamedas, reclinatorios, partidos políticos.

¿Y ellos? Les pregunto por ellos, señores héroes.
Porque no están aquí, en mi canto, ni en la larga tarde
que ha comenzado a oscurecer aquellas victorias,
pero los siento en mi corazón y tengo necesidad de
    que vuelvan
como si hubieran estado preparando el asalto,
para enseñar que ustedes fueron únicamente un zar-
    pazo,
el gesto de un tigre quimérico que está acabando en
    nuestro sueño.

De *El tacto de la araña* (1965)

ELEODORO VARGAS VICUÑA

*Nació en Arequipa en 1924. Narrador y poeta. El me-
dio rural andino es el escenario de sus cuentos en los
que se percibe la tierna identificación del autor con sus*

personajes y su destino. Vargas Vicuña *posee un personal estilo narrativo que —natural y sencillo a primera
vista— es producto de consciente trabajo artístico. Su prosa, elíptica reticente, suscita atmósferas de un realismo
poético y elusivo.*

Sus libros son: Nahuín (1953), Taita Cristo (1964),
Zora, imagen de poesía (1964), Ñahuin (cuentos com-
pletos, 1978).

TATA MAYO

Aprendí a quererla por un real a la hija de la Lucen.
Pablo Vásquez, mi único amigo, me enseñó. Cerrada
la tarde, junto al río, en la chacra de don Alfonso
Garrido.

Cuando estábamos orinando de impaciencia, en eso,
llegó la Sila.

—Ya pues. De una vez —dijo.

—Aquí está —contestó Pablo, adelantándose.

—¿Eso no más? —dijo Sila.

—Marcelo también te dará —dijo Pablo.

Yo le di rápidamente lo que tenía. De pan de la
Tía Rosa, del amasijo, lo que tenía separado para comprar bolas.

Después nos quedamos lavándonos en el río. Más
que lavarnos, yo a lo menos, me limpiaba una mancha que había cometido. Ella se fue sin voltear.

—¡Perros! —le oí decir antes, pero no entendí na-
dita. Sería su modo de hablar. Su mirada con sonrisa.

Así las cosas durante el verano y el invierno y durante otro verano. Nos acostumbramos de veras.

Ya no le daba plata sino del pan que le robaba a mi tía. A veces le llevaba bollos de manteca. Comíamos juntos. Nadie más que yo la quería. (El Pablo andaba por las minas, buscando trabajo.) Cómo remojábamos los pies en el agua cuando venía a lavar. Nos habíamos acostumbrado de tal modo que nos hacíamos falta.

—Tú creerás que estoy viniendo —me decía habladora, como no queriendo; después se iba contenta.

Me gustaba Sila. Aunque a veces no me gustaba. Sino con los días. Parece que con el calor o con el aliento de los corrales o con algo que me llegaba desde todas partes. Pero a todo esto, no sabía en qué pararían estos encuentros. No sabía.

Mi patrona conversaba con su primo:

—¡Parece que ya está hombre! ¿Con quién será?

No me daba cuenta. (En la escuela decían los muchachos que sólo los papás eran hombres.) Un día entre una de sus bromas, le dijo mi patrón a su mujer:

—Para esto tiene más disposición que para aprender a escribir.

—Como nosotros —dijo la vieja, con la cara que se le caía—. De tanto ir al puquio resultó el muchacho.

Me di cuenta por un momento, me olvidé después. Para asegurarme pregunté a Sila, qué quería decir, ir al puquio y tener hijo.

—Como tú que vienes al río —me contestó.

—Pero ellos no iban al río —me acuerdo que le respondí muy seguro.

—En el puquio o en la punta del cerro. La cosa es cuando te subes —me dijo.

Me reí hasta hacerla correr de susto. Me había acordado descaradamente de un toro barroso que tenía esa costumbre. Cómo reiría comprendiendo. Luego con la calma del río, me callé.

"Un hijo" —pensé, como el que piensa en un torito.

Y los meses. Y las lluvias. Y por fin otro verano. De ese verano me acuerdo. Un día, antes de la tarde, en el recojo de chala, pasada la cosecha de maíz, Sila comenzó a hincharse. No, qué ha de ser. Ya estaría hinchada.

La miré largo rato, convenciéndome. Ella, por no mirarme, seguía el vuelo de un gallinazo. Entonces, de una bajada de ojos la miraba, como quien no ve. ¡Vergonzosa ella!

Desde allí muy de raro en raro nos encontrábamos. Ya ni llegaba. ¿Por qué sería? ¿Por qué me decían flojo?

Una vez volvió a lavar ropa a nuestro sitio.

—¿Por eso no vienes? —Le pregunté señalándole la barriga con las cejas.

—¿Por cuál, eso? —dijo negándome.

—¡Nada! —dije asustado, pero no estaba asustado. Me sucedió como si me hubiera ido de ese lugar, y en otro sitio, más tarde o más temprano, río abajo la esperara a ella y a su hijo.

En adelante, solamente la veía pasar. (¿Por qué?) No quería verse conmigo. (¿Le dirían que no podía trabajar?) Y la aguaitaba de noche, cerca de su casa, detrás del camino del Shala Loma. De noche, mirando estrellas o qué cosa.

Yo pensaba a veces "Seré hombre", tratando de saber cómo sería ser hombre. Mordía una hoja de arrayán amargo, se ocultaba la luna y ya estaba soñando con ella, en mi casa.

Los enterados, maliciosos, burlándose la señalaban:

—¡Allá va Sila!

—¡Yaa! —decía, yo, ocultando. Dudando si alguna vez habríamos conversado. Parecía ir escondida, lejos de todo, siendo el hazmemirar de los cuenteros. Era la mujer del tullido con hijo del tullido.

"Qué raro que estemos lejos, Sila", me decía a mí mismo como si fuera otro. Y era oscuro.

¡Cómo entender! Si cuando estábamos juntos no sabía cuál era mi cuerpo. ¿Cómo podía ella andar lejos de nosotros? ¿No decía siempre, tocándome la frente: "mi frente, mis ojos", mirándome con mis ojos?

Diciembre y los escolares se fueron. Éstos, muchachos de los caseríos, a sus rumbos legítimos de la tierra. Otros, los que pasaron de curso también, los aplicados.

Yo no pasé por faltón. Ni fui a ninguna parte. Me quedé solitario, remirando el río. Viéndolo irse muy seguro. Diciendo, pensando, repitiendo.

"Ellos pasan, avanzan. Yo me quedo." (Me sentía detenido en el mismo lugar, en la misma tarde de todos los tiempos, en mí mismo.) Veía pasar las nubes, al ganado, y a la gente muy fresca que recorría las calles. Y me decía: "Dondequiera vayan, no pasarán de allí. No irán más allá de donde están." Como si quisiera encadenar lo pasajero, lo andante, a mi espera confusa y atontada.

Es que la vida le llega a cada cual, como es. Para mí sería quedarme junto al río, en la chacra de don Alfonso Garrido, preguntando; mientras la gente, como si ganados los linderos del pueblo, bailara más allá de Vilcabamba.

Y esto es lo que recuerdo, de una noche en que hablaron los viejos:

—La Sila está madura.

—No se sabe de quién es.

Yo quise hablar. Hablar no más. Qué iba a decirles que era de mí. Tampoco podía llamarla para que les contara.

Otra noche, yo mismo era mis patrones y yo:

"La Sila está preñada", me oí decir. "No se sabe quién será el padrinillo", me dije burlándome de mí mismo.

"¿Cómo no se sabe?" —dije engrosando la voz. "Hasta los árboles lo saben."

—¡Calla muchacho! —gritaron desde adentro los viejos.

"Calla muchacho", les remedé remedándome. Como si una criatura estuviera junto a mí.

Una sonrisa dura mordí con los labios.

Digo que esperaba al hijo como se espera una cosecha. ¡Con una ilusión! Y preguntaba cuánto tiempo.

—El tiempo de las vacas —me decían.

Yo comparaba, contaba con los dedos, para estar más seguro. Y cuando menos esperaba, ya correteaba un ternero más en el pueblo. La Sila nada.

Preguntaba dudoso:

—¿Como las vacas?

—¡Claro. A los nueve meses!

"Cómo será", me repetía mirando los animales. "Desde el año que nos vivimos, ya han salido varios gru-

426

pos de la escuela." La gente hablaba de lo que no sabía, como el maestro.

Una tarde, Sila vino a mí. No me pareció raro. A quién iba a buscar, sino a mí que era el hombre.

Llegó la mujer para contarme la muerte del muerto.

—¿Se ha muerto? —le contesté—. ¿Cómo se ha muerto? —le dije sin comprender. Me vino una nube negra a la cabeza. Comencé a caminar junto a ella y creo que estas palabras escuché de mi boca.

"Ha muerto, un hombre. Ha muerto un hombre sin haber nacido." La lluvia interminable. Los árboles fríos.

No es él. No aparece. Entonces quién soy. Quién está llorosa. Fantasma que tenía en su seno a mi hijo, y hoy sólo palabras trae.

Se ha muerto, dice. Se ha muerto, habla. ¿Y dónde subirse, poder, para saber de qué se trata?

Esta mujer estaba conmigo años, haciéndolo, dándole nuestra sangre. Es decir, ¡para ahora Tata Mayo! ¿construyendo un muerto?

Y no hay que hacer. Que no hay consuelo en esta tierra. Que no se sabe nunca lo que nos sucede. Sólo que hay para sufrir, a veces sin comprender del todo.

Eso es lo que dije. Recordé el suelo que pisaba. Bueyes mugieron en la noche. Un rumor despertó desde lo hondo, cerca. Era el agua. El río que avanzaba con seguridad, avisando su viaje de anciano, impasible. Le tomé de la mano a la mujer tratando de consolarla, me miró. Nos reconocimos como antes, y una fuerza naciente conocida por nosotros, me impulsó a decirle que escuchara.

—¿Qué? —contestó sintiendo mi mano.

—El río —le dije.

—¿Qué río? —dijo apretándose contra mí.

—El río, pues —le repetí al oído.

Como antes, ella comenzó a sonreír. Como si mi rostro hubiera sido su rostro. Como antes.

De *Taita Cristo* (1964)

BLANCA VARELA

Nació en Lima en 1926. Desde su primer libro, es posible percibir casi todos los modos y contenidos esenciales de su obra venidera. Tales son su unidad y coherencia. Así se da el enfrentamiento sin rodeos de la realidad humana, lo que hace de su poesía un inquietante y a la par franco testimonio de esa aventura inacabable que es el conocimiento del propio y total corazón humano. Sus últimos poemas —en particular los de Canto villano— acentúan aún más su templado y acerado lenguaje, así como la amargura secretada por la lucidez de la visión y la conciencia lastimada por el absurdo y la injusticia. Si bien se mira, tras la gracia visible y la excelencia de la forma, Blanca Varela está aguardando con la brasa viva del entendimiento poético.

Son sus libros: Ese puerto existe (1959), Luz de día (1963), Valses y otras falsas confesiones (1972) y Canto villano (1978).

Todo está preparado para el sacrificio.
La res muge en el templo de adobe.
Lágrima dura y roja,
canchales de fuego,
silencio y olor fuerte de girasol,
de gallos coronados.

Ni una hoja caerá,
sólo la especie cae,
y el fruto cae envenenado por el aire.

No hay centro,
son flores terribles
todos estos rostros clavados en la piedra,
astros revueltos, sin voluntad.

Ni una hora de paz en este inmenso día.
La luz crudelísima devora su ración.

El mar está lejano y solo,
la tierra impura y vasta.

De *Ese puerto existe* (1959)

LA JUSTICIA DEL EMPERADOR OTÓN

una mano sin nombre
pálida amarga mano de hombre

¿es la mano de Dios señalando lo invisible?

es tarde
la frágil hierba ennegrece
no hay pájaros ni cielo

sólo un rostro más pálido que el aire

¿a quién ofrecen la cabeza del hombre?

CONVERSACIÓN CON SIMONE WEIL

—los niños, el océano, la vida silvestre, Bach.
—el hombre es un extraño animal.

En la mayor parte del mundo
la mitad de los niños se van a la cama hambrientos.

¿Renuncia el ángel a sus plumas, al iris,
a la gravedad y la gracia?

¿Se acabó para nosotros la esperanza de ser mejores
ahora?

La vida es de otros.
Ilusiones y yerros.
La palabra fatigada.

Ya ni te atreves a comerte un durazno.

Para algo cerré la puerta,
di la espalda
y entre la rabia y el sueño olvidé muchas cosas.

La mitad de los niños se van a la cama hambrientos.

—los niños, el océano, la vida silvestre, Bach.
—el hombre es un extraño animal.

Los sabios, en quienes depositamos nuestra confianza,
  nos traicionan.

—los niños se van a la cama hambrientos.
—los viejos se van a la muerte hambrientos.

El verbo no alimenta. Las cifras no sacian.

Me acuerdo. ¿Me acuerdo?
Me acuerdo mal, reconozco a tientas. Me equivoco.
Viene una niña de lejos. Doy la espalda.
Me olvido de la razón y el tiempo.

Y todo debe ser mentira
porque no estoy en el sitio de mi alma.
No me quejo de la buena manera.
La poesía me harta.
Cierro la puerta.
Orino tristemente sobre el mezquino fuego de la gracia.

—los niños se van a la cama hambrientos.
—los viejos se van a la muerte hambrientos.

El verbo no alimenta.
Las cifras no sacian.

—el hombre es un extraño animal.

De *Valses y otras falsas confesiones* (1972)

ALBA

Al despertar
me sorprendió la imagen que perdí ayer.
El mismo árbol en la mañana
y en la acequia
el pájaro que bebe
todo el oro del día.

Estamos vivos,
quién lo duda,
el laurel, el ave, el agua
y yo,
que miro y tengo sed.

De *Luz de día* (1963)

LADY'S JOURNAL

el ratón te contempla extasiado
la araña no se atreve a descender ni un
           milímetro más a la tierra

el café es un espectro azul sobre la hornilla
dispuesto a desaparecer para siempre

oh sí querida mía
son las siete de la mañana
levántate muchacha
recoge tu pelo en la fotografía
descubre tu frente tu sonrisa
sonríe al lado del niño que se te parece

oh sí lo haces como puedes
y eres idéntica a la felicidad
que jamás envejece

quédate quieta
allí en ese paraíso
al lado del niño que se te parece
son las siete de la mañana
es la hora perfecta para comenzar
a soñar

el café será eterno
y el sol eterno
si no te mueves
si no despiertas
si no volteas la página
en tu pequeña cocina
frente a mi ventana

digamos que ganaste la carrera
y que el premio
era otra carrera
que no bebiste el vino de la victoria
sino tu propia sal
que jamás escuchaste vítores
sino ladridos de perros
y que tu sombra
tu propia sombra
fue tu única
y desleal competidora

De *Canto villano* (1978)

ALEJANDRO ROMUALDO
(Seudónimo de Alejandro Romualdo Valle)

Nació en La Libertad en 1926. Poeta y dibujante. Su poesía ha evolucionado desde un lirismo evocador y rico en imágenes hasta la búsqueda del especialismo y la pluralidad textual, pasando por las especies declaradas de la poesía social o comprometida. Conforme a las premisas del realismo social, Romualdo preconiza y practica una suerte de poesía concreta (título de uno de sus libros) en la que la realidad se pretende representar como materialidad pura y llanamente. Dirige el poema tanto contra el orden establecido como contra la modalidad considerada "idealista" o "pura" de la poesía encarnada paradigmáticamente en la obra de Martín Adán.

434

Son sus libros: Poesía *(1954)*, Edición extraordinaria *(1958)*, Como Dios manda *(1967)*, El movimiento y el sueño *(1971)* y Cuarto mundo *(1972)*.

ASÍ ESTAMOS

No puede ser verdad lo que estoy viendo
con estos golpes en la tierra mía.
No puede ser verdad lo que estoy siendo,
lo que seré, viviendo a la deriva.

Porque aquí estamos unos contra otros,
unos con otros. Vamos a la buena
de Dios. Como botellas o rastrojos
que arroja el mar. Al margen de la ley

vamos andando —¿adónde? ¿a qué?— nos damos
unos con otros, unos contra otros,
a la mala de Dios. Y naufragamos
al margen de la luz. Hablo por todos,

estriada patria sin estrellas, tierra
estrellada. Y arriada por los sueños.
No puede ser verdad tanto rastrojo
al margen del amor. Pero lo vemos.

¡Ay tierra mía, cielo por los suelos!
Lo que serás seré junto contigo.
No puede ser posible. Esto se acaba.
No puede ser verdad. Pero hay testigos.

Basta ya de agonía. No me importa
la soledad, la angustia ni la nada.
Estoy harto de escombros y de sombras.
Quiero salir al sol. Verle la cara

al mundo. Y a la vida que me toca,
quiero salir, al son de una campana
que eche a volar olivos y palomas.
Y ponerme, después, a ver qué pasa

con tanto amor. Abrir una alborada
de paz, en paz con todos los mortales.
Y penetre el amor en las entrañas
del mundo. Y hágase la luz a mares.

Déjense de sollozos y peleen
para que los señores sean hombres.
Tuérzanle el llanto a la melancolía.
Llamen siempre a las cosas por sus nombres.

Avívense la vida. Dense prisa.
Esta es la realidad. Y esta es la hora
de acabar de llorar mustios collados,
campos de soledad. ¡A otra cosa!

Basta ya de gemidos. No me importa
la soledad de nadie. Tengo ganas
de ir por el sol. Y el aire de este mundo
abrir, de paz en paz, una esperanza.

De *Poesía* (1954)

Lo harán volar
con dinamita. En masa,
lo cargarán, lo arrastrarán. A golpes
le llenarán de pólvora la boca.
Lo volarán: ¡y no podrán matarlo!

Lo pondrán de cabeza. Arrancarán
sus deseos, sus dientes y sus gritos.
Lo patearán a toda furia. Luego,
lo sangrarán: ¡y no podrán matarlo!

Coronarán con sangre su cabeza:
sus pómulos, con golpes. Y con clavos
sus costillas. Le harán morder el polvo.
Lo golpearán: ¡y no podrán matarlo!

Le sacarán los sueños y los ojos.
Querrán descuartizarlo grito a grito.
Lo escupirán. Y a golpe de matanza,
lo clavarán: ¡y no podrán matarlo!

Querrán volarlo y no podrán volarlo.
Querrán romperlo y no podrán romperlo.
Querrán matarlo y no podrán matarlo.
Querrán descuartizarlo, triturarlo,
mancharlo, pisotearlo, desalmarlo.

Querrán volarlo y no podrán volarlo.
Querrán romperlo y no podrán romperlo.
Querrán matarlo y no podrán matarlo.

Al tercer día de los sufrimientos,
cuando se crea todo consumado,
gritando: ¡libertad! sobre la tierra,
ha de volver.
            Y no podrán matarlo.

De *Edición extraordinaria* (1958)

POÉTICA

La Rosa es esta rosa. Y no la rosa
de Adán: la misteriosa y omnisciente.
Aquella que por ser la Misma Rosa
miente a los ojos y a las manos miente.

Rosa, de rosa en rosa, permanente,
así piensa Martín. Pero la cosa
es otra (y diferente) pues la rosa
es la que arde en mis manos, no en mi mente.

Esta es la rosa misma. Y en esencia.
Olorosa. Espinosa. Y rosamente
pura. Encendida. Rosa de presencia.

La Rosa Misma es la que ve la gente.
No es la que ausente brilla por su ausencia,
sino aquella que brilla por presente.

De *Cuarto mundo* (1972)

CARLOS GERMÁN BELLI

Nacido en Lima en 1927. Paralelamente a su creación poética, se dedica al periodismo cultural y literario. En su poesía, barroquismo y contemporaneidad se conjugan con extraña y vigorosa originalidad. El sentimiento y la noción de la injusticia que la condición humana, individual y comunitaria, encierra raigalmente, y la protesta que de ello se deriva, toman cauce por medio de un arte de extraordinaria capacidad combinatoria capaz de valerse de metros y estrofas diversas, de un léxico accidentado y sugestivo, de viejas fórmulas de construcción cultistas, de invocaciones típicas del bucolismo renacentista, de referencias a la naturaleza, al cosmos, al mundo tecnológico de nuestros días. Suerte de genial collage *animado por un humor absolutamente peculiar.*

Son sus libros: Poemas *(1958),* Dentro & Fuera *(1960),* Oh Hada Cibernética *(1961),* El pie sobre el cuello *(1964),* Por el monte abajo *(1966),* Sextinas y otros poemas *(1970),* En alabanza del bolo alimenticio *(1979).*

POEMA

Nuestro amor no está en nuestros respectivos
y castos genitales, nuestro amor
tampoco en nuestra boca, ni en las manos:
todo nuestro amor guárdase con pálpito
bajo la sangre pura de los ojos.
Mi amor, tu amor esperan que la muerte
se robe los huesos, el diente y la uña,
esperan que en el valle solamente
tus ojos y mis ojos queden juntos,

mirándose ya fuera de sus órbitas,
más bien como dos astros, como uno.

De *Poemas* (1958)

OH HADA CIBERNÉTICA

Oh Hada Cibernética
cuándo harás que los huesos de mis manos
se muevan alegremente
para escribir al fin lo que yo desee
a la hora que me venga en gana
y los encajes de mis órganos secretos
tengan facciones sosegadas
en las últimas horas del día
mientras la sangre circule como un bálsamo
  a lo largo de mi cuerpo.

De *Dentro & Fuera* (1960)

PAPÁ, MAMÁ

Papá, mamá,
para que yo, Pocho y Mario
sigamos todo el tiempo en el linaje humano,
cuánto luchasteis vosotros
a pesar de los bajos salarios del Perú,
y tras de tanto tan sólo me digo:
"venid, muerte, para que yo abandone
este linaje humano,

él,
linajes escoja al fin
sco,
olmo,
búho".

De *Oh hada cibernética* (1962)

MI HERMANO ALFONSO

Pues tanto el leño cuanto el crudo hierro
del cepo que severo te avasalla,
unidos cual un órgano se encuentran
desde el cuello hasta las plantas,
no sólo a flor de cuero,
mas sí en el lecho de tu propio tuétano,
que te dejan cual ostra
a la faz del orbe así arraigado;
y el leve vuelo en fin
que en el cerúleo claustro siempre ejerce
el ave más que el austro desalada,
¿cuándo a ti llegará?
mientras abajo tú en un aprisco solo
no mueves hueso alguno
ni agitas ya la lengua
para llamar al aire;
pues en el orbe todo viene y va
al soplo de la vida,
que pródiga se torna
para muchos y a no más otros pocos
áspero, vano o nada para siempre.

y aun por lonjas y levas y mandones,
que a la zaga me van dejando estable,
ya a más hasta el gollete no poder,
al pie de mis hijuelas avergonzado,
cual un pobre amanuense del Perú.

De *El pie sobre el cuello* (1964)

SÁFICOS ADÓNICOS

Bien conocías, ¡oh austro!, mis esperas
bajo los olmos día y noche largas,
mientras pasabas por mis barbas ciego
    hacia otro punto.

No te valía, no, siquiera un bledo
que el supersónico aquilón juntare
a dulce Cloris con su amante Tirsis,
    nunca hidrópico.

Hórrido fuiste e indolente al verme
en mi florida edad, de Fili ajeno,

por fin te acuerdas y tu vuelo frenas,
ahora mientras que entre breñas busco
    pan llevar solo?

De *Por el monte abajo* (1966)

LA CARA DE MIS HIJAS

Este cielo del mundo siempre alto,
antes jamás mirado tan de cerca,
que de repente veo en el redor,
en una y otra de mis ambas hijas,
cuando perdidas ya las esperanzas
que alguna vez al fin brillara acá
una mínima luz del firmamento,
lo oscuro en mil centellas desatando;
que en cambio veo ahora por doquier,
a diario a tutiplén enceguecièndome
todo aquello que ajeno yo creía,
y en paz quedo conmigo y con el mundo
por mirar ese lustre inalcanzable,
aunque sea en la cara de mis hijas.

De *El libro de los nones* (1936)

Para velar por el arco
del verde campo de fútbol,
por aquél del universo
sumo ser inanimado,

como los aires, la piedra o las aguas semejante,
e inerte, fijo, sin vida, tres palos mal colocados
en los linderos del orbe por donde se entra o se sale
ya mañana, tarde, noche, de estación en estación,

tú desdeñas fríamente,
sin pensar jamás dos veces,
el puesto de centro forward
que el cielo te reservaba

por ser hijo primogénito de la familia terrestre
y elaborado en el seno de los gérmenes supremos,
con óptimo patrocinio y el mayor de los primores,
tal si fueras destinado a vivir eternamente.

Y te olvidas por completo
de ti mismo y de tus deudos,
que están vivos y no son
este arco que tú vigilas,

que nunca ríe y no habla y no se mueve un centímetro,
para siempre indiferente a tus mil preocupaciones
en torno al balón ferroso de los mal aviesos hados,
en tanto ayunan contigo tus deudos en las tribunas,

mirándote todos mustios
cómo velas noche a noche
tu arco más inanimado
que la piedra, el agua o aire.

De En *alabanza del bolo alimenticio* (1979)

WASHINGTON DELGADO

Nació en el Cuzco en 1927. Une a su actividad creadora una fecunda tarea en la docencia superior y, eventualmente, en el periodismo literario. En la vertiente crítica de su poesía se manifiesta la clara y desencantada visión de la historia y en particular de nuestra historia patria. En la otra vertiente —la lírica per se— se expresan las motivaciones que siempre han hecho estremecerse y cantar al corazón del hombre. La consideración, tanto intelectual como afectiva, de las agónicas relaciones de la vida humana con el tiempo (personal, histórico, metafísico) y la lúcida sensibilidad para la condición y la aventura humanas han ido madurando en Delgado hasta alcanzar una obra consistente, unitaria, de acabada perfección formal y plenitud significante.

Son sus libros: Formas de la ausencia *(1955),* Días del corazón *(1957),* Para vivir mañana *(1959),* Parque *(1965),* Tierra extranjera *(1968),* Destierro por vida *(1969),* Un mundo dividido *(1970).*

YO QUIERO

Viejas profecías hacen leve la muerte,
el día es un montón de escombros pero yo quiero
mirar lo que renace.

445

El corazón conserva todas sus primaveras,
a los derruidos muros regresará la rosa.

No importa que el tiempo desordene
labios, días, palabras,
el olvidado rostro encuentra siempre
su país más perfecto que el sueño.

No importa lo que existe
aunque tenga que morir lo que yo amo
quiero mirar lo que renace.

LA POESÍA

En el sueño una flor tocada
amada acariciada
alta indudable luminosa
iluminada por el amor
como en el sueño un corazón
sobre la vida sobre la muerte
un corazón ni desolado ni triste
un corazón un corazón
un corazón en el sueño
y más allá también

he olvidado el olvido
nada importan las ruinas
más perfecto es el amor que el recuerdo
más perfecto el día que la esperanza
yo no hablo del pasado

no conozco la melancolía
otros días vendrán tal vez
toco mi corazón tu corazón
yo soy la juventud la infancia
nada resiste a mi odio nada
resiste a mi amor
porque yo soy el día

miradme bien mis ojos
no son mis ojos
mi boca no es mi boca
y mi mano que surge del pasado
no es el pasado
miradme bien tocadme
pero sólo con la sangre
porque yo exijo la vida porque yo
exijo la muerte

dije por no morir
árbol río tristeza
tierra de mis mayores esperanza
yo dije noche
dije memoria dije madrigal
pero nada es verdad
sólo el amor donde vivo
tu corazón mi corazón
sólo la vida que amo

pon tu rostro de polvo
sobre mi rostro tus ojos mortales
en mis ojos

y háblame con mi voz
más perfecto es el amor que el odio
yo soy la juventud la fuerza del corazón
más perfecto es el día que la esperanza
nada resiste a mi amor nada
nada resiste a tu amor
escucha cómo mi voz es tu voz
mírame tócame destrózame
mi corazón es tu corazón
tocado amado acariciado
en la vigilia en el sueño en la vida
en la alegría en el delirio
mi corazón tu corazón
tu corazón mi corazón
escucha cómo tu voz es mi voz

De *Días del corazón* (1957)

PARA VIVIR MAÑANA

Mi casa está llena de muertos
es decir mi familia, mi país,
mi habitación en otra tierra
el mundo que a escondidas miro

Cuando era niño con una flor
cubría todo el cielo.
¿De qué cuerpo sacaré ahora sombra
para vivir con un poco de ternura?

Escucharé a los muertos hablar
para que el mundo no sea como es,
pero debo besar un rostro vivo
para vivir mañana todavía.

Para vivir mañana debo ser una parte
de los hombres reunidos.
Una flor tengo en la mano, un día
canta en mi interior igual que un hombre.

Pálidas muchedumbres me seducen;
no es sólo un instante de alegría o tristeza:
la tierra es ancha e infinita
cuando los hombres se juntan.

De *Para vivir mañana* (1959)

PORVENIR EN LOS PARQUES

Humanidad, un día
vivirás en los parques
con alegría.

El geranio sin guerra,
la hierba sin batallas,
en paz la tierra.

INSOMNIO

El paisaje del desvelo:
luna de oro, negro cielo.

De *Parque* (1965)

449

CANCIÓN DEL DESTIERRO

En mi país estoy,
en mi casa, en mi cuarto,
en mi destierro.

Leve es
el crepúsculo. Apenas
si las cosas existen:
mis libros en el suelo, tibio el aire
encerrado y la luz escondida
en sus hilos de alambre.

Me rodea el silencio y
—alguna vez—
es alegre el destierro.

Cuando acaba la noche,
brota el cielo y se asoma
a mi ventana,
el aire me entristece
y enciendo el cigarrillo
del destierro.

A raudales entra la luz:
baila en mis ojos, se empoza
en las almohadas,
estalla
sobre un vaso con flores
en mi mesa.
Yo vivo sin cesar
en el destierro.

De *Destierro por vida* (1969)

FRANCISCO BENDEZÚ

Nació en Lima en 1928. A su prevaleciente tarea poética, se suman las de profesor universitario y autor de artículos y ensayos sobre sus predilecciones literarias, jazzísticas y cinematográficas. Son facetas de su poesía: romántica nostalgia, erotismo de la palabra y la carne, gusto por las expresiones emblemáticas desprendidas de las artes visuales, riqueza de imágenes sabiamente troqueladas. En los poemas de su madurez, se observa una creciente reconditez léxica. Reclamado sin tregua por el sueño y el éxtasis, Bendezú es poeta de muy alta y sui generis inspiración erótica en las actuales letras peruanas.

Sus libros: Arte menor (1960), Los años (1961), Cantos (1971).

ETERNIDAD

Solamente una mujer.
Solamente una ciudad.
Y la espesura del amor, al mediodía, como
un vasto palacio de flores y de miel.
Mi juventud en las plazas, eterna.
Y las horas, leyenda.
Las horas, amada —desnudas.

ARCANO

¡Las ventanas arden
con la luz de ayer!

Éxtasis. Oasis.
El tiempo es mujer.

¿Qué sombra sedienta
desmonta a mi puerta
del caballo blanco
del atardecer?

Con el hilo lento
que su sien destila,
la mesa ensangrienta
de mi padecer.

Visiones... (¡Oh luna
que remas —isleña—
por mi frente: nuda
rosa de mi ser!)

El silencio ulula
y parte las copas.
Las ventanas arden.
El tiempo es mujer.

De Los años (1961)

ODA NOSTÁLGICA A OSTIA

A Raquel Jodorowski

¡Quiero el pálido puñal de tu sibila encadenada,
y traspasar llorando el misterio lunar de tus persianas,

y el fósforo felino de tus lúbricas sirenas
locamente adherido, como cal nocturna, a mis vestidos!

Yo no olvido tu soledad de cráter cuando el alba
ni tu aluvión de golondrinas a ras de las barandas
ni tus garras de liquen sobre el mármol de los torsos
como anclas de la luna a la arena aferrados.

Me esperabas en túneles y trenes y riberas
con blusa descotada. ¡Yo te espero en todos los um-
    brales!
¿Qué pez inescrutable segregaba silencio en las bodegas?
¿Qué loba sollozaba en tu espuma inmemorial?

¡Oh tórridas efigies! ¿Te acuerdas, Raquel, de la ves-
    tal desnuda
que midió con pie medroso la línea de losetas en el bar?
¿Te acuerdas de las cenicientas barredoras? ¡Ellas, y
    no el viento,
quitaban el polvo a las tiernas sandalias del crepúsculo!

Odalisca azul de la indolencia, Astarté con collares ma-
    niatada:
el talón de tus bañistas conculcaba helechos y mo-
    nedas,
y armaduras insomnes clamaban en los sótanos de las
    heladerías
por la gran luna con alas acribillada en las colinas.

¿Cuántos besos, nívea diosa, robé a tus largos labios
de brusca miel y escarcha? El sol, como un ácido lien-
    zo desvaído,

flotaba sobre roncas azoteas, y degolladas testas verdes
cruentamente rodaban sardónicas y puras en el ara de
las tinieblas.

¡Volved a mí, collados, estaciones, campos del Lacio
con columnas
por la hiedra abrazadas, distancias espectrales, claros
céfiros
que pulsabais con plectro alucinante las jarcias del
destino,
pianos de sal, balones, reverberantes olivos!

¡Quiero beber de nuevo en tus lentos chorros de ámbar
y enlazar por la cintura a tus ninfas de penumbra!
¡Quiero en arras tu quemante anillo de cemento y terciopelo
y arrastrar por los andenes tu silbante guirnalda de
azucenas!

¡Oh crines de la tarde revueltas de improviso
por la mano sigilosa de algún nauta fenicio sumergido!
¡Oh inmóvil llamarada! Fluido de serpiente adormecía
perfiles y relojes. Tus élitros, ¡Oh Tiempo!, no sonaban.

¡Que mis dientes muerdan tus copos de neón cuando
el invierno,
y sordamente me nombre tus cigarras inermes en la
brea,
y esta guija, cual barco de papel, se hunda en la sombra
de la virgen que a tus sienes se remonte volando!

De *Cantos* (1971)

CANTABILE

Podrás quemar mis cartas. Al aire libre, en invierno.
Como una nevada lenta —¡te alegrará la fogata!—
descenderán las cenizas en tu corazón desierto.
Y pavesas silbadoras te abrasarán las entrañas.
Será tarde. Muy tarde. La edad florida
habrá cruzado los puentes. Y la muerte, con sandalias,
deslizará en silencio esta carta debajo de tu puerta...
¡Querrás quemarla también! Será tarde. Muy tarde.
La edad florida habrá cruzado los puentes.

De *Cicatrices* (1971)

TU EDAD INMANENTE

Naciste de veinte años. Llegaste al mundo como luz
ignota o anaglifo animado de aerolito.
La seda altamente inflamable de tu edad intemporal
e inmanente
si rozó la miseria fue para abolirla; si la opulencia,
para acrecentarla.
Los calendarios no te sirvieron de guía. El fuego es
tu elemento.
El tiempo pasa por ti como el viento de la aurora
por tus pomas. ¡No envejeces!
Conservas en el cuenco de tus manos la caja vacía de
Pandora
y en tu corazón los rescoldos en que renace indemne
el ave Fénix.

En tu cripta yacen fundibularios, centuriones inmutables, discóbolos griegos, reciarios.

Uncidos a ti los prados resplandecen y destellan las ventanas.

Yo no sé qué diosa te habita ni qué dínamo te mantendrá encendida,

aún en medio de la ciega, letal y postrimer noche terrestre.

¡Y la fuente de Juventa dora tu ombligo y oscurece tus cabellos!

De *Apoteosis* (1979)

JUAN GONZALO ROSE

Nació en Tacna, en 1928. Es poeta, periodista y compositor de finas canciones de corte popular. Un rasgo notable, por su persistencia y generalidad, es el neto diseño compositivo de sus poemas en verso. Igualmente notable es la preponderante presencia del sentimiento, muchas veces teñido de ironía, que los informa e impregna al brotar éstos de situaciones concretas y como testimonio de solidaridad humana y civil. Rose es autor, además, de amplios poemas en prosa (Las comarcas, 1964) *con interpolaciones en verso, textos lúdicros y lujosos, festivos y elocuentes.*

La suma de su poesía se halla en Obra poética (1974), *libro que incluye los anteriores:* Cantos desde lejos (1957), Simple canción (1960), *el ya citado* Las comarcas, Informe al rey (1967) *y* Hallazgos y extravíos (1968).

Tengo en el alma una baranda en sombras.
A ella diariamente me asomo, matutino,
a preguntar si no ha llegado carta;
y cuántas veces
la tristeza celebra con mi rostro
sus óperas de nada.

Una carta.

Que me escriba una carta quien me hizo
los ojos negros y la letra gótica,
que me escriba una carta aquella amiga
analfabeta de pasión cristiana;
duraznos de mi tierra: que me escriban,
y redacte una carta pequeñita
mi hermana abecedaria y pensativa.

Muertos los de mi infancia
que se fueron
dormidos entre el humo de las flores,
novias que se marcharon
bajo un farol diciendo eternidades,
amigos hasta el vino torturado:
¿no hay una carta para Juan Gonzalo?

Si no fuera poeta, expresidiario,
extranjero hasta el colmo de la gracia,
descubridor de calles en la noche,
coleccionista de apellidos pálidos:

quisiera ser cartero de los tristes
para que ellos bendigan mis zapatos.

El día que me muera ¿en una piedra?
el día que navegue ¿en una cama?
desgarren mi camisa y en el pecho
¡manos sobrevivientes que me amaron!
entierren una carta.

De Cantos desde lejos (1957)

PRIMERA CANCIÓN

No he inventado ninguna melodía.
Los que amaron dirán:
"Conozco esa canción...
y me había olvidado de lo hermosa que era..."
Y habrá de parecerles
la primera
canción con que soñaron.

CUARTA CANCIÓN

Ya me ahogo de cielo.
Mi corazón se inclina
y las islas no llegan.
Dame tu mano entonces:
quiero morir tocando
el extremo más dulce de la tierra...

De Simple canción (1960)

Abro los ojos; toco los filos eléctricos del agua. Es mediodía en mi ventana. Ramajes de azucenas flagelan a São Paulo. Solitarias parejas, unidas por asas fantasmales, navegan contra el viento en relucientes anillos. Se encienden lamparines y farolas: alguien busca una cifra —una huella— en el dorso de las húmedas esfinges. Desde las plazas parten navíos enlutados.

De pronto le vi, inmóvil en la esquina. En su camisa reverberaba un sol antiguo, de lentos, impasibles fulgores.

Nos separaba ese cuaderno blanco, esos silencios atisbados por los búhos. Más que estudiar, decíamos. Él decía. Yo decía. Era el tiempo de Eliana encadenada.

Él decía:

—Debe de estar llorando...

Yo decía:

—Llora por nosotros...

Su voz apesadumbraba la habitación:

—Ella llora solamente por ti.

Protestaba:

—No, Gabriel, ella llora por nosotros... por los dos.

Entonces, lentamente, movía la cabeza. Nadie decía no, tan lentamente, moviendo la cabeza.

¡Lloradísimo ahogado! ¿por qué en ese río once veces maldito no pudieron alcanzarte las ramas salvadoras? ¿cuáles juegos terribles ofuscaron al ángel de los signos —leve error mortal en su tablero— y a quiénes, decididos, fueron a sacudir doncellas y manzanos?

459

Llueve. Llueve sobre la urbe de sultanes y mendigos; sobre la ciudad de las hetairas y las barandas cazadoras de la luna.

¿Y tú, qué haces aquí, Gabriel, condenado a vivir eternamente entre balanzas y naufragios, sin poder empañar ni los espejos de los organilleros?

¡Ah, lloradísimo Gabriel! ¿Por qué no te agarraste de mi brazo?

Ya ves ahora, mientras cae la lluvia de São Paulo, Eliana envejecida, aquella que adorabas, ni siquiera se acuerda de tu nombre.

De *Las comarcas* (1962)

MACHU PICCHU

Machu Picchu, dos veces
me senté en tu ladera
para mirar mi vida.
Para mirar mi vida
y no por contemplarte,
porque necesitamos
menos belleza, Padre,
y más sabiduría.

De *Informe al rey y otros libros secretos*
(1969)

CONVALECENCIA

Querido cuerpo mío:
continuemos viviendo.

Continuemos viviendo
porque cae una hoja con holgada dulzura,
porque un hombre en el bosque
se enredó con un trino,
porque un niño en la noche
dibujaba una rosa
y al sentirla en su frente
se ha quedado dormido.

De *Hallazgos y extravíos* (1968)

CARLOS EDUARDO ZAVALETA

*Nació en Caraz en 1928. Narrador, profesor universitario,
diplomático. Traductor y buen conocedor de la literatura
anglosajona. Miembro de la Generación del 50 —al lado de
Ribeyro, Vargas Vicuña, Loayza, Congrains—, formada por
escritores que, como señala Alberto Escobar, "derrumbaron
las murallas que aislaban lo rural y lo urbano, y concedie-
ron prioridad a este ámbito", incorporando tipos y situaciones propios de la clase media suburbana. A Zavaleta
lo distingue, de una parte, la variedad temática, suerte de
feliz versatilidad, y de otra, un definido, y muchas veces
logrado, empeño de adecuación técnica a los asuntos que
relata. Observador agudo de mentes y conductas, sensi-*

ble a las conflictivas y violentas situaciones sociales surgidas en nuestro país, su obra se incrementa día a día.

Sus libros son: La batalla *(1954)*, El Cristo Villenas *(1955)*, Los Ingar *(1955)*, Unas manos violentas *(1958)*, Vestida de luto *(1961)*, Muchas caras del amor *(1966)*, Niebla cerrada *(1970)*, Los aprendices *(1977)* y Un día en muchas partes del mundo *(1979)*.

LA PERSECUCIÓN DEL FAUNO

Esta vez no se le escaparía. Desde la esquina adivinó la hora, antes de oír la campana de la iglesia. Y aun antes de que la penumbra le permitiera verlo salir, vio a Roberto bajándose el ala del sombrero al modo de los matoncitos de barrio; salía y enfilaba por la calleja retorcida; y cuando encendieron las luces ya no vio a nadie, pero supo que, torciendo la esquina opuesta, Roberto subía a reunirse con Amelia.

¿Quería más pruebas? La misma hora cada noche, el mismo camino, la eterna sonrisa burlona de Amelia: "Si tú lo dices, así será".

"¿Pero estás con él, sí o no?", le preguntó muchas veces, suponiendo que ella entendía por qué. "¿Cómo dices? No te oigo bien; después del almuerzo siempre me pongo sorda."

Por supuesto que había algo entre ellos. Consuelo se lo había dicho: una tarde Amelia la invitó a tomar el lonche en el corredor que dominaba la huerta de manzanos y durazneros. Empezó a anochecer como ahora y Amelia se puso nerviosa, olvidó el té y desapareció por un buen rato; al volver se había peinado y puesto colorete. Daba vueltas sin motivo. "¿Qué tienes, hija?", preguntó Consuelo. "¿Está ocupado el baño?" "Oh, no —se rió Amelia—. Es que tú sabes..., tenía un compromiso..., se me había olvidado..., perdóname, pero no es tan urgente. Puedes terminar todavía el té." "¿Compromiso con un pajarito que yo conozco?" Y otra risa de Amelia, pero asintiendo con la cabeza. Pues Consuelo que se despide y sale, cruzando la huerta para abrir el portón, y una sombra que se esconde tras de los árboles. Pero alcanzó a verle el sombrerito.

No podía estudiar. Saliendo a las cuatro del colegio y tomando en seguida el café con leche y el pan con asado, él mismo suponía que le quedaba mucho tiempo para estudiar antes de acostarse. Dejaba a su madre y a Consuelo todavía comadreando en la mesa y se iba a su cuarto, se pegaba a la ventana, mirando por un instante, nada más, la pequeña y hermosa alameda que lo invitaba a pensar. Una mirada, y ahora a trabajar se ha dicho, remolón, tienes que fajarte chancando las Matemáticas de Matías Sánchez, siéntate, ocioso de dos por medio, toma lápiz y papel, no pienses en Amelia y resuelve este ejercicio. Vamos a ver, la primera ecuación. Escribe, animal...

—César, ¿dónde estás? —empezaba a buscarlo Consuelo—. Cesítar..., ¿me oyes? —Él corría a encerrarse con llave—. ¡Abre, si seré idiota para no saber que estás ahí! ¡Mamá, dile a César que me abra!

—¿Qué bulla es ésa, muchachos?

—¡Consuelo, déjame estudiar, caramba!

—¿Estás estudiando? ¡Ah, perdón! Creí que habías

salido a ver a Amelia... En ese caso, iba a sentarme junto a la ventana. ¡Me gusta tanto ese sitio! Pero sigue, no más, chau, no te interrumpo...

"Creí que habías salido a ver a Amelia." A ver de lejos su casa, debió decir. A vagar como cualquier ocioso, un perro sin dueño hasta que oscureciera, fingiendo buscar algo por las tiendas de la calle Lima y gastando su último dinero en chicha morada fría, una delicia de hielo y canela. Y César tiene que decir finalmente chau, ya regreso, tiene que abrir la puerta, y Consuelo que ya está lista para ocupar su sitio frente a la alameda de tiesos, fríos y elegantes árboles, donde las hojas lucen un número increíble de verdes. Pues a salir a la calle, a rondar la casona de Amelia, y siempre, siempre, llevado por la impaciencia, en vez de esperar ahí la llegada de Roberto y ver el encuentro que lo convencería de golpe, corría a ponerse de centinela en la esquina para verle (antes de tiempo) pasar.

En el camino, Roberto querrá mandarlo al desvío, engañarlo con el cuento de entrar en la tienda de cajetas de manjarblanco, en la bodega de los cigarrillos, en la paradita de la otra plaza donde venden butifarras. A mí con florecitas en el ojal. Vamos, cimarrón.

Al fondo no quedaba sino la sombra de la casona. Por cualquier calle que se subiera, ahí moría la cuesta y sólo había que tocar el portón o largarse.

Ya no pasaría como la otra noche. Creyó que Roberto iba a tocar el gran llamador de fierro y esperar a que le abrieran, como a todo el mundo. Así, voluntariamente, había dejado de mirarlo por unos segundos y cuando lo buscó de nuevo fue en vano.

Oh, no. Esta vez se encaramó en la tapia, y oyendo claramente los pasos de Roberto, se tiró al otro lado convencido de que su rival seguiría el mismo camino. Todo iba bien, nada fallaba. Roberto apareció encima de la tapia como un ladrón, agachado, mirando furtivamente a todas partes. Cuando su enemigo saltó a la huerta, César, inmóvil, tendido en el suelo, listo como para la marcha rampante de las clases de Instrucción Militar, vio la silueta corriendo feliz hacia la galería, donde el gran foco iluminaba el vestido celeste de Amelia, su larga cabellera negra, su brazo que hacía señas al intruso, no a él. Cerró los ojos. ¿Qué más evidencia quería? ¿Ver el beso destinado a él en sus sueños, recibido por otro?

Iba a marcharse cuando lo paralizó la duda. No se abrazaron. Amelia únicamente le dio la mano y le señaló otro punto de la huerta, el más oscuro y distante. Al parecer le ordenaba seguir por ahí. Quizá ella se reuniría después con Roberto. Pero, no; Amelia se sentó un buen rato bajo el foco, hojeó tranquilamente una revista y por fin volvió a entrar en la casona.

Salió de su escondite y continuó la persecución. Estaba feliz, con ganas de gritar. Decidió que al día siguiente se declararía a Amelia. Mientras tanto, había que resolver el misterio. Tomó el nuevo sendero, un pasaje entre los durazneros, y de pronto una escalera, el borde gastado y franqueable de la tapia, sin el

465

obstáculo usual de las botellas rotas... Al otro lado, el muro silencioso y otra calle en penumbras.

Saltó y curiosamente se halló en su propio barrio. La casona de Amelia era tan grande que abarcaba una manzana, pero tenía una sola entrada, la principal, y por eso debía darse un gran rodeo para llamar al portón. Por este otro lado, en cambio, la barda era el muro ciego de un castillo que cerraba y mataba calles pequeñas y normales.

Para suerte suya, Roberto esperaba algo en la esquina, quizá otra señal, una luz, otro brazo que ordena. César siguió subiendo, ya estaba por llegar a su casa. Tiene que ser mi vecina, pensó, una viuda todavía joven que incluso a mí me sonríe, aunque sabe que no puedo estar jamás con ella, justamente por ser mi vecina.

Descuidado, alegre, casi riendo, avanzó los últimos pasos. Ese camino lo conocía tan bien que aun de noche y a ojos cerrados podía recorrerlo sin tropiezo. Cuando los abrió de nuevo, Consuelo, y no la vecina, le abría la puerta a Roberto.

En todo el pueblo dijeron que su reacción fue demasiado. Se trataba de una hermana, no de una novia ni mucho menos. Pero César lo atacó por detrás, lo derribó, lo siguió pateando, y Consuelo en vano quiso empujar y alejar a su hermano, que no oía ni veía nada, ni siquiera a su madre que salió dando de gritos. Tuvo que acabar así, ¿de qué otra forma?, tuvo que abandonar el pueblo y ni siquiera pudo ver ni hablar otra vez a Amelia que, al paso de los años, seguía viviendo, oh no, sigue viviendo no sólo en su

466

frente, no sólo en sus ojos, sino también le responde en cualquier calle, le sonríe y lo llama desde el fondo de una huerta, colmándolo de felicidad.

De *Un día en muchas partes del mundo* (1979)

MANUEL SCORZA

Nació en Lima en 1928. Narrador y poeta. Es autor de un ciclo narrativo sobre las luchas entre el campesinado y las fuerzas represivas, de 1950 a 1962, en Cerro de Pasco, Sierra Central del Perú. En ese largo relato (constituido por cinco novelas agrupadas bajo el título genérico de "Balada"), Scorza somete los hechos al capricho de una imaginación deseosa de hazañas y portentos, aunque su propósito declarado es de índole testimonial, ya que se considera un cronista de acontecimientos cruda y cruelmente reales.

Sus libros poéticos se han reunido en Poesía incompleta *(1977). Sus novelas:* Redoble por Rancas *(1970),* Cantar de Agapito Robles *(1977),* Garabombo el invisible *(1972),* El jinete insomne *(1977) y* La tumba del relámpago *(1979).*

DONDE EL ZAHORÍ LECTOR OIRÁ HABLAR DE CIERTA CELEBÉRRIMA MONEDA

Por la misma esquina de la plaza de Yanahuanca por donde, andando los tiempos, emergería la Guardia de

Asalto para fundar el segundo cementerio de Chinche, un húmedo setiembre, el atardecer exhaló un traje negro. El traje, de seis botones, lucía un chaleco surcado por la leontina de oro de un Longines auténtico. Como todos los atardeceres de los últimos treinta años, el traje descendió a la plaza para iniciar los sesenta minutos de su imperturbable paseo.

Hacia las siete de ese friolento crepúsculo, el traje negro se detuvo, consultó el Longines y enfiló hacia un caserón de tres pisos. Mientras el pie izquierdo se demoraba en el aire y el derecho oprimía el segundo de los tres escalones que unen la plaza al sardinel, una moneda de bronce se deslizó del bolsillo izquierdo del pantalón, rodó tintineando y se detuvo en la primera grada. Don Herón de los Ríos, el Alcalde, que hacía rato esperaba lanzar respetuosamente un sombrerazo, gritó: "¡Don Paco, se le ha caído un sol!"

El traje negro no se volvió.

El Alcalde de Yanahuanca, los comerciantes y la chiquillería se aproximaron. Encendida por los finales oros del crepúsculo, la moneda ardía. El Alcalde, oscurecido por una severidad que no pertenecía al anochecer, clavó los ojos en la moneda y levantó el índice: "¡Que nadie la toque!" La noticia se propaló vertiginosamente. Todas las casas de la provincia de Yanahuanca se escalofriaron con la nueva de que el doctor don Francisco Montenegro, Juez de Primera Instancia, había extraviado un sol.

Los amantes del bochinche, los enamorados y los borrachos se desprendieron de las primeras oscuridades para admirarla. "¡Es el sol del doctor!", susurraban exaltados. Al día siguiente, temprano, los comerciantes de la plaza la desgastaron con temerosas miradas. "¡Es el sol del doctor!", se conmovían. Gravemente instruidos por el Director de la Escuela —"No vaya a ser que una imprudencia conduzca a vuestros padres a la cárcel."—, los escolares la admiraron al mediodía: la moneda tomaba sol sobre las mismas desteñidas hojas de eucalipto. Hacia las cuatro, un rapaz de ocho años se atrevió a arañarla con un palito: en esa frontera se detuvo el coraje de la provincia.

Nadie volvió a tocarla durante los doce meses siguientes.

Sosegada la agitación de las primeras semanas, la provincia se acostumbró a convivir con la moneda. Los comerciantes de la plaza, responsables de primera línea, vigilaban con tentaculares miradas a los curiosos. Precaución inútil: el último lameculos de la provincia sabía que apoderarse de esa moneda, teóricamente equivalente a cinco galletas de soda o a un puñado de duraznos, significaría algo peor que un carcelazo. La moneda llegó a ser una atracción. El pueblo se acostumbró a salir de paseo para mirarla. Los enamorados se citaban alrededor de sus fulguraciones.

El único que no se enteró que en la plaza de Yanahuanca existía una moneda destinada a probar la honradez de la altiva provincia fue el doctor Montenegro.

Todos los crepúsculos cumplía veinte vueltas exactas. Todas las tardes repetía los doscientos cincuenta y seis pasos que constituyen la vuelta del polvoriento. A las cuatro, la plaza hierve, a las cinco todavía es un lugar público, pero a las seis es un desierto. Ninguna ley prohíbe pasearse a esa hora, pero sea porque el cansancio acomete a los paseantes, sea porque sus estómagos reclaman la cena, a las seis la plaza se deshabita. El medio cuerpo de un hombre achaparrado, tripudo, de pequeños ojos extraviados en un rostro cetrino, emerge a las cinco, al balcón de un caserón de tres pisos de ventanas siempre veladas por una espesa neblina de visillos. Durante sesenta minutos, ese caballero casi desprovisto de labios, contempla, absolutamente inmóvil, el desastre del sol. ¿Qué comarcas recorre su imaginación? ¿Enumera sus propiedades? ¿Recuenta sus rebaños? ¿Prepara pesadas condenas? ¿Visita a sus enemigos? ¡Quién sabe! Cincuenta y nueve minutos después de iniciada su entrevista solar, el Magistrado autoriza a su ojo derecho a consultar el Longines, baja la escalera, cruza el portón azul y gravemente enfila hacia la plaza. Ya está deshabitada. Hasta los perros saben que de seis a siete no se ladra allí.

Noventa y siete días después del anochecer en que rodó la moneda del doctor, la cantina de don Glicerio Cisneros vomitó un racimo de borrachos. Mal aconsejado por un aguardiente de culebra Encarnación López se había propuesto apoderarse de aquel mitológico sol. Se tambalearon hacia la plaza. Eran las diez de la noche. Mascullando obscenidades, Encarnación iluminó el sol con su linterna de pilas. Los ebrios seguían sus movimientos imantados. Encarnación recogió la moneda, la calentó en la palma de la mano, se la metió en el bolsillo y se difuminó bajo la luna.

Pasada la resaca, por los labios de yeso de su mujer, Encarnación conoció al día siguiente el bárbaro tamaño de su coraje. Entre puertas que se cerraban presurosas se trastabilló hacia la plaza, lívido como la cera de cincuenta centavos que su mujer encendía ante el Señor de los Milagros. Sólo cuando descubrió que él mismo, sonámbulo, había depositado la moneda en el primer escalón, recuperó el color.

El invierno, las pesadas lluvias, la primavera, el desgarrado otoño y de nuevo la estación de las heladas circunvalaron la moneda. Y se dio el caso de que una provincia cuya desaforada profesión era el abigeato, se laqueó de una imprevista honradez. Todos sabían que en la plaza de Yanahuanca existía una moneda idéntica a cualquier otra circulante, un sol que en el anverso mostraba el árbol de la quina, la llama y el cuerno de la abundancia del escudo de la República y en el reverso exhibía la caución moral del Banco de Reserva del Perú. Pero nadie se atrevía a tocarla. El repentino florecimiento de las buenas costumbres inflamó el orgullo de los viejos. Todas las tardes auscultaban a los niños que volvían de la escuela. "¿Y la moneda del doctor?" —"¡Sigue en su sitio!" —"Nadie la ha tocado." —"Tres arrieros de Pillao la estuvieron admirando." Los ancianos levantaban el índice, con una mezcla de severidad y orgullo: "¡Así debe ser; la gente honrada no necesita candados!"

A pie o a caballo, la celebridad de la moneda recorrió caseríos desparramados en diez leguas. Teme-

471

rosos que una imprudencia provocara en los pueblos pestes peores que el mal de ojo, los Tenientes-gobernadores advirtieron, de casa en casa, que en la plaza de Armas de Yanahuanca envejecía una moneda intocable. ¡No fuera que algún comemierda bajara a la provincia a comprar fósforos y "descubriera" el sol! La fiesta de Santa Rosa, el aniversario de la Batalla de Ayacucho, el Día de los Difuntos, la Santa Navidad, la Misa de Gallo, el Día de los Inocentes, el Año Nuevo, la Pascua de Reyes, los Carnavales, el Miércoles de Ceniza, la Semana Santa, y, de nuevo, el aniversario de la Independencia Nacional sobrevolaron la moneda. Nadie la tocó. No bien llegaban los forasteros, la chiquillería los enloquecía: "¡Cuidado, señores, con la moneda del doctor!" Los fuereños sonreían burlones, pero la borrascosa cara de los comerciantes los enfriaba. Pero un agente viajero, engreído con la representación de una casa mayorista de Huancayo (dicho sea de paso: jamás volvió a recibir una orden de compra en Yanahuanca) preguntó con una sonrisita: "¿Cómo sigue de salud la moneda?" Consagración Mejorada le contestó: "Si usted no vive aquí, mejor que no abra la boca." "Yo vivo en cualquier parte", contestó el bellaco, avanzando. Consagración —que en el nombre llevaba el destino— le trancó la calle con sus dos metros: "Atrévase a tocarla", tronó. El de la sonrisita se congeló. Consagración, que en el fondo era un cordero, se retiró confuso. En la esquina lo felicitó el Alcalde: "¡Así hay que ser: derecho!" Esa misma noche, en todos los fogones, se supo que Consagración, cuya única hazaña conocida era beberse sin parar una botella de aguardiente, había salvado al pueblo. En esa esquina lo parió la suerte. Porque no bien amaneció los comerciantes de la plaza de Armas, orgullosos de que un yanahuanquino le hubiera parado el macho a un badulaque huancaíno, lo contrataron para descargar, por cien soles mensuales, las mercaderías.

La víspera de la fiesta de Santa Rosa, patrona de la Policía, descubridora de misterios, casi a la misma hora en que, un año antes, la extraviara, los ojos de ratón del doctor Montenegro sorprendieron una moneda. El traje negro se detuvo delante del celebérrimo escalón. Un murmullo escalofrió la plaza. El traje negro recogió el sol y se alejó. Contento de su buena suerte, esa noche reveló en el club: "¡Señores, me he encontrado un sol en la plaza!"

La provincia suspiró.

De *Redoble por Rancas* (1970)

JULIO RAMÓN RIBEYRO

Nació en Lima en 1929. Narrador, ensayista, dramaturgo. Por su notable calidad, variedad de asuntos y número, la obra cuentística de Ribeyro es la más importante de nuestra literatura. Sus personajes, librados casi siempre a la frustración y el vencimiento, participan en una opaca comedia humana y urbana; son hombres de las clases media y obrera privados como tales de un futuro, a espaldas de la esperanza. Ribeyro los muestra, y es suficiente. No

473

*requiere de alegatas ni de prédicas. Aunque principal, esta
veta no agota un registro narrativo tan amplio y variado
como el suyo, ni en la extracción de sus personajes (los
hay de la clase adinerada), ni en el medio (al urbano se
suma el rural), ni en la concepción (a los mayoritarios de
contenido realista acompañan algunos de ficción pura). Su
prosa, ajena a complacencias estéticas y rebuscamientos, se
desliza naturalmente, con fraseo sobrio, atinado, al melancólico compás de los hechos que relata.*

Sus libros de cuentos se han reunido en La palabra del
mudo *(vols. I y II, 1973 y vol. III, 1977).*

MIENTRAS ARDE LA VELA

Mercedes tendió en el cordel la última sábana y con
los brazos aún en alto quedó pensativa, mirando la
luna. Luego fue caminando, muy despacito, hasta su
habitación. En el candelero ardía la vela. Moisés con
el pecho descubierto roncaba mirando el techo. En
un rincón Panchito yacía ovillado como un gato. A
pesar de encontrarse fatigada y con sueño no se acostó
de inmediato. Sentándose en una banqueta quedó mirando ese cuadro que al influjo de la llama azul cobraba a veces un aire insustancial y falso.

—Me acostaré cuando termine de arder —pensó y
se miró las manos agrietadas por la lejía. Luego su
mirada se posó en su marido, en su hijo, en los viejos utensilios, en la miseria que se cocinaba silenciosamente bajo la débil luz. Había tranquilidad, sin
embargo, un sosiego rural, como si el día cansado de
vivir se hubiera remansado en un largo sueño. Unas

474

horas antes, en cambio, la situación era tan distinta. Moisés yacía en la cama como ahora, pero estaba inconsciente. Cuando ella lavaba la ropa en el fondo del patio dos obreros lo trajeron cargado.

—¡Doña Mercedes! —gritaron ingresando al corralón—. ¡Moisés ha sufrido un accidente!

—Subió un poco mareado al andamio —añadieron tirándolo sobre la cama— y se vino de cabeza al suelo.

—Creí que se me iba... —murmuró Mercedes observándolo cómo roncaba, ahora, los ojos entreabiertos.

Lejos de irse, sin embargo, regresó de su desmayo fácilmente, como de una siesta. Panchito que a esa hora bailaba su trompo sobre el piso de tierra lo miró asustado y ella se precipitó hacia él, para abrazarlo o insultarlo, no lo sabía bien. Pero Moisés la rechazó y sin decir palabra comenzó a dar vueltas por el cuarto.

—Estaba como loco —pensó Mercedes y miró nuevamente sus manos agrietadas por la lejía. Si pudiera abrir la verdulería no tendría que lavar jamás. Tras el mostrador, despachando a los clientes, no solamente descansaría, sino que adquiriría una especie de autoridad que ella sabría administrar con cierto despotismo. Se levantaría temprano para ir al mercado, además. Se acostaría temprano, también...

Moisés se movió en la cama y abrió un ojo. Cambiando de posición volvió a quedarse dormido.

—¡Estaba como loco! —repitió Mercedes. En efecto, aburrido de dar vueltas por el cuarto, dirigió un puntapié a Panchito que huyó hacia el patio chillando. Luego encendió un periódico a manera de antorcha y comenzó a dar de brincos con la intención de incendiar la casa.

—¡Luz, luz! —gritaba—. ¡Un poco de luz! ¡No veo nada! —y por el labio leporino le saltaba la baba. Ella tuvo que atacarlo. Cogiéndolo de la camisa le arrebató el periódico y le dio un empellón.

—Cómo sonó la cabeza —pensó Mercedes. Moisés quedó tendido en el suelo. Ella pisó el periódico hasta extinguir la última chispa y salió al patio a tomar un poco de aire. Atardecía. Cuando ingresó de nuevo, Moisés seguía en el suelo sin cambiar de posición.

—¿Otra vez? —pensó ella—. Ahora sí va de veras —y agachándose trató de reanimarlo. Pero Moisés seguía rígido y ni siquiera respiraba.

Un golpe de viento hizo temblar la llama. Mercedes la miró. Lejos de apagarse, sin embargo, la llama creció, se hizo ondulante, se enroscó en los objetos como un reptil. Había algo fascinador, de dañino en su reflejo. Mercedes apartó la vista. "Hasta que se apague no me acostaré", se dijo mirando el piso.

Allí, junto a las manchas oscuras de humedad, estaba la huella que dejó la cabeza. ¡Cómo sonó! Ni siquiera respiraba el pobre y además la baba le salía por el labio roto.

—¡Panchito! —chilló ella—. ¡Panchito! —y el rapaz apareció en el umbral transformado de susto—. ¡Panchito, mira a tu papá, muévelo, dile algo! —Panchito saltó al cuello de su papá y lo sacudió con sus sollozos. Al no encontrar respuesta se levantó y dijo con voz grave, casi indiferente: "No contesta", y se dirigió muy callado al rincón, a buscar su trompo.

Ahora dormía con el trompo en la mano y la guaraca enredada entre los dedos. Seguramente soñaba que bailaba un trompo luminoso en la explanada de una nube. Mercedes sonrió con ternura y volvió a observar sus manos. Estaban cuarteadas como las de un albañil que enyesara. Cuando instalara la verdulería las cuidaría mejor y, además, se llevaría a Panchito consigo. Ya estaba grandecito y razonaba bien.

—Vamos a ponerlo sobre la cama —le dijo a ella observando desde el rincón el cuerpo exánime de su padre.

Entre los dos lo cargaron y lo extendieron en la cama. Ella le cerró los ojos, gimió un poco, luego más, hasta que la atacó una verdadera desesperación.

—¿Qué hacemos, mamá? —preguntó Panchito.

—Espera —murmuró ella al fin—. Iré donde la señora Romelia. Ella me dirá.

Mercedes recordó que mientras atravesaba las calles la invadió un gran sosiego. "Si alguien me viera —pensó— no podría adivinar que mi marido ha muerto." Estuvo pensando todo el camino en la verdulería, con una obstinación que le pareció injusta. Moisés no le quería dar el divorcio. "¡No seas terca, chola! —gritaba—. Yo te quiero, ¡palabra de honor!" Ahora que él no estaba —¿los muertos están acaso?— podría sacar sus ahorros y abrir la tienda. La señora Romelia, además, había aprobado la idea. Después de darle el pésame y de decirle que iba a llamar a la Asistencia Pública, le preguntó: "Y ahora, ¿qué vas a hacer?" Ella contestó: "Abrir una verdulería." "Buena idea —replicó la señora—. Con lo caras que están las legumbres."

Mercedes miró a Moisés que seguía roncando. Seguramente tenía sueños placenteros —una botella de pisco sin fondo— pues el labio leporino se retorcía en una mueca feliz. "No podré abrir la tienda —se dijo—. Si él sabe lo de los ahorros se los bebe en menos de lo que canta un gallo."

La vela osciló nuevamente y Mercedes temió que se apagara, pues entonces tendría que acostarse. En la oscuridad no podía pensar tan bien como bajo ese reflejo triste que le daba a su espíritu una profundidad un poco perversa y sin embargo turbadora como un pecado. La señora Romelia, en cambio, no podía soportar esa luz. Cuando la acompañó hasta la casa para los menesteres del velorio, se asustó del pabilo más que del cadáver.

—¡Apaga eso! —dijo—. Pide un farol a tus vecinos.

Luego se aproximó a Moisés y lo miró como a un trasto. "Bebía mucho" dijo y se persignó. Los vecinos, que habían olido seguramente a muerto como los gallinazos, comenzaron a llegar. Entraban asustados, pero al mismo tiempo con ese raro contento que produce toda calamidad cercana y, sin embargo, ajena. Los hombres se precipitaron directamente hacia el cadáver, las mujeres abrazaron a Mercedes y los chicos, a pesar de ser zurrados por sus padres, se empujaban en el umbral, para huir espantados apenas veían el perfil del muerto.

Panchito se despertó. Al ver la luz encendida se volvió contra la pared. A Mercedes le provocó acariciarlo, pero se contuvo. Eran nuevamente las manos. Ásperas como la lija hacían daño cuando querían ser tiernas. Ella lo había notado horas antes, durante el velorio, cuando tocó la cara de su hijo. En medio del tumulto, Panchito era el único que permanecía apartado, mirando todo con incredulidad.

—¿Por qué hay tanta gente? —dijo al fin acercándose a ella—. Papá no está muerto.

—¿Qué dices? —exclamó Mercedes apretándole el cuello con una crueldad nerviosa.

—No. No está muerto... Cuando fuiste a buscar a doña Romelia conversé con él.

De una bofetada lo hizo retroceder.

—¡Estaba fuera de mí! —pensó Mercedes, mordiéndose las yemas de los dedos—. ¡Estaba fuera de mí!

—¿Vivo? ¿Vivo? —preguntaron los asistentes—. ¿Quién dice que está vivo? ¿Es posible que esté vivo? ¡Está vivo! ¡Está vivo!

La voz se fue extendiendo, de pregunta se convirtió en afirmación, de afirmación en grito. Los hombres se la echaban unos a otros como si quisieran liberarse de ella. Hubo un movimiento general de sorpresa, pero al mismo tiempo de decepción. Y al influjo de aquella gritería Moisés abrió los ojos.

—¡Mercedes! —gritó—. ¿Dónde te has metido, chola? ¡Dame un vaso de agua!

Mercedes sintió sed. Desperezándose sobre la banca se acercó al jarro y bebió. La vela seguía ardiendo. Volvió a su sitio y bostezó. Los objetos se animaron nuevamente en su memoria. Allí, sobre la cama, Moisés se reía con su labio leporino, rodeado de los vecinos que, en lugar de felicitarlo, parecían exigir de él alguna disculpa. Allá, en el rincón, Panchito cabizbajo se cogía la mejilla roja. Las mujeres murmuraban. Doña Romelia fruncía el ceño. Fue entonces cuando llegaron de la Asistencia Pública.

—¿Cómo me dijeron que había un muerto? —gritó el enfermero, después de haber tratado inútilmente de encontrar entre los concurrentes un cadáver.

—Parecía disfrazado —pensó Mercedes al recordarlo con su mandil blanco y su gorro sobre la oreja—. Y tenía las uñas sucias como un carnicero.

—En lugar de gritar —dijo doña Romelia— debería usted aprovechar para observar al enfermo.

El enfermero auscultó a Moisés que se reía de cosquillas. Parecía escuchar dentro de esa caja cosas asombrosas, pues su cara se iba retorciendo, como si le hubieran metido dentro de la boca un limón ácido.

—¡Que no beba, que no beba! —pensó Mercedes—. ¡Claro!, eso también lo sabía yo.

—Ni un solo trago —dijo el enfermero—. Tiene el corazón dilatado. A la próxima bomba revienta.

—Sí, a la próxima revienta —repitió Mercedes, recordando la bocina de la ambulancia, perdiéndose en la distancia, como una mala seña. Los perros habían ladrado.

El cuarto quedó vacío. Los hombres se fueron retirando de mala gana, con la conciencia vaga de haber sido engañados. El último se llevó su farol y se plació de ello, como de un acto de despojo. Hubo de encenderse nuevamente la vela. A su reflejo todo pareció poblarse de malos espíritus.

—Todavía me faltaban lavar algunas sábanas —pensó Mercedes y miró sus manos, como si le fuera necesario buscar en ellas alguna razón profunda. Habían perdido toda condición humana. "El enfermero a pesar de tenerlas sucias —pensó— las tenía más suaves que las mías." Con ellas clavó la inyección en la nalga de Moisés, diciendo:

—Ni una gota de alcohol. Ya lo sabe bien.

Doña Romelia también se marchó después de echar un pequeño sermón que Moisés recibió medio dormido. Panchito hizo bailar su trompo por última vez y cayó de fatiga. Todo quedó en silencio. Afuera, en la batea, dormían las sábanas sucias.

—¡No podré abrir la verdulería! —se dijo Mercedes con cierta cólera reprimida y se levantó. Abriendo la puerta del patio quedó mirando el cordel donde las sábanas, ya limpias, flotaban como fantasmas. A sus espaldas la vela ardía, se obstinaba en permanecer. "¿A qué hora se apagará? —murmuró con angustia—. Me caigo de sueño", y se acarició la frente. "Ni una gota de alcohol", el enfermero lo dijo con mucha seriedad, ahuecando la voz, para darle solemnidad a su advertencia.

Mercedes se volvió hacia el cuarto y cerró la puerta. Moisés dormía con el labio leporino suspendido de un sueño. Panchito roncaba con la guaraca enredada entre los dedos. Si ella durmiera a su vez, ¿con qué estaría soñando? Tal vez con un inmenso depósito de verduras y unos guantes de goma para sus manos callosas. Soñaría también que Panchito se hacía hombre a su lado y se volvería cada vez más diferente a su padre.

La vela estaba a punto de extinguirse. Mercedes

apoyó una rodilla en la banca y cruzó los brazos. Aún le quedaban unos segundos. Mientras tendía las sábanas había mirado la luna, había tenido el primer estremecimiento. A la luz de la vela, en cambio, su corazón se había calmado, sus pensamientos se habían hecho luminosos y cortantes, como hojas de puñal. "Aún me queda tiempo", pensó y se aproximó a la canasta de ropa sucia. Sus manos se hundieron en ese mar de prendas ajenas y quedaron jugando con ellas, distraídamente, como si todavía le quedara una última duda. "¡Se apaga, se apaga!" murmuró, mirando de reojo el candelero y sin podérselo explicar sintió unas ganas invencibles de llorar. Por último hundió los brazos hasta el fondo de la canasta. Sus dedos tocaron la curva fría del vidrio. Se incorporó y de puntillas se encaminó hasta la cama. Moisés dormía. Junto a su cabecera estaba la maleta de albañil. La botella de aguardiente fue colocada al lado del nivel, de la plomada, de las espátulas salpicadas de yeso. Luego se metió bajo las sábanas y abrazó a su marido. La vela se extinguió en ese momento sin exhalar un chasquido. Los malos espíritus se fueron y sólo quedó Mercedes, despierta, frotándose silenciosamente las manos, como si de pronto hubieran dejado ya de estar agrietadas.

De *Los gallinazos sin plumas* (1955)

PABLO GUEVARA

Nació en Lima en 1930. Poeta y profesor, guionista y di-
rector cinematográfico. Desde su primer libro, ya fue per-
ceptible la alta vibración lírica de sus poemas. Dotado de
una notable capacidad de renovación tanto como de un
pugnaz empeño ideologizador de su tarea creadora, Gue-
vara ha ido definiendo una óptica de su expresión poéti-
ca: la que visa al suceso colectivo pasado y en curso, fa-
bulándolo emotivamente y registrándolo en el plexo de
una crónica personalísima y vital en la que palpita su apa-
sionado y dramático amor por el pueblo indígena, por sus
manifestaciones culturales y artísticas y por su sentido co-
munitario.

Son sus libros: Retorno a la creatura *(1957),* Los habitantes *(1965),* Crónica contra los bribones *(1967),* Hotel
del Cuzco y otras provincias del Perú *(1972).*

MI PADRE

Un zapatero

Tenía un gran taller. Era parte del orbe.
Entre cueros y sueños y gritos y zarpazos,
él cantaba y cantaba y se ahogaba en la vida.
Con Forero y Arteche. Siempre Forero, siempre
con Bazetti y mi padre navegando en el patio
y el amable licor como un reino sin fin.

Fue bueno, y yo lo supe a pesar de las ruinas
que alcancé a acariciar. Fue pobre como muchos,
luego creció y creció rodeado de zapatos que luego

fueron botas. Gran monarca su oficio, todo creció
con él. La casa y mi alcancía y esta humanidad.

Pero algo fue muriendo, lentamente al principio;
su fe o su valor, los frágiles trofeos, acaso su pasión,
algo se fue muriendo con esa gran constancia
del que mucho ha deseado.

Y se quedó un día, retorcido en mis brazos,
como una cosa usada, un zapato o un traje,
raíz inolvidable quedó solo y conmigo.

Nadie estaba a su lado. Nadie.
Más allá de la alcoba, amigos y familia,
qué sé yo, lo estrujaban.

Murió solo y conmigo. Nadie se acuerda de él.

DOS MONARCAS

Amo al pescado, al plateado monarca
que se agita en mis manos. Yo lo escucho
y lo miro vibrante en mis sentidos, tal vez
como en las costas libres de alguna gran bahía
donde no hay pescadores que sumerjan las redes.
Fabulosa materia que me intriga los ojos,
dinos, ¿fue feliz este espacio de aleteos dorsales?
Surcador de los sodios, ¿fue feliz este estado del ser
temblando en la ansiedad, pero que nunca supe si es
  que huía

o partía hacia costas o límites? Oh, habitante del mar
—otro reino que el mío—, oh, querido, necesito saberlo.

Hoy estamos cogidos. Y tú extrañas el mar.
Y yo extraño el amor. Si sonara el amor
extenso como el mar. Oh, querido.

De *Retorno a la creatura* (1957)

LAS HIENAS

Brillantes de astucias, bajo cielos de plata,
con el pelo mojado por los sudores del esfuerzo
y llenas de sueños irrepresentables
dan dentelladas, sin otra esperanza
que la sangre les salte como un surtidor de fuego
que les bañe los ojos, los flancos, los testículos
y les dé una carne en paz al fin hallada,
deseo que los hombres sienten
y parecen esperar vanamente.

De *Los habitantes* (1965)

EN LA NOCHE

Cuando vengo de reunirme con los que no poseen
otro fuego que un fuego imaginado
y otro frío que la desesperación,

allí donde mi oído reposa
y en donde la destrucción también puede ocurrir,

está tu cuerpo,
profundo y alto como un violín,
con cuerdas celestes y rosadas
que llevan a la mañana.

Yo, que llego a sentir oscilar el edificio humano
azotado más bien que acariciado
por un pasado lleno de lamentos,
yo, que llego a percibir
tras tus ojos enamorados
la Venida de la Madre,
siento mecerse nuestra habitación,
oigo surgir de ti, mi más bella música,
a través del aire en agitación
poseo un orden terrenal en mis extremidades
¿dormimos? ¿no dormimos? ¿navegamos?

El candor luchará a muerte con la astucia,
y ninguno de los dos morirá.

De *Crónicas contra los bribones (al niño y
la mujer, divinos)* (1967)

EN TIEMPOS DE GUERRA

*Al Tantangaga (Abismo de Piedras) en
San Pedro de Cajas*

Esto encontré en caminos de montaña:
                              violencia

levantando las manos para herir
no para perdonar —ni herí ni perdoné.

                                Contemplo
esto que los poetas llaman amor y odio a la humanidad,
el mayor frío y el mayor dolor, el fuego que todo lo
    devora
y los calculadores —2/3 de humanidad que engendra
    devorados por el reloj,
despreciando encarnizadamente:
                Hombre, Tierra, Agua, Fuego, Aire
no pesan más que el viento en sus balanzas —no son
                                Poder para ellos.
Vuelvo a la lucha con un lenguaje que los viejos no
    sienten,
que los jóvenes —con la voz que les hablo, entenderán
    muy poco pero muy bien.
Evidentemente, estamos avanzando dificultosamente,

GRITANDO

para no perdernos vanguardias con retaguardias,
entre cordilleras, mesetas, bosques, lomadas, cañadas,
    cejas de montaña,
casas y casas, desiertos y desiertos.

El ojo del odio, vigilante. El ojo del amor, vigilante
    también.
Hay atmósferas enrarecidas al norte, al sur, al este,
    al oeste,
cordilleras y cordilleras, mesetas y mesetas, bosques y
    bosques,

lomadas y lomadas, cañadas y cañadas, cejas de montaña
y cejas de montaña, casas y casas, desiertos y desiertos.

Violencia, violencia, violencia.

> De *Hotel del Cuzco y otras provincias del
> Perú* (1972)

LUIS LOAYZA

*Nació en Lima en 1934. Narrador y ensayista. Vive en
Ginebra donde ejerce el oficio de traductor. Ya en sus
cuentos, ya en sus ensayos, se impone nítidamente al lector, como característica esencial de Loayza, el sabio y delicado equilibrio entre sus intuiciones y conceptos, de una
parte, y el ritmo sosegado, la tersura de su prosa y la sugestión de sus vocablos, por la otra. Obra corta pero den-
sa, rica en atisbos pero clara. Su lozanía es el necesario
y feliz resultado de una rigurosa autocrítica. No hay página suya ajena a tan depurada y exigente conciencia es-
tilística.*

Sus libros: El avaro y otros textos *(1974),* Una piel de
serpiente *(1964),* El sol de Lima *(1974).*

RETRATO DE GARCILASO

I

Esta historia tiene dos comienzos imprecisos, tal como
dos ríos forman otro definitivo y mayor que acaba en

el océano. Así pues, de esta corriente que surge del encuentro colérico y después se remansa y prosigue como una serpiente beneficiosa entre los campos, de esa extensión de agua dulce que todavía se precipita más allá de la costa, pura entre las sales ávidas, uno puede preguntarse dónde nace verdaderamente: ¿en la reunión de los ríos, donde cada uno llega espeso, arrastrando los residuos materiales del territorio? ¿en los más altos álveos, en los delgados arroyos iniciales que han de formar luego esos seres poderosos? ¿en las aguas de origen que caen del cielo y lavan la roca de la montaña antes de juntarse? De la misma manera la historia de este hombre tiene dos comienzos que nadie puede determinar sin error.

El primero es en la tierra de España, cuando los héroes volvían a ganar su país. Un hombre degüella a su enemigo para salvar el emblema de su casa y desde entonces, en recuerdo de esa acción y de la vega donde ocurrió, llamarán a él y a sus descendientes con un nuevo apellido. En esa misma familia, en ese fino árbol de sangre, hay también poetas contra los que se apresura la muerte militar, hay viejos escritores que se retiran del mundo para narrar en libros lo que han visto. Hay después un hombre que pasa al continente recién descubierto y llega hasta el Perú, donde se une a Pizarro y participa con lealtad en las luchas entre conquistadores.

El otro comienzo es en el Perú. Podemos imaginar una nación que se inclina en gratitud ante el Hijo del Sol, el organizador que ha dado a su pueblo el orden y la paz sin necesidades. Pero viene una guerra, un duelo entre hermanos imperiales, y los habitantes del Cuzco son derrotados por primera vez por quien han llamado el Usurpador del Norte; entre ellos hay una muchacha de sangre ilustre, quien quizá comprende que su destino ha sido interrumpido pero que no puede adivinar cómo. Entonces llegan otros vencedores, que tienen la piel blanca, dominan el fuego y desean el oro entre todas las cosas. Los hombres del Perú ven cómo el imperio es abatido: con la misma facilidad, con el mismo horror que uno de sus ídolos es derribado de un golpe.

II

Garcilaso niño reconoce oscuramente las dos mitades de su sangre; escucha los pasos de su padre que resuenan en los corredores de la casa rodeados del suave silencio materno. Se inclina respetuoso ante sus parientes indios, que en la derrota han acabado por preferir a todo los recuerdos como si éstos fueran su naturaleza. Los ve llegar, sosegados y humildes y sin embargo llenos de un orgullo indeclinable. Al gran quebranto que les ha traído el tiempo oponen la existencia de un pasado feliz, como si solamente la mención de una historia sin extranjeros ni humillaciones fuera una conjuración contra este presente despreciable que los empuja a las habitaciones alejadas para hablar en la sombra. El niño escucha cómo caen de sus bocas nombres de reyes y victorias que ya no cuentan. Apoyada la espalda contra la pared habla uno de los hombres levantando las manos y los demás asienten o quizá rectifican un punto —el nombre del río que se atravesó para esa conquista, la riqueza del botín conseguido en tal lugar— y pronto los rostros tristes comienzan a iluminarse con la evocación de un esplendor que debió pertenecerles pero que se ha perdido. "Trocado el reinar en vasallaje" dicen sin odio pero también sin resignación ante el dolor que los dioses —ofendidos seguramente por alguna falta— han querido enviarles y del que los hombres blancos son solamente emisarios.

Los españoles en cambio aman la luz cruda de la plaza donde se ejercitan en los juegos ecuestres, la nocturna de los candelabros que necesitan para sus reuniones. Aun en su nostalgia de España hay una cierta alegría; después de todo ellos son tan buenos o mejores que los que se quedaron inclinados en el trabajo sin peligro y sin recompensa, y han ganado sus tierras, sus siervos, por la acción y no por el nacimiento, asistidos de la propia valentía y no de una disposición sin edad que deja en herencia el derecho de mandar tal como otorga la figura inevitable de unos labios o una frente. No importan los días y las noches cabalgando en los desiertos, en las sierras, en los manglares, acompañados solamente por la angustia, si el invencible grito de guerra y el coraje fueron mejores al fin que la maza de puntas, y la fiebre, y la flecha envenenada. Garcilaso oye también estas historias que conservan intacto el heroísmo en la mirada y en el brazo que gira ampliamente en el aire para describirle un buen golpe. En sus sueños hay un galope de caballos en las márgenes de una laguna y los cascos alteran el dulce orden del agua; hay un rostro parecido al de su madre mirando con grandes ojos inmóviles.

Una guerra se enciende: los españoles pelean entre sí, y los indios, que gustan de contemplar los combates desde la altura, advierten en ellos la venganza esperada de los dioses. Igual que su hermano, el Conquistador del Perú, Gonzalo Pizarro sabe jugar su destino en una sola decisión valerosa y ha tomado las armas. Los rebeldes entran al Cuzco y Garcilaso mira desde una ventana la fiesta de toros donde, como en la guerra, lo apreciable no es solamente el triunfo sino la elegancia ante el peligro. En la noche hay un banquete para celebrar la victoria y Gonzalo deja vacíos los asientos a su alrededor en señal de autoridad o desapego o anticipación. Detrás de él están sus hijos y el pequeño Garcilaso, hijo de uno de sus capitanes. Durante la comida el niño mira las espaldas del jefe que está inclinado y silencioso, escuchando las jactanciosas promesas de fidelidad: pero en la larga fila de hombres que levantan los vasos hacia él hay algunos que callan. A veces Gonzalo se da vuelta y ofrece a los niños un bocado diciendo amables palabras: su rostro, que puede ser feroz, parece mientras los mira poseído de una seria ternura.

También a él le aguarda una interrupción, un accidente, y pronto Garcilaso oye hablar asombrado de la gran deserción. Los españoles —su padre entre ellos— han elegido la lealtad al rey: Gonzalo ha muerto decapitado y sus casas serán destruidas y sembradas de sal. Poco después regresan a la ciudad los ejércitos que no llegaron a ser combatientes y esta vez, antes de la celebración, se procede al espectáculo ejemplar del castigo. Por muchos días quedan en la ciudad los restos lúgubres de los ajusticiados; cabezas, trozos de cuerpo se exhiben en una jaula: el aire los va corrompiendo.

Así transcurre la infancia de Garcilaso, la violencia no le es extraña y tiene los ojos y los oídos igualmente dispuestos en las lecciones que empezó a recibir desde pequeño y en las conversaciones que encuentra en la calle. Una tarde ve una yunta de bueyes y decide que bien valen faltar a la escuela esos animales lentos y poderosos, esos hierros que rompen la tierra más rápidamente que varios arados de pie de los indios. Otra vez llegan a su casa treinta siervos cargados con parte de la primera cosecha de uvas, y Garcilaso descubre la tenue dulzura de esa materia casi imperceptible que yergue su delicado sabor mientras se deshace en la boca. Todos los días pasa junto a las piedras incaicas, de pura forma geométrica, sobre las que se levantan las paredes españolas con grandes ventanas de reja y balcones. Con sus libros en la mano, a veces se detiene a mirar los pequeños rebaños de llamas que entran a la ciudad conducidos por un indio; algunas están adornadas con borlas de colores, su paso es tímido y lleno de gracia pero súbitamente cualquiera de ellas puede mirar de manera salvaje; el hombre la aparta diciéndole algo, y vuelven a caminar hasta perderse en una esquina.

Garcilaso abandona frecuentemente la ciudad para llegar, ascendiendo, a la fortaleza de Sacsahuamán que

493

está en las afueras y la defiende. A mitad del camino los indios se inclinan ante él, pues quien sale del Cuzco merece el saludo respetuoso de quien todavía no ha llegado. En la fortaleza encuentra solamente el viento que acude de los desfiladeros levantando hasta los torreones el polvo solitario; sólo se escucha esta leve alteración del silencio, este murmullo apagado. Garcilaso sube por las escalinatas hasta las almenas desiertas donde hubo tanto sacrificio y tanta muerte para que no cayera la ciudad, para que no pudieran pasar los enemigos. Desde allí contempla la piedra cansada, cuya historia ha oído. La arrastraron a través de cimas y despeñaderos, vino desde muy lejos, traída a pura fuerza de hombres, a formar parte de las enormes murallas; tanto viajó que casi al llegar, en el mismo terreno de la fortaleza, la venció el cansancio y se detuvo —nadie pudo convencerla que siguiera— y lloró sangre. En ella perduran los dos agujeros que son sus ojos y a veces, cuando llueve, el agua se mezcla a la tierra que hay en ellos, se derrama, y cae una mancha roja y es otra vez el llanto como un presagio.

III

Atento sólo al juego, el joven Garcilaso siente la alegría de dominar el caballo con una leve presión de las piernas, con un movimiento de las manos. Hay torneo de cañas en la plaza principal del Cuzco y él es uno de los pocos jóvenes que pueden competir con cualquiera de los soldados. Un día, siendo niño, sorprendió a sus ayos temerosos saltando sobre una cabalgadura e hincando sus talones en los ijares con un grito. Su audacia le costó después una caída, pero aprendió lo que hay que aprender y ahora es un buen jinete. Desmonta ágilmente, sonriendo, y se acerca a su padre. Hijo de un capitán español y de una mujer quechua de sangre real, no hay nadie en la plaza que no lo conozca. El capitán Garcilaso bien puede estar orgulloso de su hijo: lo ha conservado junto a sí como secretario de cartas, aun después de casarse con una dama española, y a veces habla de estudios que el muchacho cumplirá algún día en Europa. Pero prefiere decirse que hay tiempo para eso y guardarlo todavía a su lado; sabe que si lo hace viajar ahora, él ya no estará aquí a su regreso. Entretanto —está mirando el rostro joven y cubierto de sudor, no quiere mostrar demasiada aprobación por su manera de gobernar el caballo— se sorprende cada día ante este muchacho que es casi un hombre y se pregunta qué hay en la juventud de ese cuerpo que sea exclusivamente español, dado por él y no por la madre.

Cuzco está en el centro de un valle, de una cordillera, de un imperio vasto y desmembrado: por eso en la lengua natural su nombre significa ombligo, porque es como este punto en un cuerpo hecho de distancias y hombres. En la alta ciudad conquistada camina el joven Garcilaso, hijo de ella: el aire transparente, el agua de los cuatro arroyos, los frutos de la tierra día a día fueron elevando y fortaleciendo sus miembros, dibujando las líneas de su cara. Garcilaso

495

conoce el nombre verdadero de las calles y plazas del Cuzco, sabe la disposición ritual de las construcciones que los españoles no han destruido, se ha estremecido en la noche escuchando el llamado apasionado y urgente de una música que suena desde las colinas cercanas. Pero desde hace un tiempo suele mirar las cumbres del horizonte como un círculo que lo rodeara, y piensa en el mar que no ha visto nunca y en las ciudades que están al otro lado. Ha aprendido a esperar y no dice nada; pero en él está esa inquietud, que crece cada hora.

IV

Garcilaso deja atrás los estrechos caminos en la cintura de las montañas, los puentes oscilantes donde no hay que mirar abajo, la desolada planicie cuya única vegetación es una pequeña hierba reseca. Va pensando en su padre, cuyo último deseo ha sido este viaje y también en sus otros muertos: los restos embalsamados de los reyes que el Corregidor del Cuzco quiso mostrarle antes que partiera. Viracocha tenía el pelo blanco y la boca mineral, como si ahogara un grito; Huayna Cápac parecía una estatua que espera una palabra y el tacto de su mano era frío. Ahora el camino desciende, quedan atrás las últimas estribaciones montañosas y el caballo levanta la cabeza y se agita porque ha husmeado en el aire un olor húmedo y salino.

Esa noche Garcilaso se duerme escuchando el rumor, la respiración profunda del océano y el grito desesperado de las gaviotas. En la mañana lo despierta una sucesión de leves palmadas. Sobre él vuelan pájaros pescadores y los ve internarse en el mar, como un ejército del que uno a uno se van desprendiendo, dejándose caer súbitamente para hundirse en el agua como un arma certera busca el corazón. Garcilaso cabalga por la costa peruana y encuentra en sus valles otras plantas, diferentes a las de la sierra, y en los desiertos otra forma de la aridez. Pero aun cuando el sol está alto y su fervor es más terrible, cuando el caballo hunde demorándose las patas en la arena, el mar está cerca y basta volver la cabeza para mirar la frescura de la espuma y el vuelo de los pájaros.

En Lima, la joven ciudad, Garcilaso quiere partir y casi no mira las rectas calles. Todavía se detiene un momento, como dudando, cuando está por subir a la barca que lo llevará a su nave. Después lo distrae el movimiento naval, el vocabulario marinero que nunca ha oído. La costa se aleja, es como una sombra en el horizonte, como una línea; después desaparece.

De *El avaro y otros textos* (1974)

MARIO VARGAS LLOSA

Nació en Arequipa en 1936. Narrador, ensayista, crítico, periodista. Su notable fuerza verbal y el amplio registro de sus recursos narrativos convergen, con eficacia convincente, en la consecución de atrevidas innovaciones formales que actúan en la creación de su obra novelística centrada en la violencia y la irracionalidad deshumanizadora. Capta, así, en un plano de alcance y validez universales, las facetas más oscuras que la vida humana suele mostrar en el proceso de la interacción social en la vida contemporánea. El vigor paródico y avasallador humorismo son notables en sus dos últimas novelas. Como ensayista y periodista, Vargas Llosa se produce con claridad y agudeza ejemplares. Se encuentra entre los más grandes escritores hispanoamericanos de hoy.

Son sus libros: Los jefes *(1958),* La ciudad y los perros *(1962),* La casa verde *(1966),* Los cachorros *(1968),* Conversación en "La Catedral" *(1970),* Pantaleón y las visitadoras *(1973),* La tía Julia y el escribidor *(1977),* García Márquez, historia de un deicidio *(1971),* La orgía perpetua. Flaubert y "Madame Bovary" *(1975).*

UNO, II
(Fragmento)

—Eres el mismo demonio —dijo la Madre Angélica y se inclinó hacia Bonifacia, tendida en el suelo como una oscura, compacta alimaña—. Una malvada y una ingrata.

—La ingratitud es lo peor, Bonifacia —dijo la Superiora, lentamente—. Hasta los animales son agradecidos. ¿No has visto a los frailecillos cuando les tiran unos plátanos?

Los rostros, las manos, los velos de las madres parecían forforescentes en la penumbra de la despensa; Bonifacia seguía inmóvil.

—Algún día te darás cuenta de lo que has hecho y te arrepentirás —dijo la Madre Angélica—. Y si no te arrepientes, te irás al infierno, perversa.

Las pupilas duermen en una habitación larga, angosta, honda como un pozo; en las paredes desnudas hay tres ventanas que dan sobre el Nieva, la única puerta comunica con el ancho patio de la Misión. En el suelo, apoyados contra la pared, están los catrecitos plegables de lona: las pupilas los enrollan al levantarse, los despliegan y tienden en la noche. Bonifacia duerme en un catre de madera, al otro lado de la puerta, en un cuartito que es como una cuña entre el dormitorio de las pupilas y el patio. Sobre su lecho hay un crucifijo y, al lado, un baúl. Las celdas de las madres están al otro extremo del patio, en la Residencia: una construcción blanca, con techo de dos aguas, muchas ventanas simétricas y un macizo barandal de madera. Junto a la Residencia están el Refectorio y la Sala de Labores, que es donde aprenden las pupilas a hablar en cristiano, deletrear, sumar, coser y bordar. Las clases de religión y de moral se dan en la capilla. En una esquina del patio hay un local parecido a un hangar, que colinda con la huerta de la Misión; su alta chimenea rojiza destaca entre las ramas invasoras del bosque: es la cocina.

—Eras de este tamaño pero ya se podía adivinar lo que serías —la mano de la Superiora estaba a medio metro del suelo—. Sabes de qué hablo ¿no es cierto?

Bonifacia se ladeó, alzó la cabeza, sus ojos examinaron la mano de la Superiora. Hasta ese rincón de la despensa llegaba el parloteo de los loros de la huerta. Por la ventana, el ramaje de los árboles se veía oscuro ya, inextricable. Bonifacia apoyó los codos en la tierra: no sabía, Madre.

—¿Tampoco sabes todo lo que hemos hecho por ti, no? —estalló la Madre Angélica que iba de un lado a otro, los puños cerrados—. ¿Tampoco sabes cómo eras cuando te recogimos, no?

—Cómo quieres que sepa —susurró Bonifacia—. Era muy chica, mamita, no me acuerdo.

—Fíjese la vocecita que pone, Madre, qué dócil parece —chilló la Madre Angélica—. ¿Crees que vas a engañarme? ¿Acaso no te conozco? Y con qué permiso me sigues diciendo mamita.

Después de las oraciones de la noche, las madres entran al Refectorio y las pupilas, precedidas por Bonifacia, se dirigen al dormitorio. Tienden sus camas y, cuando están acostadas, Bonifacia apaga las lamparillas de resina, echa llave a la puerta, se arrodilla al pie del crucifijo, reza y se acuesta.

—Corrías a la huerta, arañabas la tierra y apenas encontrabas una lombriz, un gusano, te lo metías a la boca —dijo la Superiora—. Siempre andabas enferma y ¿quiénes te curaban y te cuidaban? ¿Tampoco te acuerdas?

—Y estabas desnuda— gritó la Madre Angélica —y era por gusto que yo te hiciera vestidos, te los arrancabas y salías mostrando tus vergüenzas a todo el mundo y ya debías tener más de diez años. Tenías malos instintos, demonio, sólo las inmundicias te gustaban.

Había terminado la estación de las lluvias y anochecía rápido: detrás del encrespamiento de ramas y hojas de la ventana, el cielo era una constelación de formas sombrías y de chispas. La Superiora se hallaba sentada en un costal, muy erguida, y la Madre Angélica iba y venía, agitando el puño, a veces se corría la manga del hábito y asomaba su brazo, una delgada viborilla blanca.

—Nunca hubiera imaginado que serías capaz de una cosa así —dijo la Superiora—. ¿Cómo ha sido, Bonifacia? ¿Por qué lo hiciste?

—¿No se te ocurrió que podían morirse de hambre o ahogarse en el río? —dijo la Madre Angélica—. ¿Que cogerían fiebres? ¿No pensaste en nada, bandida?

Bonifacia sollozó. La despensa se había impregnado de ese olor a tierra ácida y vegetales húmedos que aparecía y se acentuaba con las sombras. Olor espeso y picante, nocturno, parecía cruzar la ventana mezclado a los chirridos de grillos y cigarras, muy nítidos ya.

—Eras como un animalito y aquí te dimos un hogar, una familia y un nombre —dijo la Superiora—. También te dimos un Dios. ¿Eso no significa nada para ti?

—No tenías qué comer ni qué ponerte —gruñó la Madre Angélica—, y nosotros te criamos, te vestimos, te educamos. ¿Por qué has hecho eso con las niñas, malvada?

De cuando en cuando, un estremecimiento recorría el cuerpo de Bonifacia de la cintura a los hombros. El velo se le había soltado y sus cabellos lacios ocultaban parte de su frente.

—Deja de llorar, Bonifacia —dijo la Superiora—. Habla de una vez.

La Misión despierta al alba, cuando al rumor de los insectos sucede el canto de los pájaros. Bonifacia entra al dormitorio agitando una campanilla: las pupilas saltan de los catrecillos, rezan avemarías, se enfundan los guardapolvos. Luego se reparten en grupos por la Misión, de acuerdo a sus obligaciones: las menores barren el patio, la Residencia, el Refectorio; las mayores, la capilla y la Sala de Labores. Cinco pupilas acarrean los tachos de basura hasta el patio y esperan a Bonifacia. Guiadas por ella bajan el sendero, cruzan la Plaza de Santa María de Nieva, atraviesan los sembríos y, antes de llegar a la cabaña del práctico Nieves, se internan por una trocha que serpea entre capanahuas, chontas y chambiras y desemboca en una pequeña garganta, que es el basural del pueblo. Una vez por semana, los sirvientes del Alcalde Manuel Águila hacen una gran fogata con los desperdicios. Los aguarunas de los alrededores vienen a merodear cada tarde por el lugar, y unos escarban la basura en busca de comestibles y de objetos caseros mientras otros alejan a gritos y a palazos a las aves carniceras que planean codiciosamente sobre la garganta.

—¿No te importa que esas niñas vuelvan a vivir en la indecencia y en el pecado? —dijo la Superiora—. ¿Que pierdan todo lo que han aprendido aquí?

—Tu alma sigue siendo pagana, aunque hables cristiano y ya no andes desnuda —dijo la Madre Angélica—. No sólo no le importa, Madre, las hizo escapar porque quería que volvieran a ser salvajes.

—Ellas querían irse —dijo Bonifacia—, se salieron al patio y vinieron hasta la puerta y en sus caras vi que también querían irse con esas dos que llegaron ayer.

—¡Y tú les diste gusto! —gritó la Madre Angélica—. ¡Porque les tenías cólera! ¡Porque te daban trabajo y tú odias el trabajo, perezosa! ¡Demonio!

—Cálmese, Madre Angélica —la Superiora se puso de pie.

La Madre Angélica se llevó una mano al pecho, se tocó la frente: las mentiras la sacaban de quicio, Madre, lo sentía mucho.

—Fue por las dos que trajiste ayer, mamita —dijo Bonifacia—. Yo no quería que las otras se fueran, sólo esas dos porque me dieron pena. No grites así, mamita, después te enfermas, siempre que te da rabia te enfermas.

Cuando Bonifacia y las pupilas de la basura regresan a la Misión, la Madre Griselda y sus ayudantas han preparado el refrigerio de la mañana: fruta, café y un panecillo que se elabora en el horno de la Misión. Después del refrigerio, las pupilas van a la capilla, reciben lecciones de catecismo e historia sagrada y aprenden las oraciones. A mediodía vuelven a la cocina y, bajo la dirección de la Madre Griselda —colorada, siempre movediza y locuaz—, preparan la colación del mediodía: sopa de legumbres, pescado, yuca, dos panecillos, fruta y agua del destiladero. Después, las pupilas pueden corretear una hora por el patio y la huerta, o sentarse a la sombra de los frutales. Luego suben a la Sala de Labores. A las novatas, la Madre Angélica les enseña el castellano, el alfabeto y los

503

números. La Superiora tiene a su cargo los cursos de historia y de geografía, la Madre Ángela el dibujo y las artes domésticas y la Madre Patrocinio las matemáticas. Al atardecer, las madres y las pupilas rezan el rosario en la capilla y éstas vuelven a repartirse en grupos de trabajo: la cocina, la huerta, la despensa, el Refectorio. La colación de la noche es más ligera que la de la mañana.

—Me contaban de su pueblo para convencerme, Madre —dijo Bonifacia—. Todo me ofrecían y me dieron pena.

—Ni siquiera sabes mentir, Bonifacia —la Superiora desenlazó sus manos que revolotearon blancamente en las tinieblas azules y se juntaron de nuevo en una forma redonda—. Las niñas que trajo la Madre Angélica de Chicais no hablaban cristiano, ¿ves cómo pecas en vano?

—Yo hablo pagano, Madre, sólo que tú no sabías. —Bonifacia levantó la cabeza, dos llamitas verdes destellaron un segundo bajo la mata de cabellos—: Aprendí de tanto oírlas a las paganitas y no te conté nunca.

—Mentira, demonio —gritó la Madre Angélica y la forma redonda se partió y aleteó suavemente—. Fíjese lo que inventa ahora, Madre. ¡Bandida!

Pero la interrumpieron unos gruñidos que habían brotado como si en la despensa hubiera oculto un animal que, súbitamente enfurecido, se delataba aullando, roncando, ronroneando, chisporroteando ruidos altos y crujientes desde la oscuridad, en una especie de salvaje desafío:

—¿Ves, mamita? —dijo Bonifacia—. ¿No me has entendido mi pagano?

Todos los días hay misa, antes del refrigerio de la mañana. La ofician los jesuitas de una Misión vecina, generalmente el Padre Venancio. La capilla abre sus puertas laterales los domingos, a fin de que los habitantes de Santa María de Nieva puedan asistir al oficio. Nunca faltan las autoridades y a veces vienen agricultores, caucheros de la región y muchos aguarunas que permanecen en las puertas, semidesnudos, apretados y cohibidos. En la tarde, la Madre Angélica y Bonifacia llevan a las pupilas a la orilla del río, las dejan chapotear, pescar, subirse a los árboles. Los domingos la colación de la mañana es más abundante y suele incluir carne. Las pupilas son unas veinte, de edades que van de seis a quince años, todas aguarunas. A veces, hay entre ellas una muchacha huambisa, y hasta una shapra. Pero no es frecuente.

UNO, III
(Fragmento)

LAS RESES salen de las haciendas después del mediodía y entran en el desierto con las primeras sombras. Embozados en ponchos, con amplios sombreros para resistir la embestida del viento y de la arena, los peones guían toda la noche hacia el río a los pesados, lentos animales. Al alba, divisan Piura: un espejismo gris al otro lado de la ribera, una aglomeración inmóvil. No llegan a la ciudad por el Viejo Puente, que es frágil. Cuando el cauce está seco, lo atravie-

505

san levantando una gran polvareda. En los meses de avenida, aguardan a la orilla del río. Las bestias exploran la tierra con sus anchos hocicos, tumban a cornadas los algarrobos tiernos, lanzan lúgubres mugidos. Los hombres charlan calmadamente mientras desayunan un fiambre y traguitos de cañazo, o dormitan enrollados en sus ponchos. No deben esperar mucho, a veces Carlos Rojas llega al embarcadero antes que el ganado. Ha surcado el río desde el otro confín de la ciudad, donde está su rancho. El lanchero cuenta los animales, calcula su peso, decide el número de viajes para trasbordarlos. En la otra orilla, los hombres del Camal alistan sogas, sierras y cuchillos, y el barril donde hervirá ese espeso caldo de cabeza de buey que sólo los del matadero pueden tomar sin desmayarse. Terminado su trabajo, Carlos Rojas amarra la lancha a uno de los soportes del Viejo Puente y se dirige a una cantina de la Gallinacera donde acuden los madrugadores. Esa mañana, había ya buen número de aguateros, barrenderos y placeras, todos gallinazos. Le sirvieron una calabaza de leche de cabra, le preguntaron por qué traía esa cara. ¿Estaba bien su mujer? ¿Y su churre? Sí, estaban bien, y el Josefino ya caminaba y decía papá, pero él tenía que contarles algo. Y seguía con la bocaza abierta y los ojos saltados de asombro, como si acabara de ver al cachudo. Diez años que trabajaba en la lancha y nunca había encontrado a nadie en la calle al levantarse, sin contar a la gente del Camal. El sol no aparece todavía, está todo negro, es cuando la arena cae más fuerte, ¿a quién se le va a ocurrir, entonces, pasearse a esas horas? Y los gallinazos tienes razón, hombre, a nadie se le ocurriría. Hablaba con ímpetu, sus palabras eran como disparos y se ayudaba con gestos enérgicos; en las pausas, siempre, la bocaza abierta y los ojos saltados. Fue por eso que se asustó, caracho, por lo raro. ¿Qué es esto? Y escuchó otra vez, clarito, los cascos de un caballo. No se estaba volviendo loco, sí había mirado a todos lados, que se esperaran, que lo dejaran contar: lo había visto entrando al Viejo Puente, lo reconoció ahí mismito. ¿El caballo de don Melchor Espinoza? ¿Ese que es blanco? Sí señor, por eso mismo, porque era blanco brillaba en la madrugada y parecía fantasma. Y los gallinazos, decepcionados, se soltaría, no es novedad, ¿o a don Melchor le vino la chochera de viajar a oscuras? Es lo que él pensó, ya está, se le escapó el animal, hay que cogerlo. Saltó de la lancha y a trancones subió la ladera, menos mal que el caballito no iba apurado, se le fue acercando despacio para no espantarlo, ahora se le plantaría delante y le cogería las crines, y con la boca chas, chas, chas, no te pongas chúcaro, lo montaría a pelo y lo devolvería a su dueño. Iba al paso, ya cerquita, y lo veía apenas por la cantidad de arena, entraron juntos a Castilla, y él entonces se le cruzó y sás. Interesados de nuevo, los gallinazos qué pasó Carlos, qué viste. Sí señor, a don Anselmo que lo miraba desde la montura, palabra de hombre. Tenía un trapo en la cara y, de primera intención, a él se le pararon los pelos: perdón, don Anselmo, creía que el animal se escapaba. Y los gallinazos ¿qué hacía allí?, ¿adónde iba?, ¿se estaba escapando de Piura a escondidas, como un ladrón? Que lo dejaran acabar, maldita sea. Se rió a su gusto, lo miraba y se moría de risa, y el caballito que caracoleaba. ¿Sabían lo que le dijo? No ponga esa cara de miedo, Rojas, no podía dormir y salí a dar una vuelta. ¿Oyeron? Tal como se lo contaba. El viento era puro fuego, chicoteaba duro, durisísísimo y él tuvo ganas de responderle si le había visto cara de tonto, ¿creía que iba a creerle? Y un gallinazo pero no se lo dirías, Carlos, no se trata de mentirosa a la gente y además qué te importaba. Pero ahí no terminaba el cuento. Un rato después lo vio de nuevo, a lo lejos, en la trocha a Catacaos. Y una gallinaza ¿en el arenal?, pobre, tendrá la cara comida, y los ojos y las manos. Con lo que había soplado ese día. Que si no lo dejaban hablar se callaba y se iba. Sí, seguía en el caballo y daba vueltas y más vueltas, miraba el río, el Viejo Puente, la ciudad. Y después desmontó y jugaba con su manta. Parecía un churre contento, brincaba y saltaba como el Josefino. Y los gallinazos ¿no se habrá vuelto loco don Anselmo?, sería lástima, siendo tan buena persona, ¿a lo mejor estaría borracho? Y Carlos Rojas no, no le pareció loco ni borracho, le había dado la mano al despedirse, le preguntó por la familia y le encargó saludarla. Pero que vieran si no tenía razón de venir asombrado.

Esa mañana don Anselmo apareció en la Plaza de Armas, sonriente y locuaz, a la hora de costumbre. Se le notaba muy alegre, a todos los transeúntes que cruzaban frente a la terraza les proponía brindis. Una incontenible necesidad de bromear lo poseía; su boca expulsaba, una tras otra, historias de doble sentido que Jacinto, el mozo de "La Estrella del Norte", celebraba torciéndose de risa. Y las carcajadas de don Anselmo retumbaban en la Plaza. La noticia de su excursión nocturna había circulado ya por todas partes y los piuranos lo acosaban a preguntas: él respondía con burlas y dichos ambiguos.

El relato de Carlos Rojas intrigó a la ciudad y fue tema de conversación durante días. Algunos curiosos llegaron hasta don Melchor Espinoza en busca de informaciones. El viejo agricultor no sabía nada. Y, además, no haría ninguna pregunta a su alojado, porque no era impertinente ni chismoso. Él había encontrado su caballo desensillado y limpio. No quería saber más, que se fueran y lo dejaran tranquilo.

Cuando la gente dejaba de hablar de aquella excursión, sobrevino una noticia más sorprendente. Don Anselmo había comprado a la Municipalidad un terreno situado al otro lado del Viejo Puente, más allá de los últimos ranchos de Castilla, en pleno arenal, por allí donde el lanchero lo había visto esa madrugada brincando. No era extraño que el forastero, si había decidido radicarse en Piura, quisiera construirse una casa. Pero ¡en el desierto! La arena devoraría aquella mansión en poco tiempo, se la tragaría como a los viejos árboles podridos o a los gallinazos muertos. El arenal es inestable, blanduzco. Los médanos cambian de paradero cada noche, el viento los crea, aniquila y moviliza a su capricho, los disminuye y los agranda. Aparecen amenazantes y múltiples, cercan a Piura como una muralla, blanca al amanecer, roja en el cre-

509

púsculo, parda en las noches, y al día siguiente han huido y se los ve, dispersos, lejanos, como una rala erupción en la piel del desierto. En los atardeceres, don Anselmo se hallaría incomunicado y a merced del polvo. Efusivos, numerosos, los vecinos trataron de impedir esa locura, abundaron en argumentos para disuadirlo. Que adquiriera un terreno en la ciudad, que no fuera terco. Pero don Anselmo desdeñaba todos los consejos y replicaba con frases que parecían enigmas.

De *La casa verde* (1966)

ALFREDO BRYCE ECHENIQUE

Nació en Lima en 1939. Narrador y ensayista. Reside en París donde se dedica a la enseñanza universitaria. Es autor de cuentos y de dos novelas. En Un mundo para Julius, *la primera de éstas, Bryce despliega el vivo e irrestricto don de una memoria y una inventiva que restituyen, con embargador impulso, las experiencias de la infancia de su protagonista. Una fresca constelación de sucesos narrados sin el más leve* parti pris *y con un humor de una vitalidad sorprendente. El mundo que ofrece es el de la clase oligárquica en toda su brillantez, su deleite y su vacío, pero detrás de esta imagen se encuentra la decisiva y sustancial, la mirada de Julius que es la mirada de la infancia.*

Sus libros: Huerto cerrado (1968), Un mundo para Julius (1970 y 1980), Tantas veces Pedro (1977), A vuelo de buen cubero y otras crónicas (1977), Todos los cuentos (1979).

EL PALACIO ORIGINAL
(Fragmento)

I

Julius nació en un palacio de la avenida Salaverry, frente al antiguo hipódromo de San Felipe; un palacio con cocheras, jardines, piscinas, pequeño huerto donde a los dos años se perdía y lo encontraban siempre parado de espaldas, mirando, por ejemplo, una flor; con departamentos para la servidumbre, como un lunar de carne en el rostro más bello, hasta con una carroza que usó tu bisabuelo, Julius, cuando era Presidente de la República, ¡cuidado!, no la toques, está llena de telarañas, y él, de espaldas a su mamá, que era linda, tratando de alcanzar la manija de la puerta. La carroza y la sección servidumbre ejercieron siempre una extraña fascinación sobre Julius, la fascinación de "no lo toques, amor; por ahí no se va, darling". Ya entonces, su padre había muerto. (...)

IV

(...) La Madre Superiora se puso de pie, abandonando temporalmente la contemplación de sus cuarteles definitivos; se acercó donde Julius y le hizo una crucecita en la cabeza, casi lo mata del escalofrío. Le dijo que fuera a jugar con los *ninós* e las *ninás*.

Había un montón que no podían correr durante el recreo porque tenían asma y estaban bien pálidas. Con ellas conversó Julius y les contó que su mamá estaba en Europa con sus hermanos porque su hermanita Cinthia se había muerto. Después les dijo que por eso él estaba medio bizco y que iba a sanar en Chosica, que para eso había venido, las dejó turulatas a todas con su historia. Por ahí también aparecieron las grandes; ésas ya estaban en los años superiores y lo llenaron de caricias y de mimos, lo besaron toditito hasta que les puso cara de tranca. Entonces empezaron a preguntarle que cuándo iba a ir al colegio y que cuántos años tenía. Él les contó que iba a cumplir seis en el verano y que estudiaba en casa con la señorita Julia. Les dijo que ya sabía leer y escribir correctamente y sin faltas de ortografía. Una bien bonita sacó un lápiz y un block de su mandil y le dijo a ver, escribe algo. Julius cogió el lápiz y empezó a escribir: "La señorita Julia tiene bellos negros en los brazos". Iba a poner algo más pero en ese momento se le despegó el esparadrapo de una de las orejas y todas soltaron la carcajada. Partió a la carrera seguido por Vilma, no paró hasta la calle. Dijo que no volvería más.

Para regresar a casa tomaron la calle del costado derecho del colegio, una calle en pendiente, de veredas escalonadas. Iban subiendo por la pista, callados y pensativos, cuando en eso Julius vio algo que atrajo inmediatamente su atención. "Son los mendigos, le dijo Vilma; no te acerques", pero ya era tarde: Julius había partido a la carrera y ya estaba llegando al lugar en que se hallaban tirados, junto a una de las puertas laterales del colegio. Se detuvo cerquita de ellos y empezó a mirarlos descaradamente. Los mendigos también lo miraban y algunos hasta le sonreían, él ya no tardaba en preguntarles por qué tenían todos una cacerola, pero Vilma lo interrumpió: "¡Vamos!", le ordenó, jalándolo del brazo. Inútil. Estaba bien parado, los talones juntísimos, las puntas de los pies muy separadas y las manos pegaditas al cuerpo. Mejor dejarlo un poco. Los mendigos empezaron a decirle niñito, y a sonreírle inofensivos pero andrajosos. Eran un montón de serranos y serranas viejos o medio inválidos. En ese momento se abrió la puerta del colegio y apareció una mujer vestida casi de monja pero con moño; con ella apareció también un hombre que decía el puchero, el puchero, mientras acercaba una olla enorme sobre una mesa rodante. Atrás, una monjita indudablemente buenísima sonreía con los brazos abiertos e iba bendiciendo toda la operación.

Por esos días empezaron a llegar las primeras cartas de Europa. La primera venía de Madrid y estaba dirigida a Vilma, con instrucciones para que le leyera algunas partes a Julius. A Madrid había llegado una carta de los médicos, informándoles del restablecimiento de Julius. Ya sabían que había recuperado un kilo y que comía bien y que ya no vomitaba. Sabían también que había dejado de mencionar a Cinthia en todas sus conversaciones y que dormía tranquilo con los nuevos calmantes. No les iba mal en España pero estaban tristes y extrañaban mucho a Julius. Era realmente una lástima que no lo hubieran podido traer, pero así todo era mejor porque, la verdad, estaba demasiado pequeño para andar visitando museos y dando trotes de un lugar a otro. Ellos todavía no habían visitado ningún museo pero ya no tardaban en ir, sobre todo por los niños que se estaban portando muy bien. El señor Juan Lucas tenía muy buenos amigos en Madrid y diariamente ellos lo llevaban a jugar golf a un club en las afueras de la ciudad. Eso sí que era un verdadero descanso para los nervios. Justo lo que necesitaban. Necesitaban distraerse, olvidar. Estaban tristes. No era fácil distraerse pero el señor Juan Lucas y sus amigos hacían lo posible por entretenerlos. Allí nadie los conocía como en Lima y podían salir a cenar en restaurantes. Además no tenían que vestirse de negro que es tan deprimente. Vilma comprendería lo mucho que necesitaban distraerse, salir, cambiar de ambientes, ayudarse a olvidar. El señor Juan Lucas le estaba enseñando a Santiaguito a jugar golf y el niño aprendía muy bien, cada día se llevaba mejor con su tío. Bobby nadaba mucho en la piscina y había conocido a algunos chicos de su edad. La verdad, estaban bien en Madrid y les gustaría quedarse un poco más de lo que tenían pensado. Después irían a París y a Londres para comprar ropa y regalos para todos. Era necesario moverse, distraerse para olvidar. Estaban esperando la cartita de Julius. Que escribiera, por favor. Querían ver los progresos que hacía con la señorita Julia. El señor Juan Lucas también preguntaba muchas veces por él. Que le escribiera una cartita también a él. Que ella les contara todo lo que hacía Julius en Chosica. Que le tomaran una fotografía y se la mandaran. Que lo llevaran a pasear en auto con Carlos pero que tuvieran cuidado con el tráfico. Y,

Julius, darling:

El médico me cuenta que estás muy bien. Dice que cada día comes mejor y que pronto estarás fuerte como un Tarzán. Haz todo lo que él y Vilma te digan. Estudia bastante para que puedas entrar a preparatoria. La próxima vez vendrás tú también. Mami te lo promete. Tu tío Juan te manda muchos cariños. Está terminando de amarrarse la corbata. Muy buenmozo, darling. Así vas a ser tú de grande. Me está pidiendo que me apure. Mami todavía no está lista y ya es hora de irse. Mil besos.

LOVE

Firmó Susan con letra de colegio inglés y metió la carta en un sobre de lujo. En seguida se puso de pie para avanzar hacia el espejo en que Juan Lucas se miraba perfeccionándose el nudo de la corbata. Minutos después aparecieron en el corredor donde Santiaguito y Bobby los esperaban. El ascensor los llevó suavemente a la planta baja; ahí estaban los amigotes de Juan Lucas, grandes saludos, ¿en qué restaurant cenamos? Un aperitivo en el bar y luego veremos. El del golf se conocía todos los lugares: los típicos, los típicos caros y los solamente caros. Y algunos toreros para que Santiaguito lo admirara más que nunca, a partir de esa noche, ¡qué no sabía!, ¡a quién no conocía! Recién llegaban los aperitivos y ya estaba animadísimo, muerto de risa, chocho como nunca con Susan, como con ninguna y es que como ella ninguna y ¡olé!, ¿qué piensan?, ¿se nos casa Juan Lucas?, ¡hombre!, ya eso es más difícil: habían estado conjeturando los amigotes, y ahora, felices ahí en el bar, viendo llegar los aperitivos, mirando a Juan Lucas mirar a Susan, ¡hombrée!, un brindis por la pareja no vendría mal...

De *Un mundo para Julius* (1970)

BIBLIOGRAFÍA BÁSICA

(Incluye sólo las obras que se ocupan del proceso literario íntegro o de una época o etapa del mismo.)

PANORAMAS E HISTORIAS DE LA LITERATURA

Castro Arenas, Mario, *La novela peruana y la evolución social*, Editorial Cultura y Libertad, Lima [1964].

García Calderón, Ventura, *"La literatura peruana (1535-1914)"*, *Revue Hispanique*, tomo XXXI, Nueva York-París, 1914.

Jiménez Borja, José, *Cien años de literatura y otros estudios críticos*, Club del Libro Peruano, Lima, 1940.

Lara, Jesús, *La literatura de los quechuas*, Editorial Canelas, Cochabamba, 1960.

—, *La poesía quechua*, Fondo de Cultura Económica, México, 1947 y 1979.

Mariátegui, José Carlos, *Siete ensayos de interpretación de la realidad peruana*, Biblioteca Amauta, Lima, 1928.

Martín, Adán, *De lo barroco en el Perú*, Universidad Nacional Mayor de San Marcos, Lima, 1968.

Monguió, Luis, *La poesía postmodernista peruana*, Fondo de Cultura Económica, México, 1954.

Núñez, Estuardo, *La literatura peruana en el siglo xx (1900-1965)*, Editorial Pormaca, México, 1954.

—, *Panorama actual de la poesía peruana*, Editorial Antena, Lima, 1938.

Ortega, Julio, *Figuración de la persona*, EDHASA, Barcelona, 1971.

Porras Barrenechea, Raúl, *El sentido tradicional de la literatura peruana*, edición del Instituto Raúl Porras Barrenechea, Lima, 1969.

Riva Agüero, José de la, *Carácter de la literatura del Perú Independiente*, Lima, 1905.

Sánchez, Luis Alberto, *Los poetas de la Colonia*, Editorial Euforión, Lima, 1921.

—, *La literatura peruana. Derrotero para una historia cultural del Perú*, Ediciones de Ediventas, Lima, 1966, 5 volúmenes.

—, *Introducción crítica a la literatura peruana*, Lima, 1972.

—, *Panorama de la literatura del Perú (desde sus principios hasta nuestros días)*, Editorial Milla Batres, Lima, 1974.

Suárez Miraval, Manuel, *La poesía en el Perú*, tomo I, Editorial Tawantinsuyo, Lima, 1959.

Tamayo Vargas, Augusto, *Literatura peruana*, Editorial Studium, Lima, 1977, 2 volúmenes.

Vidal Martínez, Leopoldo, *La poesía de los incas*, Editorial Amauta, Lima, 1940.

ANTOLOGÍAS

Arguedas, José María, *Canciones y cuentos del pueblo quechua*, Editorial Huascarán, Lima, 1949.

—, *Poesía quechua*, EUDEBA, Buenos Aires, 1965.

Basadre, Jorge, *Literatura inca*, Biblioteca de Cultura Peruana, volumen I, Desclée de Brouwer, París, 1938.

Beltroy, Manuel, *Las cien mejores poesías (líricas) peruanas*, Editorial Euforión, Lima, 1921.

Carrillo, Francisco, *Las cien mejores poesías peruanas contemporáneas*, edición de La Rama Florida, Lima, 1961.

—, *Poesía y prosa quechua*, Editorial de la Biblioteca Universitaria, Lima, 1967.

Carrillo, Francisco, *Cuento peruano (1904-1971)*, edición de la Biblioteca Universitaria, Lima, 1971.

Cisneros, Luis Jaime, *Cuentistas modernos y contemporáneos*, Patronato del Libro Peruano, Lima, 1957.

Eielson, Jorge Eduardo, Sebastián Salazar Bondy y Javier Sologuren, *La poesía contemporánea del Perú*, Editorial Cultura Antártica, Lima, 1946.

Escobar, Alberto, *La narración en el Perú*, edición de J. Mejía Baca, Lima, 1960.

—, *Antología de la poesía peruana (1911-1960)*, Editorial Peisa, Biblioteca Peruana, Lima, 1973, 2 volúmenes.

García Calderón, Ventura, *Del Romanticismo al Modernismo. Prosistas y poetas peruanos*, Sociedad de Ediciones Literarias y Artísticas, París, 1910.

—, (ed.) *Biblioteca de Cultura Peruana*, Desclée de Brouwer, París, 1938, 12 volúmenes.

Lara, Jesús, *Leyendas quechuas. Antología*, Ediciones Librería Juventud, Buenos Aires, 1960.

Lauer, Mirko y Abelardo Oquendo, *Surrealistas y otros poemas insulares*, Editorial Ocnos, Barcelona [1973].

Núñez, Estuardo, *Cuentos*, Biblioteca de Cultura Peruana Contemporánea, tomos X y XI, edición del Sol, Lima, 1963.

Oquendo, Abelardo, *Antología consultada de la nueva narrativa peruana*, Alianza Editorial, Madrid, 1973.

Ortega, Julio, *Imagen de la literatura actual*, Editorial Universitaria, Lima, 1968, 3 volúmenes.

Oviedo, José Miguel, *Narradores peruanos*, Editorial Monte Ávila, Caracas, 1968.

Porras Barrenechea, Raúl, *Los cronistas del Perú (1528-1650)*, San Martí y Cía., Lima, 1962.

Ratto, Luis Alberto, *Poéticas peruanas del siglo xx*, edición de La Rama Florida, Lima, 1961.

Ratto, Luis Alberto y Javier Sologuren, *Poesía*, Biblioteca de Cultura Peruana Contemporánea, tomo VIII, edición del Sol, Lima, 1963.

Razzeto, Mario, *Poesía quechua*, Casa de las Américas, La Habana, 1972.

Salazar Bondy, Sebastián, *Poesía quechua*, Introducción, selección y notas de ..., Universidad Nacional Autónoma de México, México, 1964.

Salazar Bondy, Sebastián y Alejandro Romualdo, *Antología general de la poesía peruana*, Librería Internacional del Perú, Lima, 1957.

Sánchez, Luis Alberto, *Índice de la poesía peruana contemporánea (1900-1937)*, Editorial Ercilla, Santiago de Chile, 1938.

Sologuren, Javier, *Poesía del Perú de la época precolombina al modernismo*, EUDEBA, Buenos Aires, 1964.

Vienrich, Adolfo, *Azucenas quechuas (Nuna shimi chihuanhuay)*, Tarma, 1905.

—, *Fábulas quechuas (Tarmapap Pachahuarainin)*, Tarma, 1906.

ÍNDICE

Presentación 7

Sobre criterios y procedimientos 13
Notas 16

LITERATURA QUECHUA
POESÍA

A Wiracocha 23
Haraui 24
¡Ayau haylli! 25
Haraui 27
Apu Inca Atawallpaman 27
Cristalino río 33
El ischu está llorando 33
Qué dolor soñará 34

PROSA

Cómo, en la antigüedad, se decía que los hombres volvían al quinto día después de haber muerto. De esas cosas hemos de escribir . 36
El mito de Inkarrí 37
El cóndor y el zorro 38

LITERATURA DE LA CONQUISTA Y LA COLONIA

ALONSO ENRÍQUEZ DE GUZMÁN

El camino de los incas de Tumbes a Lima . 43

Pedro Cieza de León

Del valle de Pachacama y del antiquísimo templo que en él estuvo, y cómo fue reverenciado por los yungas 46

Garcilaso de la Vega (el Inca)

Trabajos que Garcilaso de la Vega y sus compañeros pasaron en el descubrimiento de la Buenaventura 51

Mateo Rosas de Oquendo

Lima 60
[Un limeño] 60

Diego Mexía de Fernangil

Todas las veces... 62
Si lenguas mil... 63
Saliendo el sol... 64

Diego de Hojeda

[Invocación a Cristo crucificado] . . . , . 65

Bernabé Cobo

La coca 68

Clarinda

Discurso en loor de la poesía 73

Amarilis

Epístola a Belardo 75

JUAN DE ALLOZA

Que los animales más brutos alaban el nombre
de María, repitiendo la salutación angélica .   83

JUAN MELÉNDEZ

Caridad y amor a los más humildes seres . .   85

JUAN DE ESPINOSA MEDRANO

Sermón a las exequias de don Felipe Cuarto, rey
de las Españas, nuestro señor. Año de 1666   88

EL CONDE DE LA GRANJA

[Voto de Santa Rosa a la Virgen]   93

JUAN DEL VALLE Y CAVIEDES

Pintura de una dama en seguidillas . . .   96
A mi muerte próxima   97
Definición de lo que es ciencia   99
Epitafio. El sepulcro de la mujer de Pico de
Oro   100
Pidiendo perdón el alma arrepentida a Dios .   100
Soliloquio a Cristo crucificado y a su santísi-
ma madre   101

PEDRO PERALTA BARNUEVO

Fin de fiesta de la comedia *Afectos vencen
finezas*   103

CONCOLORCORVO (Alonso Carrió de la Vandera)

Fiesta sagrada   107
Fiesta profana   109

523

Esteban de Terralla y Landa

[Oportunismo limeño] 113

Literatura de la emancipación y la República

José Hipólito Unanue Pabón

Idea general de los monumentos del antiguo
Perú 119

José Joaquín Olmedo

A la victoria de Junín 123

Mariano Melgar

Todo mi afecto puse en una ingrata... . . 126
Dondequiera que vayas... 127
Vuelve, que ya no puedo... 127
Es posible, vida mía... 130

Manuel Ascensio Segura

De *El sargento Canuto* 132

Felipe Pardo y Aliaga

Un viaje 137

Carlos Augusto Salaverry

Ilusiones 142
Acuérdate de mí 142
Vista de mi ventana 145

Ricardo Palma

El alacrán de fray Gómez 146
¡Al rincón! ¡Quita calzón! 150

Clemente Althaus

Al Petrarca 153
A Elena 154

Juan de Arona (Seudónimo de Pedro Paz Soldán
y Unanue)

La costa peruana 155
A las letras 156
La fosforescencia del mar 157
Epitafio municipal 158
La trompeta del Juicio 159
La pasión política 159
Poeta contra todo su gusto 159

Manuel González Prada

Nuestros indios 160
La nube 167
Triolet 167
Canción 168
Pántum 168
Rondel 169
Rondel 170
Triolet 170
Gacela 171

Abelardo Gamarra

Las leyes en Pelagatos 172

CARLOS GUZMÁN AMÉZAGA

Ojos y cielo 176

ENRIQUE LÓPEZ ALBÚJAR

El campeón de la muerte 177

JOSÉ MARÍA EGUREN

Lied I 185
Las señas 186
Los reyes rojos 187
Syhna la blanca 187
Los robles 188
El dominó 189
Lied III 190
Marginal 191
La muerte de marfil 192
La noche de las alegorías 193

JOSÉ SANTOS CHOCANO

Blasón 194
El poema de las frutas 195
De viaje 196
Sol y luna 197
Nocturno núm. 18 197

FRANCISCO GARCÍA CALDERÓN

Introducción 200

VENTURA GARCÍA CALDERÓN

Coca 208
El Perú, novela de caballerías 212

José de la Riva-Agüero

Paisajes peruanos 217

Alberto Ureta

Se quema el tiempo. 224
No importa que en la vida. 224
Balada de la flecha cautiva 225
Cuando esté ya en la barca. 226

Abraham Valdelomar

El caballero Carmelo 227
El hermano ausente en la cena de Pascua. . . . 242
Tristitia 242
Evocación de las granadas 243

César Vallejo

Los heraldos negros 244
La cena miserable 245
Los pasos lejanos 246
III [Las personas mayores...] 247
XXVIII [He almorzado solo...] 248
Los nueve monstruos 249
Considerando en frío, imparcialmente. . . . 252
Un hombre está mirando a una mujer. . . . 253
Piedra negra sobre una piedra blanca . . 254
Masa 255

Mariano Ibérico

Las voces del paisaje 257

527

JUAN PARRA DEL RIEGO

Polirritmo dinámico a Gradín, jugador de
fútbol   259

RICARDO PEÑA BARRENECHEA

Romance de Quipachacha   263

1 [La piel azul...]   263
2 [No sé qué dulzura...]   264
3 [Es un cristal...]   265
4 [Las flores de la noche...]   265

JOSÉ CARLOS MARIÁTEGUI

Sumaria revisión histórica   267

RAÚL PORRAS BARRENECHEA

La sátira en el Perú   274

LUIS ALBERTO SÁNCHEZ

Preludio   280

JORGE BASADRE

Esa promesa y algo más   286

CÉSAR MORO (Seudónimo de Alfredo Quíspez
Asín)

Vienes en la noche con el humo fabuloso de
tu cabellera   293
Viaje hacia la noche   295
Carta de amor   296

Enrique Peña Barrenechea

    5 [Revives...] 300
    Canción antigua 300
    Poetas muertos 301
    Camino del hombre 302
    Madrigal de las altas torres 303
    Canción de las dos de la tarde 304
    A Luis Valle Goicochea 305

José Díez Canseco

    Jijuna 306

Xavier Abril

    Materias 318
    Elegía a lo perdido y ya borrado del tiempo . 319
    Retorno a lo perdido 321
    Elegía oscura en el viejo tono de Jorge Man-
      rique 321
    Paisaje de mujer 322
    Sepulcro del tiempo 323

Carlos Oquendo de Amat

    Aldeanita 324
    Compañera 325
    Poema del mar y de ella 326
    Fila de los paisajes 326
    Jardín 328
    Poema 328
    Madre 329
    El ángel y la rosa 330

Aurelio Miró Quesada Sosa

    El mar, personaje peruano 331

Martín Adán (Seudónimo de Rafael de la Fuente Benavides)

[He recibido una carta de Catita...] 336
Cauce 341
Cincel 342
Narciso al Leteo 342
Seconda ripresa 343
Andante 344
Aloysius Acker 345
[Vi comer el jamón...] 347
[El silencio es así...] 348

Ciro Alegría

Calixto Garmendia 349

Luis Valle Goicochea

4 [Como siempre madrugan...] 359
19 [Nos juntó el mediodía...] 360
33 [Ahora ya recuerdo...] 361
Palabras 361

José María Arguedas

La agonía de Rasu-Ñiti 363
Oda al jet 375

Emilio Adolfo Westphalen

[La mañana alza el río...] 379
[Viniste a posarte...] 380
[Te he seguido...] 382
[He dejado descansar...] 384
El mar en la ciudad 386

VICENTE AZAR (Seudónimo de José Alvarado Sánchez)

El tiempo 388
Hypnia 389
[Una y otra vez...] 390

MANUEL MORENO JIMENO

Así viene el hombre 392
Es el amor 392
Todos penetraron en el día 393
Las huellas 394

MARIO FLORIÁN

Campesino del Perú 395
Pastorala 397

RAÚL DEUSTUA

Poema 399
Otoño 399
Illescas 400
Venecia vía Canaletto 401

JAVIER SOLOGUREN

[Hallo la transparencia...] 403
Noción de la mañana 403
[Árbol que eres un penoso relámpago...] . . 404
Bajo los ojos del amor 404
Kerstin 406
[Giro, Mar, sobre tu aliento...] . . . 406
Para mi hija Víveka 406
Epitalamio 407

531

JORGE EDUARDO EIELSON

La tumba de Ravel 409
Doble diamante 410
Albergo del sole 412
Vía Veneto 413
Foro Romano 413
[existirá una máquina purísima...] . . . 415

SEBASTIÁN SALAZAR BONDY

Mujer y perros 416
Confidencia en alta voz 417
Testamento ológrafo 418
Patio interior 419
Sobre los héroes 420

ELEODORO VARGAS VICUÑA

Tata Mayo 422

BLANCA VARELA

Mediodía 429
La justicia del emperador Otón 429
Conversación con Simone Weil 430
Alba 432
Lady's Journal 432
Curriculum vitae 434

ALEJANDRO ROMUALDO (Seudónimo de Alejandro
    Romualdo Valle)

Así estamos 435
A otra cosa 436

Canto coral a Túpac Amaru, que es la libertad   437
Poética 438

CARLOS GERMÁN BELLI

Poema 439
Oh hada cibernética 440
Papá, mamá 440
A mi hermano Alfonso 441
Amanuense 442
Sáficos adónicos 442
La cara de mis hijas 443
El guardameta 444

WÁSHINGTON DELGADO

Yo quiero 445
La poesía 446
Para vivir mañana 448
Porvenir en los parques 449
Insomnio 449
Canción del destierro 450

FRANCISCO BENDEZÚ

Eternidad 451
Arcano 451
Oda nostálgica a Ostia 452
Cantabile 455
Tu edad inmanente 455

JUAN GONZALO ROSE

Las cartas secuestradas 457
Primera canción 458

Cuarta canción 458
Lluvia 459
Machu Picchu 460
Convalecencia 461

CARLOS EDUARDO ZAVALETA

La persecución del Fauno 462

MANUEL SCORZA

Donde el zahorí lector oirá hablar de cierta ce-
lebérrima moneda 467

JULIO RAMÓN RIBEYRO

Mientras arde la vela 474

PABLO GUEVARA

Mi padre 483
Dos monarcas 484
Las hienas 485
En la noche 485
En tiempos de guerra 486

LUIS LOAYZA

Retrato de Garcilaso 488

MARIO VARGAS LLOSA

Uno, II 498
Uno, III 505

Alfredo Bryce Echenique

El palacio original 511

Bibliografía básica 517

Este libro se acabó de imprimir el día
20 de junio de 1981 en los talleres
de Gráfica Panamericana, S. C. L.,
Parroquia 911, México 12, D. F. Se
imprimieron 5 000 ejemplares y en su
composición se emplearon tipos Elec-
tra de 11, 10:12, 9:11 y 8:10 puntos. La edición estuvo al cuidado de
Lorenzo Ávila.